本書由香港青松觀資助出版

全真道研究

任法融題

第十二輯

趙衛東 主編

山東大學儒學高等研究院 主辦

山東大學出版社
SHANDONG UNIVERSITY PRESS
·濟南·

圖書在版編目(CIP)數據

全真道研究. 第十二輯 / 趙衛東主編. 一濟南：山東大學出版社，2023.10
ISBN 978-7-5607-7953-9

Ⅰ. ①全… Ⅱ. ①趙… Ⅲ. ①全真道一文集 Ⅳ. ①B956.3-53

中國國家版本館 CIP 數據核字(2023)第 208445 號

責任編輯 郭凱迪
封面設計 劉羽珂 王秋憶
美術編輯 王秀秀

全真道研究
QUANZHENDAO YANJIU
第十二輯

出版發行 山東大學出版社
社 址 山東省濟南市山大南路 20 號
郵政編碼 250100
發行熱綫 (0531)88363008
經 銷 新華書店
印 刷 濟南華林彩印有限公司
規 格 720 毫米×1000 毫米 1/16
2 插頁 14.25 印張 248 千字
版 次 2023 年 10 月第 1 版
印 次 2023 年 10 月第 1 次印刷
定 價 78.00 元

《全真道研究》編委會

目　録

玄門之師與金元時期全真玄學教育的發展

□宋學立

摘要：全真玄學教育是與世俗教育既有聯繫又有區别的神學教育體系。以蒙古憲宗二年(1252)全真玄庠設立爲界，金元全真玄學教育可分爲“前玄學”和“玄學”兩個時期。“前玄學”時代教俗講道活動是玄庠設立的前奏。玄學教育從金末一直延續至元末，元代中央和地方路府州縣均對應地設有玄學提舉、玄學講師。玄門之師成爲推動全真玄學教育發展、培養全真人才的重要力量。

關鍵詞：全真教　玄學　玄學提舉　玄學講師

作者簡介：宋學立，男，1979 年生，河北玉田人，中國社會科學院古代史研究所中國國學研究與交流中心副研究員，中國社會科學院大學歷史學院副教授，主要從事宋元道教史、文化史研究。出版有《多重視野下的西方全真教研究》(譯著)、《宗教教化與西南邊疆經略——以元明時期雲南爲中心的考察》(合著)等。

2017 年，蘭州大學出版社出版《中國古代的知識階層》一書，共四卷。其中魏晉南北朝隋唐卷辟專章闡釋了佛道寺觀教學活動。宋元卷對佛教著墨不少，對道教介紹一筆帶過，遑論玄門教育，儘管作者承認“宋元是道教得到較大發展的時期，道教徒們在這一時期也是非常活躍的”[①]。宋元時期道教宫觀教育興盛，特别是金中後期興起的全真教頗重視玄學教育。程越在探討元代全真宫觀管理時，對諸路玄學提舉有簡要介紹。張廣保從繼承道家、玄學、重玄學的思想史視角，提出全真玄學是重玄學在金代融通三教之後歸宗心性的一種嶄新思想形態。兩位學者都看到了全真玄學與唐代崇玄學、北宋崇道學的承繼關係。曹大爲從性别角度探討庵觀女性教育，其中對金元全真女冠教育有所涉及。[②]

---

① 張軍、聶大江：《宋元時期的知識階層》，蘭州：蘭州大學出版社，2017 年，第 61 頁。

② 詳見程越：《金元時期全真道宫觀研究》，濟南：齊魯書社，2012 年，第 119 頁；張廣保：《全真玄學與重玄學、老莊學——三教融合視域中的全真教》，陳鼓應主編：《道家文化研究》第三十二輯，北京：中華書局，2019 年，第 132～168 頁；曹大爲：《中國古代的庵觀女子教育》，《中國史研究》1995 年第 3 期。

金元時期全真教内湧現出一大批通經之士,他們的經書造詣除了源於個人博覽群書之外,還與全真教的講學活動密不可分。本文擬在前賢研究基礎上,考釋全真玄學(學校,全真教稱之爲玄庠、玄學)的發展歷程、教職設置情况,揭示其與唐宋崇玄學、道學的異同,及其對培養道門人才、推動教團發展、傳承中華文脈、促進多民族大一統國家文化格局形成的作用。以往學界對世俗教育關注較多,對上述薄弱環節的探討,可補金元教育史研究之闕。

一、"前玄學"時代的講道活動

蒙古憲宗二年(1252),掌教李志常在燕京大長春宫起置玄門庠序,時稱玄學,係中央層面全真學校教育活動的集中展開,標誌著全真教育進入制度化、體制化的時代。誠如前輩學者所言,全真玄學遠承唐宋。不過,金元早期的全真講道活動是全真玄學在憲宗、世祖朝蓬勃發展的直接源頭,對此學界尚無系統闡釋。按照講師身份的不同,早期全真教的講道活動有高道和文人精英講道之分。從時間上來講,這些講道活動都發生在全真教正式設立玄學之前,權且稱作"前玄學"時代的講道活動。

(一)高道講道

創教初期,教祖王重陽(1112~1170)以詩詞唱和的形式與社會各界交流。《重陽全真集》收有多篇冠以"贈、答、求、問、勸"的講道詩。這種宣道方式多限於一對一式的問答,還没有上升到公開講道的層面。王嚞東邁山東後,創立"三州五會"。伴隨著信衆的不斷增多[①],一對一式的詩詞唱和已經不能滿足社會的向道需求,公開講道活動勢在必行。《全真集》所收《玉花會疏》《玉花社疏》,即是王嚞向會衆講道的内容。[②]

七真時代,教門大開,講道活動成爲教團生活的重要内容。《七真年譜》記載,金大定二十二年(1182),郝大通在真定府升堂講演《道德經》,聽衆有數百人之多。默然子劉通微是 1167 年王嚞在東萊掖縣(今山東萊州)招收的弟子。和郝大通相比,他的講道活動要稍晚幾年。不同的是,他受金主之命在皇家宫觀講道。《終南山祖庭仙真内傳》記載,明昌(1190~1196)初,金章宗召見劉通微,咨

---

① 據趙衛東教授統計,"三州五會"的人數有上萬人之多。詳參趙衛東:《金元全真道教史論》,濟南:齊魯書社,2010 年,第 89 頁。

② 參見《道藏》第 25 册,北京:文物出版社、上海:上海書店、天津:天津古籍出版社,1988 年,第 741、747~748 頁。

以九還七返即内丹修煉之事，並令其先後住居天長觀、永壽道院。在永壽道院期間，劉通微開堂演道，三教九流請益咨問者絡繹不絶。講道的具體内容，現已不可考。

1219年，丘處機應詔西行覲見成吉思汗，具陳“止殺保民”宏旨。長春真人之言深得太祖賞識，全真教因此獲得諸多特權。此後入教者日益，“天下翕然宗之，由一以化百，由百以化千，由千以化萬，雖十族之鄉，百家之閭，莫不有玄學以相師授”[①]。李鼎《大元重修古樓觀宗聖宫記》亦有類似描述。[②] 這裏的“玄學”指的是全真師徒之間講論的内容，而非日後的“玄門庠序”。可見，玄學講授活動是伴隨著全真門户的日益壯大而發展起來的。郝大通一系的諸弟子繼承先師遺範，對玄門教育出力頗多。蒙古太祖七年(1212)郝大通去世後，席下兩位大弟子范圓曦、王志謹分别在東平(位於今山東省)和燕汴(今北京、開封)“建琳宇，開玄壇，聚徒講説，貴賤欽仰，宗風大振，道價增崇，不減太古”[③]。通真子程志保曾赴燕都師事王志謹多年，“(王志謹)每升堂演法，師必領其緘要”[④]。1224年，丘處機應聘東歸後，命王志謹興建燕京天長觀(後來的長春宫)，工程歷時二十年。[⑤] 由此推測，王志謹主持燕都玄壇的時間應在1224年之後。蒙古太祖二十一年(1226)，東平大行臺嚴實迎請范圓曦修建上清萬壽宫，署道教都提點，由此推知其主領東平玄壇的時間當在此年之後。[⑥] 當時宋、金、蒙三足鼎立。在中原板蕩之際，范、王兩位宗師級高道在山東、河南、北京聚徒講法，他們對玄門教育的重視和貢獻不難體味。不過，從開壇講道時間來看，范、王二人要晚於其弟子輩的李志柔。蒙古太祖十六年(1221)，李志柔在順德府城隍廟基礎上建通真觀，“纔構一室，以爲講論之所會”[⑦]。輩分有高低，講道弘道不分先後。蒙古太宗五年(1233)十月，掌教大宗師尹志平在義州(今遼寧錦州)通仙觀講《道經》上下篇，“微辭奥義，大有發明，及演七真造道根源，殊灑然也，聞者爲洗心”[⑧]。尹志平以師徒問答的方式，詳釋《道德經》各章微言大義，此見《清和真人北遊語録》。

---

① (元)李道謙集:《甘水仙源録》卷一〇,《道藏》第19册,第805頁。

② (元)朱象先集:《古樓觀紫雲衍慶集》卷上,《道藏》第19册,第555頁。

③ (元)李道謙集:《甘水仙源録》卷二,《道藏》第19册,第740頁。

④ 王宗昱編:《金元全真教石刻新編》,北京:北京大學出版社,2005年,第136頁。

⑤ 王宗昱編:《金元全真教石刻新編》,第110頁。

⑥ (元)李道謙集:《甘水仙源録》卷四,《道藏》第19册,第754頁。

⑦ (元)李道謙集:《甘水仙源録》卷一〇,《道藏》第19册,第805頁。

⑧ (元)王惲:《大元故清和妙道廣化真人玄門掌教大宗師尹公道行碑銘並序》,陳垣編纂:《道家金石略》,北京:文物出版社,1988年,第689頁。

全真教大規模的講經活動是伴隨著《大元玄都寶藏》的刻印及其在北方地區衆宫觀中的流布而開始的。[按,丘處機在世時曾囑託宋德方纂修經藏。他對《道經》的重視由來已久。據《終南山祖庭仙真内傳》,金明昌二年(1191),按照掌教劉長生的指點,虚静子趙九古赴棲霞太虚觀,"長春喜其來也,命充文侍,掌經籍典教"]1244年宋德方領銜完成《大元玄都寶藏》纂修工程,"首製三十藏,藏之名山洞府。既而諸方附印者有百餘家"[①],並令知道之士主盟講席,講演藏經玄妙。其中,宋德方弟子通真子秦志安(1188～1244)在纂修《寶藏》過程中予力鉅甚,是早期全真教著名的文道和通經講師。出於其筆下的《復建十方重陽延壽宫碑銘並序》《興真觀記》兩篇碑記是研究此人講學活動的重要資料。前者記載馬丹陽再傳弟子輔教真人廣陽子許君[②]率衆在京兆府涇陽縣三陽觀基礎上創修十方重陽延壽宫的歷史。秦志安撰寫此碑時署"前玄都寶藏主領校勘三洞講經弘教大師","前"字推測爲該碑於蒙古憲宗元年(1251)立石者所加。另外,"璇榜高懸,號曰重陽,彰師祖之無方,表玄門之有自。日以談虚無,論希夷,黜嗜欲,絶聖智者,若輻輳而聚乎其中矣"[③],可見,秦志安頗爲看重許抱元一系對重陽教祖的尊崇認同和談經論道,傳承老子之學。這也許是他慨然應允撰寫碑記的加分項。後者記載王處一弟子西山高隱史公上人創建聞喜縣(位於今山西運城)興真觀的事跡。尹志平愛其幽致,題額興真。落成之日,秦志安應邀撰寫碑記。碑文稱尹志平爲"清和仙翁"。秦志安深諳教史,不稱掌教大宗師,而代之以"清和仙翁",推斷尹志平當時已經從掌教職位上退下來。再結合秦志安的辭世時間,推測該碑記撰於1238～1244年。其時,秦志安的職銜是"寓堯都長春觀三洞講經法師"[④]。"寓"字説明,秦志安在堯都(今山西臨汾一帶)長春觀擔任三洞講經法師祇是一種臨時性的安排,當與其作爲"知道之士"巡遊宣講《玄都寶藏》有關。

何志淵(1188～?),字東夫,道號清真子。幼習儒業。蒙古太宗九年(1237)朝廷在平陽設貢舉,何志淵中甲科。同年免俘入道,師事宋德方。乃馬真后三年(1244),何志淵創居芮城(位於今山西運城)樂全觀。宋德方纂修《道藏》時,他擔

---

① 《玄都至道崇文明化真人道行之碑》,陳垣編纂:《道家金石略》,第613頁。

② 據《重陽延壽宫牒》,許君即許抱元。海迷失后二年(1250)唐妃唆魯古與其第六子旭烈大王簽發懿旨、令旨,追贈重陽延壽宫廣陽子許抱元"廣陽崇德輔教真人"號。此碑存京兆府涇陽縣重陽延壽宫。大元至治三年十月吉日延壽宫住持法賜金襴紫服通玄盛德大師三洞講經師本宗提點甘志堅重刊。可見,直至元末,重陽延壽宫仍設有三洞講經師,且由該宫住持兼本宗提點兼任。詳見陳垣編纂:《道家金石略》,第768頁。

③ 《復建十方重陽延壽宫碑銘並序》,陳垣編纂:《道家金石略》,第512頁。

④ 《興真觀記》,陳垣編纂:《道家金石略》,第533頁。

任讎校，"兼領並門鈞天局，其餘七局皆隸焉，授以講演之職"。1247 年宋德方去世後，何志淵先後出任永樂純陽宫提舉、藏室提點兼領純陽宫事、平陽路提點等職，一生傾心弘道演法，建豐碑、改宅兆、修《寶藏》。[①] 元至元十五年(1278)，他九十歲，精力不衰，"親書細字文章，邃於□理，質而不俚，有《水穀代腹》七卷傳於世"[②]。

薛志熙，字國寶，芮城人，"自丱歲出入朱門，學貫蕭曹，權操商杜"，後禮宋德方出家，曾組織創建芮城玉京觀。落成之後，薛志熙請何志淵撰寫創建碑記。二人同出披雲真人門下，關係不同一般。[③] 據《樂全觀記》，蒙古憲宗二年(1252)薛志熙寓居樂全觀。其時，何志淵的教内任職爲三洞講經師[④]。他與薛志熙師出同門，而且均在芮城一帶收徒傳道，彼此頗有交集。薛志熙和何志淵一樣致力於玄門教育。《玉京觀碑》稱，他"復能立觀度人，修仙禮道，曾充道正而闔郡稱賞，又辟玄學而一境歡傳"[⑤]。

李志全(1191～1261)，字鼎臣，太原太谷人。少業進士，由河陽張尊師引度出家，後謁丘處機並得授道妙。宋德方纂修《道藏》時，"求博洽異聞之士，俾校讎之，乃得講師，始終十年，朝夕不倦。三洞靈文，號爲完書，功亦不細"。李志常掌教時，奉朝命賜純成大師號，令其提舉燕京玄學。時間不長，返歸天壇。蒙古中統二年(1261)仙逝，享年七十一歲。有《酎泉集》三十卷行於世，又集七真及以下諸師詩賦二十卷，曰《修真文苑》。[⑥] 李志全《天壇十方大紫微宫結瓦殿記》記述了宋德方門人重修道教第一洞天王屋山上方紫微宫的經歷，重點闡述了沁州牧保安居士杜德康、悟真散人王體善夫婦捐資結瓦的事跡。該碑於蒙古海迷失后二年(1250)立石。説明李志全撰寫碑記的時間當不晚於是年，其時他的頭銜爲"三洞講師"。《結瓦殿記》引唐杜光庭《道德真經廣聖義》，闡述三清之間的關係及其對宇宙萬物的主宰作用。看得出，李志全對漢唐以來道教經書駕輕就熟。[⑦]

---

① 《元史・選舉志一》云："太宗始取中原，中書令耶律楚材請用儒術選士，從之。九年秋八月，下詔命斷事官尤忽解與山西東路課税所長官劉中，歷諸路考試。以論及經義、詞賦分爲三科，作三日程，專治一科，能兼者聽，但以不失文義爲中選。其中選者，復其賦役，令與各處長官同署公事，得東平楊奂等凡若干人，皆一時名士，而當世或以爲非便，事復中止。"(明)宋濂等撰：《元史》卷八一，北京：中華書局，1976 年，第 2017 頁。

② 《樂全觀記》，陳垣編纂：《道家金石略》，第 652 頁。

③ 《玉京觀碑》，陳垣編纂：《道家金石略》，第 633 頁。

④ 陳垣編纂：《道家金石略》，第 633～634 頁。

⑤ 陳垣編纂：《道家金石略》，第 633 頁。

⑥ 《大朝故講師李君墓志銘》，陳垣編纂：《道家金石略》，第 582 頁。

⑦ 陳垣編纂：《道家金石略》，第 480～481 頁。

除了個人開壇講道和宋德方組織講師團宣講藏經之外，大蒙古國早期一些宫觀中還建有專門的講堂。例如，丘處機女弟子肅慎人奥敦弘道，曾於蒙古乃馬真后三年(1244)“炷香終南山祖師重陽公(當爲‘宫’之誤)講堂”[①]。

雖然與後世全真教在宫觀中設立玄學、邀請通經之士登壇講法尚有差距，但是可以看出，全真教開堂講道的傳統是比較悠久的，至少郝大通、劉通微、李志柔、王志謹、范圓曦、尹志平以及宋德方一系諸弟子等早期高道的講道活動均可視爲全真玄庠的一個直接源頭。從秦志安、何志淵、李志全均冠以“三洞講經”“三洞講經法師”“三洞講師”等頭銜來看，全真玄學講道活動經歷了先有“教員”後立“庠序”的過程。自幼的傳統文化熏習、由儒入道的經歷，爲衆多道門通經之士文化底蘊的積澱和日後擔當教門大任奠定了根基。

(二)文人精英講道

文人精英在推動早期全真玄門教育發展中發揮了不容忽視的作用。這與金元易代，大批文人棄儒入道進而從整體上提升全真教團的文化水平相輔而行，王粹、張本即爲其中的代表。王元粹(? ～1243)，字子正，初名元亮，後改名粹，平州(今河北盧龍)人。金哀宗正大末，曾爲南陽酒官，後避亂流寓襄陽。蒙古太宗六年(1234)，楊惟中奉朝命招集三教、醫卜之士，王粹被擕至燕京。其間，遇李志常，從其出家，居長春宫。蒙古乃馬真后二年(1243)九月辭世，年僅四十餘歲。事跡見元好問《中州集》、李道謙《甘水仙源録》等。王粹詩文早有所成，元好問盛讚“年十八九作詩便有高趣”[②]，並將他的詩學才能與辛願、楊宏道、李汾、雷琯等金末蒙初詩書名士比肩。[③]《恕齋王先生事跡》云：“(王粹)嗜讀書，作文尤長於詩，其五言雅淡，有陶韋之風焉。”[④]張本，字敏之，覲津(今河北武邑)人。幼與李志常爲同舍生。金貞祐二年(1214)進士。[⑤] 1232年以翰林學士從曹王出質蒙古，並出家爲全真道士。張本在燕京長春宫住居十年，掌教李志常待之如兄，事跡見《中州集·張内翰本》《甘水仙源録·訥庵張先生事跡》。和王粹一樣，張本擅長辭賦，詩文頗有古意，書法才能出衆。王、張二人加入全真教後，曾奉李志常

---

① 《女煉師奥敦君道行碑》，陳垣編纂：《道家金石略》，第686頁。

② (金)元好問：《中州集》庚集第七，上海：華東師範大學出版社，2014年，第481頁。

③ 元好問《陶然集詩序》：“貞祐南渡後，詩學爲盛。洛西辛敬之、淄川楊叔能、太原李長源、龍坊雷伯威、北平王子正之等，不啻十數人，稱號專門。”狄寶心校注：《元好問文編年校注》卷六，北京：中華書局，2012年，第1147～1148頁。

④ (元)李道謙集：《甘水仙源録》卷七，《道藏》第19册，第784～785頁。

⑤ 《中州集》庚集第七《張内翰本》作“貞祐二年進士”。薛瑞兆考證當爲貞祐三年。薛瑞兆：《金代藝文叙録》，北京：中華書局，2014年，第646頁。

之命，在張邦直基礎上"增飾"《七真仙傳》，同時在推動全真玄門教育方面也傾注了不少心血。洞元虚静大師申志貞（1210～1284）、誠明真人張志敬（1220～1270）均爲李志常弟子。二人入道之初，曾接受過王、張的教導。《洞元虚静大師申公提點墓志銘》稱："時恕齋王先生、訥庵張内翰，以宏才碩學，棲止道宫。公復於暇日，就聽講論，由是德日進，而名亦彰矣。"①《玄門掌教宗師誠明真人道行碑銘》記載，"真常本儒者，喜文學，而師（張志敬——引者注）性敏悟，善誦習，工書翰，又謹飭如成人，故真常愛之特異。恕齋王先生以詩名當世，而清高絶俗，棲止道宫，真常命師從之學"②。申志貞曾出任大長春宫提舉、宗主天壇上方紫微宫事、太原府天慶宫住持、道教都提點等職，著有《濩澤蒙齋集》十六卷。張志敬繼李志常爲掌教。他們教門成就的取得應該與王、張昔日教導不無關係。

二、全真玄學的設立與玄學教育

（一）玄門庠序：全真玄學的設立

李道謙《知常姬真人事跡》稱，"壬子歲（蒙古憲宗二年，1252），掌教真常李君起置玄學於燕京大長春宫，師亦與其請，日與四方師德，遞主法席，後學之士，多賴進益"③。此乃全真教正式設立玄門庠序的時間。李志常創立玄學的過程得到了馮志亨的大力支持。據《佐玄寂照大師馮公道行碑銘》："及將立玄學，公復以作成後進之心而贊助之，直至有成。"④馮志亨（1180～1254），字伯通，號寂照，同州馮翊（今陝西渭南）人。自幼聰慧穎悟，修習儒術，二十歲入太學。後因兩次科考未中，又遭遇金衛紹王崇慶年間戰亂，還鄉以詩書自娱。丘處機西行歸來後，馮志亨禮其出家並深得器重。一生先後輔佐丘處機、尹志平、李志常三代掌教。蒙古定宗三年（1248），李志常依恩例賜金襴紫服，遷充教門都道録，權教門事，賜號佐玄寂照大師。僅就其與李志常的關係而言，最初馮氏投禮丘門就是經李志常引薦，至馮志亨棄世時，二人已有三十五年的道門之交。馮志亨羽化後，李志常以掌教大宗師的身份親臨祭壇。馮志亨積極支持李志常的玄門教育，除了自身有深厚學養和閱歷以外，二人的私交和志同道合的弘道志趣、由儒入道的共同經歷，也是襄助其事的重要因素。

---

① （元）李道謙集：《甘水仙源録》卷八，《道藏》第19册，第793頁。
② （元）李道謙集：《甘水仙源録》卷五，《道藏》第19册，第758頁。
③ （元）李道謙集：《甘水仙源録》卷八，《道藏》第19册，第792頁。
④ （元）李道謙集：《甘水仙源録》卷六，《道藏》第19册，第770頁。

1256～1270年，張志敬出任掌教。這一時期，佛道之争日益激烈，全真教門多故。特别是隨著從大蒙古國向大元王朝的政制轉變，元統治者對包括宗教在内的社會管控力度不斷增强。不過，從全真教育角度講，這一時期却是全真玄學走向全國、大起玄化的關鍵時期。李道謙《終南山宗聖宫主石公道行記》云："掌教誠明張君下教，命隨□名山大川，諸大宫觀，例起玄庠，教育後進。予（指李道謙——引者注）嘗與公同主祖庭講筵，公凝然靖空，密若無言，及其扣□，□□（三洞）四輔之奥，重玄衆妙之微，歷歷洞明其要。蓋涵養敦厚，所謂良賈深藏若虚者也。"[①]面對元朝統治者對佛教一方的袒護、對全真教的階段性打壓，如果没有玄學教育對道門人才的鼎力培養，世祖朝之後的全真教發展也許會有另一種軌跡。

（二）玄學官員與教師

按照職能，元代全真玄學的教職人員可以分爲兩大體系，一是管理層面的官員，一是教學層面的教師。玄學官員，即全國各大宫觀玄學的管理者，稱爲玄學提舉。其中，中央一級的稱諸路玄學提舉，地方層面的一般稱作某某宫觀玄學提舉。例如，李志全就曾出任燕京玄學提舉。元至元二十八年（1291），王道明撰《重修太初宫碑》，當時他的教内職銜是知常静應玄同大師、諸路道門玄學提舉。[②]《女煉師奥敦君道行碑》記載，元成宗元貞二年（1296），任志潤寓居長春宫，主領玄學講席，其頭銜是諸路玄學提舉兼道教所詳議事，爲該碑書丹並篆額的凝常淵照大師馬道逸，其教内擔當爲道祖太清宫玄學提舉。[③]

現存史料關於全真玄學管理層的記載不是很多，相反，玄學教師的相關資料頗爲豐富。我們以《甘水仙源録》《道家金石略》《金元全真教石刻新編》《重陽宫道教碑石》所收的載録有關玄學教師的五十餘通碑刻爲基礎，對金元時期全真道士擔任玄學教師情況進行了搜集整理，有些碑刻在正文中明確談到某年某月某道士擔任某宫觀講師，有的碑文則署某年某月某講師撰書、刻立，共耙梳出三十六位全真玄學講師。從宗系分布看，馬鈺、劉處玄、丘處機、郝大通、王處一等五宗的門人弟子在出任道教講師、推動玄學發展方面發揮了重要作用。其中，又以丘、劉二門弟子貢獻最早，馬、劉二門培養的通經之士最多。

從稱謂上看，金元全真宫觀的玄學教師大概有三洞講師（三洞講經、三洞講經師）、講師、講經、講經師、道教講師、玄壇講師、講演、玄壇侍經、道教講誦、道教經學教諭、玄（元）學講經、大玄學講師、提點講師等之别。其中，三洞講師指的是

① 陳垣編纂：《道家金石略》，第637頁。
② 陳垣編纂：《道家金石略》，第703～705頁。
③ 陳垣編纂：《道家金石略》，第687頁。

能够貫通洞真、洞神、洞玄三洞經書的教師，在上述經師中當屬飽學位尊者。例如，《玄門弘教白雲真人綦公道行碑》，蒙古憲宗九年(1259)撰文，元世祖至元二十五年(1288)立石，三洞講經、開玄崇道大師、安西路道門提點孫德彧書丹並題額。《大元鳳翔府岐山縣官村創建通玄觀記》記載，1286 年前後，知常盛德大師、諸路玄學提舉兼提點終南山甘河重陽遇仙宫事王道明擔任三洞講經之職。《創建玄逸觀碑》《重修東嶽岱山廟碑》稱，1309 年、1347 年，清遠明逸弘仁(真)大師周德洽先後在九峰純陽上宫、燕京大長春宫出任三洞講經師。

除了上文談到的發軔於金末的講道活動之外，郝志松、何志淵、秦志安、李志全等丘處機、劉處玄一系弟子在大長春宫設立玄學之前，就已經出任各地玄學講師。例如，郝志松在 1230 年就出任希真觀(位於今河北棗强)道教講師，何志淵在 1237～1252 年先後出任講演、三洞講經師，秦志安則於 1238～1244 年擔任寓堯都長春觀三洞講經法師一職。後二者與宋德方纂修《大元玄都寶藏》並立通經之士宣講《寶藏》經義密切相關。全真玄學教育自金末至元末一脈相承。相關碑刻記載，元代中後期(1326～1353)，王道旻、段道和、王道清、陳道源、王復初分别出任講師、大玄學講師、三洞講經師、尊宿講師、絳州玄學三洞講經師等職。憲宗、世祖時期，教團雖然經歷佛道辯論和朝廷打壓，然從玄學講師傳承來看，基本上是無斷裂的，從中不難看出全真教對玄門講道活動和道門人才培養的重視程度及其對教團發展的持久性貢獻。

從地域分布來看，這些玄學教師已經遍布今天北京、河北、河南、山東、陝西、山西、湖北等地大小宫觀，張志敬在全國“例起玄庠”之説並非虚言。(按，張志敬主教時元朝尚未完成南北統一)按照經師所處的宫觀及其所屬的行政管轄級别來説，玄學教師有中央和地方(路府州縣)之分，燕京大長春宫道教經師無疑屬於中央層面的講師，而高道宣、孫德彧、司馬德義分别屬於東平、京兆、彰德等路一級的講師，高從謙則兼任路府兩級講師，即河南府路玄學講師，周志明、王復初分别擔任嶧州、絳州等州一級講師。至於縣一級的玄學教師，多由道門管理者兼任，通玄明惠大師張德容以修武縣道門提領兼玄學事就是一例。元代的全真玄學教育已經延伸至縣一級的基層社會，玄學教育與世俗教育在行政層級設置上是彼此對應的。這在其他時代是比較少見的。

在全真玄學創立前後，積極參與玄學建設和講道活動的全真高道還有不少，但相關史料没有載録他們的“玄學頭銜”。例如，前面提到的馮志亨，在燕京大長春宫、祖庭重陽宫講道的史志經、姬志真、李道謙、石志堅等。誠然，還有衆多全真講師的名號、師承，受各種因素的制約，我們未能一一考釋，但他們對全真玄學教育的貢獻同樣不容忽視。

需要説明的一點是,玄學提舉相當於"職務",能否擔當此任,除了個人學養資歷之外,還受其他因素影響。李志全提舉燕京玄學時間不長,即南下天壇。任志潤擔任諸路玄學提舉時屬"寓居"長春宫。玄學講師類似於"職稱",孫德彧、彭志祖、周德洽、王道亨等都曾長期擔任講師之職。誠然,亦有短暫者,例如史志經在長春宫講學的時間最多不超過一年。《洞玄子史公道行録》云:"庚戌,掌教李真人屢以書請,辭不獲已,來燕。玄學講餘間,受《易》《老》微旨。辛亥,從真人北覲,例賜紫衣。"①相比而言,玄學官員的流動性要遠遠超過講師。還有一點,就是全真道士擔任玄學官員的同時,亦有兼任講師的情況。例如王道明在擔任諸路玄學提舉兼提點終南山甘河重陽遇仙宫事的同時,還出任三洞講經。這樣的例子不少,兹不羅列。

關於玄學講師的遴選機制,由於資料闕如,不可詳論。但至少有一點可以肯定,即他們大都有出入百家、博通經史、精於著述的特點。例如,知常真人姬志真"天文、地理、陰陽、律曆之學,無不精究"②。掌教大宗師孫德彧"幼穎慧,甫能言,母氏程教以孔孟書,一過輒成誦。……公蚤棄俗,志老氏學,深有契乎見素抱樸少私寡欲之旨,卒能以善終始,保其名譽,可謂有德君子者矣。每暇,喜作字爲詩文,有《希聲集》傳於世,榜其室曰履齋"③。著書立説是諸家玄學經師的一個共同特點。秦志安、李道謙、史志經等早期全真講師的"史家"美譽自不待言。世祖至元朝出任燕京大長春宫玄學講師的彭志祖撰有《練真子王志淵墓志銘》《葆真觀記》《通真觀碑》《濬州重修神霄宫碑》等碑記,另書篆碑記多篇。三洞講經、諸路道門玄學提舉王道明撰有《終南山祖庭仙真内傳序》、《大元鳳翔府岐山縣官村創建通玄觀記》、《太白廟碑銘》、《重修太初宫碑》、《純正昭慧冲和真人高君道行碑》④。元代後期燕京大長春宫講師王道亨撰有《真常宫記》《五峰山修真陽觀記》《霞峰觀記》《新城縣修龍翔觀碑》等碑記。可以看出,全真玄學講師弘道的方式是多元的,宣講道妙僅是其中之一。

---

① (元)李道謙集:《甘水仙源録》卷八,《道藏》第 19 册,第 789 頁。

② (元)李道謙集:《甘水仙源録》卷八,《道藏》第 19 册,第 792 頁。

③ 《皇元特授神仙演道大宗師玄門掌教輔道體仁文粹開玄真人管領諸路道教所知集賢院道教事孫公道行之碑》,陳垣編纂:《道家金石略》,第 787～788 頁。

④ 此碑見於《全元文》第 17 册,《道家金石略》失收。

三、全真玄學教育的特點和貢獻

玄學教育是一種與世俗教育既有聯繫又有區别的神學教育,它的興起與教門發展程度、政教關係特别是統治者的重視程度密切相關。唐玄宗朝、宋徽宗朝的崇玄學、道學活動,離不開其時道教的繁盛、兩朝最高統治者的崇道護持。融通三教、高唱性命雙修的教義思想契合了唐宋以降中國文化内向性轉變的時代脈搏,歷代高道爲教團發展積極奔走,以成吉思汗爲首的大蒙古國統治者的極力護持,大體構成了全真教發展壯大的内外因。這也是全真玄學教育興起的歷史場域。

和唐宋時期的崇玄學、道學體制不同,全真玄學教育呈現出如下特點。一是從大的時代背景講,全真玄學教育發生在金元少數民族統治的政制語境中,玄學教育對以道家道教爲主幹的三教文化的弘揚傳播,在一定意義上有利於促進多民族統一國家文化格局的形成。二是崇玄學、道學是唐宋最高統治者頒布的國策,不論是玄宗朝的道舉考試還是徽宗朝的道學均屬國家行爲,天下各道派均應奉行。從存續時間來看,二者興盛於唐或北宋的某一歷史時期,或長或短,不具貫通性。全真玄學教育是在金元時期一個道派内部展開的,其内生性明顯强於唐宋統治者的外在尊崇性、護持性。金末蒙初的講道活動、貫通有元一代特别是佛道辯争時期也未間斷的教育活動,既是全真玄學教育不同於以往的特點,又是其富有内在生命力的有力體現。三是唐宋時期雖有出家制度,但並不像全真教那麽嚴格。全真教義要求,爲全真者必須出家。嚴格的住庵出家制度,是全真玄門教育興起和制度化發展的必然要求和必要保障。① 四是元代中央和地方路府州縣對應的宫觀中建有專門的玄門庠序,設有玄學提舉和講師。這既是全真玄學教育納入元代道教管理體制的表現,更是教育活動持續發展的制度化保證。五是從諸多全真文本入《藏》以及三洞經師宣講《大元玄都寶藏》來看,全真玄學教育還具有貫通三洞四輔、突出全真元素的特點。

元代各大全真宫觀刻有衆多保護宫觀、廟産的公文碑(聖旨、懿旨、令旨)。以祖庭重陽宫公文碑爲例,其中最有影響的是蒙古太祖十八年(1223)三月和九月成吉思汗兩度頒降的聖旨,主要内容是授予丘處機神仙稱號,並令其掌領天下

① “全真道的出家制度是其各項制度的基礎。通過出家來獲得道籍,既是成爲全真道的起點,也是全真道區别於傳統道教最突出的標誌之一”,“‘出家制度’真正成爲一種宗教制度,是在金元的全真道出現後確定下來的”。高麗楊:《全真教制初探》,成都:巴蜀書社,2018 年,第 65、94 頁。

的出家善人，賦予全真教諸多特權。濰縣玉清宫、嶗山太清宫、亳州太清宫亦有類似的公文碑。磻溪《長春觀公據》記載了鳳翔總管府頒發給長春觀的公據，特别是宫觀四至。[①] 有形廟産是全真宫觀發展的重要支撑。全真玄門教育對道門人才培養的貢獻是無形的，其對全真教發展壯大的影響如涓涓細流、潤物無聲，重要性不僅不亞於宫觀廟産，而且影響力要遠遠超過有形資産。原因很簡單，廟産很容易被不可抗的力量——比如戰亂、政治因素——摧毁，而玄門人才却一般不會遭受毁滅性打擊。以《大元玄都寶藏》爲例，李鼎、商挺分别從教俗兩個視角盛讚藏經宣講對道門人才培養的作用："每藏立一知道之士主師席，令講演經中所載聖賢之所以爲聖賢之事，庶使一一就博學詳説之中，得反説約之妙，得悟同然之理。於中或有推而廣之，廓聖人有教無類之妙用，無問在玄門不在玄門，但虚己而來聽者，以己之天，印彼之天，天天相印，莫之能止。内外上下，流通混合，其益於天下後世，可勝計耶？"[②]"自藏室之興，玄門之士，登真達道者有之，窮理盡性者有之，明經講授者亦有之，皆真人作成之力。"[③]秦志安、何志淵、李志全等通經之士在各地宫觀講授《道藏》，個中對道家道教典籍、性命之理、全真開宗立派宗旨等的講解，使教門弟子掌握了一套"何以全真""何以道教"的權力話語，由表及裏地明確了全真道士歸宗全真教——道教的身份認同。全真教從最初的"修隱會"最終發展成爲金元以降主領道教半壁江山的一大道派，原因是多方面的。其中，玄學教育對於全真人才的培養、提振教團宗風的作用不容忽視。

［本文爲作者主持的國家社科基金青年項目"金元全真教宗教認同的建構研究"（項目編號：14CZJ023）階段性成果、國家"十三五"規劃文化重大工程《中華續道藏》（批准號：中央統戰部"統辦函"〔2018〕576號）專項研究成果］

（責任編輯：趙衛東）

① 陳垣編纂：《道家金石略》，第477～478頁。
② 《玄都至道披雲真人宋天師祠堂碑銘並引》，陳垣編纂：《道家金石略》，第574頁。
③ 《玄都至道崇文明化真人道行之碑》，陳垣編纂：《道家金石略》，第614頁。

從“宗派”視角看全真道對禪宗的借鑒

□朱　俊

摘要：全真道與傳統道派的一個重要區別是具有典型的宗派特徵，這主要表現爲師徒之間的傳法意識，及由此衍生的師資傳授形態、身份認同意識及法眷宗枝關係與教團組織，這種意識及相關活動在傳統道教中雖缺乏類似資源，但不乏對唐宋佛教特別是禪宗的借鑒。這既豐富了三教互動的歷史内涵，也説明佛教的“中國化”不僅是對中華文明的融入，還積極推動了中國特色文化的發展。

關鍵詞：全真道　宗派　禪宗　中國化

作者簡介：朱俊，男，南京大學哲學系・宗教學系博士研究生，研究方向爲中國哲學、三教關係。

宗派是中國宗教史的重要内容。所謂宗派，是某一宗教内部産生的有著特定教義、修行方法、傳承譜系、專屬寺院、組織系統且具有排他性的派别。① 宗派的成立，既需要一種思想上的身份認同與排他意識，也需要依據該意識而形成的組織形態②，前者是後者得以成立的思想基礎，後者則是前者的現實保障③。

在中國歷史上，宗派觀念與組織形態首先興起於佛教，以禪宗最爲典型。其後，宗派意識隨著禪宗的傳播得以擴散爲一種普遍性的文化意識，對儒、道諸家均産生了一定的影響，其中尤以金元之際興起的全真道最能體現這一點。與傳

---

① 如湯用彤先生指出，宗派是“有創始，有傳授，有信徒，有教義，有教規的一個宗教集團”。見氏著《論中國佛教無“十宗”》，《湯用彤全集》第二卷，石家莊：河北人民出版社，2000年，第372頁。

② 如湯用彤先生在《隋唐佛學之特點》一文中指出宗派的三大要點——“教理闡明，獨闢蹊徑”，“門户見深，入主出奴”，“時味説教，自誇承繼道統”，主要是從“宗派意識”與認同維度著眼；又在《論中國佛教無“十宗”》中指出，宗派組織、寺廟經濟等也需要加以注意。詳見《湯用彤全集》第二卷，第111、330、375頁。

③ 近年來圍繞佛教宗派問題的争論，即多屬於圍繞是否存在明確的宗派歸屬意識和是否存在系統的組織、譜系而展開。參見俞學明：《隋唐佛教“宗派問題”再辨——兼對隋唐佛教不存在宗派説的回應》，《浙江學刊》2013年第2期；楊維中：《隋代成立“佛教宗派”新論》，洪修平主編：《佛教文化研究》第二輯，南京：江蘇人民出版社，2015年，第3頁。

統道教相比,全真道具有典型的宗派性特徵,除了傳承譜系這一較具普遍性的宗派因素之外[①],其師徒之間的傳法印心觀念、門衆之間的法緣宗枝意識,以及基於此衍生出的獨特道風和教團形態等,不僅在道教諸派中最爲突出與明晰,也使其内部"甲乙授受,牢不可破"[②],構成聯繫緊密的宗派團體,並對其社會影響的擴展起到了重要的推動作用。

目前學界從三教互動角度研究全真道的成果頗多,然以義理分析居多,較少注意到全真道在宗派形態上對佛教特别是禪宗的借鑒。本文即以全真道的"傳心"觀念及由此衍生的相關文獻史料的書寫、活動方式與組織形態等爲例,來考察佛教特别是禪宗之宗派性對全真道的影響,以揭示三教交流史的部分互動細節。

一、全真道對禪宗傳心印心説的借鑒

佛教宗派的誕生,是其中國化的重要表現與結果。佛教自兩漢之際傳入中土,除在民間與鬼神信仰相混同外,在學理維度主要是基於經典翻譯的理解、消化[③],故漢魏六朝時期的佛學主要表現爲經典文句及義理理解、解釋的學派模式,典型如僧肇及其批判的"六家七宗",其差異主要在如何理解佛教的性空説。直到智顗(538～597)以"説己心中所行法門"[④]的方式開創天台宗,中土高僧對佛教經典、教義的理解開始脱離尋章摘句的傳統,作出各自的創造性發揮,從而促成了佛教由學派向宗派的轉變,標誌著佛教中國化臻於成熟,而宗派成立的首要標誌是傳法、傳心意識的興起。

由於宗派創立者往往對佛學有著别出心裁的理解,爲塑造各自新説的合法性,就需要在文本詞句之外尋求依據,高僧們憑藉"言"與"詮"、"言"與"意"的差别,强調自己是承襲佛祖的"真意",所謂"諸佛妙理,非關文字"[⑤],——"傳法"遂

① 全真道通過編纂"五祖七真"的傳承譜系,將本門法脈上溯到"太上"[參見(元)林間羽客樗櫟道人編:《金蓮正宗記》,《道藏》第3册,北京:文物出版社、上海:上海書店、天津:天津古籍出版社,1988年,第344～365頁],而正一、真大等派也莫不如此,唯全真道是諸派中最熱衷於編纂、傳播本派譜系者。

② (金)元好問:《紫薇觀記》,陳垣編纂:《道家金石略》,北京:文物出版社,1988年,第475頁。

③ 洪修平教授曾總結佛教在中土的初期演變爲方術神靈化、儒學化與老莊玄學化,其中前者即主要指佛教在民間的影響,儒學化主要强調佛教與中國文化在倫理層面的衝突,老莊玄學化則突出了以"格義"理解佛學的情形。參見氏著《中國佛教與儒道思想》,北京:宗教文化出版社,2004年,第241頁。

④ (隋)智顗:《摩訶止觀》卷一,《大正新修藏經》第46册,臺北:財團法人佛陀教育基金會出版部,1990年,第1頁。

⑤ (唐)慧能:《壇經·機緣第七》,《大正新修藏經》第48册,第355頁。

被凸顯出來以建構和强調宗派的合法性、正統性及宗門特色。對此，湯用彤先生曾有精到的總結：

> 在中國佛教的宗派歷史中，傳法是一個關鍵性的概念。它在隋唐以後纔盛爲流行，前此不然也。……在漢晋之際，佛法初行，僧人有師徒關係而無傳法之説。……但是傳法這個概念，到隋唐宗派興起，特别是禪宗、天台宗興起的時候，却有了新的内容：一方面立宗者自以爲繼承佛的正統……另一方面因禪定盛行的影響，傳法遂有神秘的意義，與名相解釋之學不同。……而禪宗頓教，更是以心傳心，秘密相傳，不著一字，其後參禪棒喝，是它們頓悟學説的體現。此在於原來講習之學，讀經説法，以此相傳，大不相同也。[①]

湯先生之説不僅揭示了佛教宗派觀念的核心意涵，而且指出了從“傳法”到“傳心”的歷史演變。“傳法”之説源自天台宗創始人智顗門人灌頂，其推尊龍樹爲本門之祖，直承釋迦，此成爲佛教“傳法”意識之濫觴。[②] 但天台宗的“傳法”説依然有待於對佛教經典的“判教”，並以《法華經》爲本派宗旨依據，待禪宗興起後，提倡直指人心，反對尋章摘句，認爲師弟之授受的核心内容是心地的啓發與印證，而不是某種知識系統、修行方法，即“唯傳一心，更無别法”[③]，“傳法”之説遂發展爲“傳心”説，故禪宗也被稱爲“佛心宗”。這種觀念隨著禪宗在唐宋社會的廣泛流傳而逐漸轉化爲一種公共話語資源，爲三教九流所借鑒運用，典型如韓愈及宋儒模仿佛教傳法譜系構建儒家道統，此已經陳寅恪先生《論韓愈》一文的發覆而爲衆所知。儒學之外，道教也受到這種以傳法印心爲中心的宗派意識影響。其中，興起於金元之際的全真道，以高唱“三教搜來做一家”[④]的態度，借鑒和吸收了佛教的“傳法”意識以書寫和建構其宗派觀念和活動方式，爲道教發展和多元文化交流打開了新的局面。

在全真道興起之前，道教的授受活動主要是通過系統的經籙傳承來實現，所謂“凡人初入法門，先受諸戒，以防患止罪。次佩符籙，制斷妖精，保中神炁。次受五千文，詮明道德生化源起。次受三皇，漸登下乘，緣粗入妙。次受靈寶，進昇

---

① 湯用彤：《中國佛教宗派問題補論》，《湯用彤全集》第二卷，第406～408頁。

② 參見夏金華：《中國學術思潮史》卷四《佛學思潮》，上海：上海社會科學院出版社，2006年，第337頁。

③ 藍吉富主編：《景德傳燈録》卷九，《禪宗全書》第2册，臺北：文殊出版社，1988年，第162頁。

④ （金）王嚞：《重陽全真集》卷一，《道藏》第25册，第696頁。

中乘，轉神入慧。次受洞真，鍊景歸無，還源反一，證於常道”[1]。這一傳授體系在唐宋時代由於得到官方支持而成爲道教内部通行的教制，其師弟傳授的内容主要是戒律、符籙、經法、儀軌、法器、内煉方法等，易言之，即一套具體的、具有普適性質的知識系統與實踐手法。

全真道自開創之初即將精神性的超悟作爲修真了道的核心内容，不采用傳統道教的經教義學體系作爲教派傳承的重點，更排斥各種形式化、科層化的術、法傳授。王重陽《玉花社疏》曾點出其立教的核心要點："務要諸公得認真性。不曉真源，盡學傍門小術，此是作福養身之法，並不干修仙之道……諸公如要真修行，飢來吃飯，睡來合眼，也莫打坐，也莫學道。只要塵冗事屏除，只要心中'清凈'兩個字，其餘都不是修行。"[2]其弟子馬丹陽也指出："三十六道引，二十四還丹，此乃入道之漸門，不可便爲大道。若窮於爐竈，取象於龜蛇，乃無事生事，於性上添僞也。"又說："夫道，但清凈無爲，逍遥自在，不染不著。"[3]

上述觀點在全真道中不僅是一種修行理念，更有著本體論的依據，在全真家看來，"心本是道，道即是心，心外無道"[4]，"真性"本有，本無染污，衹需"清凈"，除去"染著"即可復顯，不需修證，暗示著"真性"本凈，道術的修煉與"真性"無關，屬於"無事生事"，修道的關鍵即在於認知、體悟本來清凈的真性，因而排除了各種知識、方技。而這種本體論、心性論與禪宗、華嚴宗的心性本凈的主張具有高度一致性。[5] 至於"飢來吃飯，睡來合眼"的修行方法論，則源自唐代禪師大珠慧海的名句"飢來吃飯，困來即眠"[6]，强調任運自在，不假造作；全真家的"性上添僞"之説也合乎禪宗"修證即不無，污染即不得"[7]的經典論述。

基於這種理論，與禪宗一樣，全真道在有關修行體驗的表述中特别重視對個體生命體驗轉化瞬間的描繪，如王重陽在記述其得異人指授的經歷時説，"四旬八上得遭逢，口訣傳來便有功"[8]，將得道成功定位於"傳來便有"的一瞬。《重陽立教十五論》也説，"若一句相投，便有圓光内發，了生死之大事，作全真之丈

---

① （唐）張萬福：《傳授三洞經戒法籙略説》，《道藏》第 32 册，第 193 頁。
② （金）王嚞：《重陽全真集》卷一〇，《道藏》第 25 册，第 747 頁。
③ （金）王頤中集：《丹陽真人語録》，《道藏》第 23 册，第 703 頁。
④ （金）王喆：《重陽真人授丹陽二十四訣》，《道藏》第 25 册，第 808 頁。
⑤ 參見賴永海：《中國佛性論》，南京：江蘇人民出版社，2010 年，第 159、166 頁。
⑥ （宋）道原：《景德傳燈録》卷六，《大正新修藏經》第 51 册，第 247 頁。
⑦ （唐）慧能：《壇經・機緣第七》，《大正新修藏經》第 48 册，第 357 頁。
⑧ （金）王嚞：《重陽全真集》卷二，《道藏》第 25 册，第 701 頁。

夫”[①],認爲在師長啓發下,“一句分明,便悟徹”[②],可以實現了生死、全本真的超脱。可見,這種對修真證道的理解和描寫,全然建立在對精神世界一念間豁然新生的基礎上,與禪宗“豁然有省”“言下頓悟”的風格高度一致,故重陽又徑借佛教“傳心印”之説加以表達:“道非常物物和,傳心印接金科。”[③]

這種書寫方式得到其弟子的繼承,如馬丹陽即反復論述:“傳心印,嬰兒舞”[④],“傳心印,謹相依”[⑤]。後世全真道進一步將之擴展爲普遍性的修道叙事,典型如全真史家李道謙撰寫的《終南山祖庭仙真内傳》,記述以馬丹陽門下爲主的祖庭高道數十人的生平行狀,其中傳法印心之例頗多,如云嚴處常“蒙丹陽宗師復爲印可”,蘇鉉“以至心源明了,道體冲融”,于通清“又屢授真訣,乃得心性圓通”。[⑥] 這些説法雖然用詞有異,但意涵則極爲一致,即强調弟子從師長處獲得的乃是一種“心法”的傳承與心境的印證。此外,全真史家姬志真所撰《南昌觀碑》提及葆光大師朱志明師承抱陽子劉志甫,説他“親炙左右,日改月化,大蒙印可”[⑦]。名士楊奂爲高道于洞真所撰碑銘云其“謁長春(丘處機),啓證心印”[⑧]。進士唐堃爲圓明子寇志静所撰《功行碑》則描述他得廣陽子許真人“密傳妙旨。公豁然大悟,若河决而注諸海,鑑磨而光徹天”[⑨]。名士劉祖謙爲楊碧虚撰墓銘,則説“先生獨傳祖師心要”[⑩]。

由此可見,傳法印心式的表達,既已經成爲全真道内部廣爲流傳的叙事方式,或曰教團内部的共識,也得到教外人士的廣泛了知和接受,這是之前道教各派中未曾有過的。而所謂“啓證心印”“圓光内發”“心源明了”“大蒙印可”等説,都是禪宗叙事中的常用語,如《景德傳燈録》“慧方禪師”條云“示以心印,師豁然領悟”[⑪],《宏智禪師廣録》云“圓明了知心念間”[⑫],《大慧普覺禪師語録》云“遍見諸方尊宿,皆蒙印可”[⑬]。此外,尚有王利用爲曾歷事劉長生、王處一、丘處機的全真

① 《重陽立教十五論》,《道藏》第32册,第153頁。
② (金)王嚞:《重陽全真集》卷七,《道藏》第25册,第728頁。
③ (金)王喆:《重陽教化集》卷一,《道藏》第25册,第774頁。
④ (金)馬丹陽:《洞玄金玉集》卷二,《道藏》第25册,第569頁。
⑤ (金)馬丹陽:《漸悟集》卷下,《道藏》第25册,第479頁。
⑥ (元)李道謙編:《終南山祖庭仙真内傳》,《道藏》第19册,第519、522、523頁。
⑦ (元)姬志真:《雲山集》卷八,《道藏》第25册,第420頁。
⑧ (元)楊奂:《汧陽玉清萬壽宫洞真真人于先生碑並序》,陳垣編纂:《道家金石略》,第509頁。
⑨ (元)唐堃:《圓明朗照真人功行之碑》,陳垣編纂:《道家金石略》,第625頁。
⑩ (金)劉祖謙:《終南山碧虚真人楊先生墓銘》,陳垣編纂:《道家金石略》,第462頁。
⑪ 《大正新修藏經》第51册,第228頁。
⑫ 《大正新修藏經》第48册,第36頁。
⑬ 《大正新修藏經》第47册,第904頁。

高道宋披雲作道行碑,其行文中以"三燈傳一燈,一燈續三燈"[①],來形容宋與三人之間的傳承關係。而"傳燈"恰是禪宗授受關係最爲著名的别稱。

就此而言,全真道的"傳心"之説不能不視爲對作爲其歷史文化背景的禪宗的一種借鑒。而揆諸道教史,無論是傳統道派還是與全真同時興起的太一、真大等道派,均不以"傳心"爲説,故"傳心"之論也適足以成爲全真道在道教諸派中的獨特之處。

二、全真道對禪宗行持與組織形式的借鑒

禪宗宗派意識不僅表現爲"傳心"觀念及其相關叙事,也體現在該宗派重視師資印證、雲遊參學的行持方式及法眷宗親式的教團結構,而全真道在上述方面也不乏借鑒,從而進一步塑造了本派的身份認同和宗派特色。

其一,基於"印心"説對心地開悟的重視,全真道在修行方法上借鑒了許多禪宗的做法,其中既有對禪宗看話頭、參公案等方法的運用,也有對禪家旨趣的發揮,甚至還有對禪家接人手法的移植。如馬丹陽命弟子陶彦明"遊歷諸方,究取父母未生前去"[②]。《盤山語録》中提到當時全真道流行的修學方式有"學古人公案"[③]。曾任全真掌教的王志坦"偶因同伴連日問禪法"[④],遂著《道禪集》以詩頌形式對禪學義理加以詮解,其中廣引各類禪宗典故。而南方全真名道李道純則進一步用機鋒、棒喝等做法來接引學徒,並以内丹理論解讀佛教公案[⑤],其弟子苗太素還仿照禪宗公案編撰《玄教大公案》等著作[⑥],其行文往往先作解讀,末後附以讚頌,和禪宗的頌古之作在書寫形式上完全一致。此外,尚有圓明老人仿禪宗《牧牛圖》繪製《牧馬圖》[⑦],以牧人調服烈馬的過程來比擬心性修煉。這種對禪宗修行方法的吸收,顯然是爲了突出心性開悟在修道過程中的核心地位,服務於全其本真的精神超脱宗旨。

其二,全真道徒還在修行實踐中借鑒了禪宗的遊歷參學之風。禪者行脚的

---

① (元)王利用:《玄通弘教披雲真人道行之碑》,陳垣編纂:《道家金石略》,第 753 頁。
② (元)李道謙編:《終南山祖庭仙真内傳》,《道藏》第 19 册,第 529 頁。
③ (元)志焕編次:《盤山棲雲王真人語録》,《道藏》第 23 册,第 720 頁。
④ (元)王志坦:《道禪集》,《道藏》第 24 册,第 94 頁。
⑤ (元)柴元皋編:《清庵瑩蟾子語録》卷一,《道藏》第 23 册,第 733 頁。
⑥ (元)王志道集:《玄教大公案》,《道藏》第 23 册,第 889 頁。
⑦ (金)圓明老人述:《上乘修真三要》卷上,《道藏》第 4 册,第 904 頁。

目的在於尋求善知識指點心要，所謂“大事未明，如喪考妣”[①]。《重陽立教十五論》也以同樣的理由要求門徒遊歷參學，以“參尋性命，求問妙玄……了生死之大事”[②]。與禪者的行脚諸方一樣，全真道門徒中也普遍存在參禮多師的現象，著名者除前述宋披雲外，尚有如于洞真曾受教於馬丹陽、譚處端、劉處玄、丘處機、王處一、崔羊頭等人，尹志平曾參禮馬、譚、劉、丘、王、郝等六真。而由於師資傳法對於修行者精神新生的重要意義，傳法、請益最重視的是以達者爲尊，並采取格外敬慎的禮儀態度。如《壇經·機緣品》記載永嘉玄覺往見慧能，“具威儀參禮”；再如香嚴智閑因受潙山靈佑激發，後擊竹得悟，“遽歸，沐浴焚香，遥禮潙山，讚云：和尚大悲，恩逾父母”[③]。拈香禮敬其得法師甚至成爲禪者開堂說法的固定儀則。這類做法也爲全真道所借鑒，如馬丹陽門下楊明真因疑惑未決，聞段明源曾得丹陽印可，遂不遠千里往求指點："嘗聞稷山縣真陽子段君爲丹陽許可，取道河東，炷香參拜，段君密授道要，又以物外人詞贈之。先生辭而還秦，自是了無疑障。”[④]其“炷香參拜”的細節，與智閑禮敬潙山的做法可謂如出一轍。

其三，基於這種傳法意識，全真道還廣泛吸收了佛教及禪宗的嗣法、授記等做法。全真教祖王重陽在臨終前，將異人傳授的《五篇秘語》授予馬丹陽，並對諸弟子説“汝等性命皆在丹陽手中”[⑤]，使得原本並非最早入門的馬氏被樹立爲諸人首領[⑥]。重陽門人繼承和發展了這一做法，常以各種暗示、預言鼓勵門衆努力修道、傳教。如馬丹陽以劉真一“緣在北方”[⑦]，命其北上；丘處機曾授一弓弦與李志常，後人理解爲囑託嗣教之意[⑧]。到全真第三代高道群體中，嗣法行爲變得更爲普遍。如馬丹陽門下楊明真“召門人修齋集衆，嗣法於無欲子李公”[⑨]；周全道“命衆作齋，召嗣法門人圓明子李志源……”[⑩]，至全道去世後，其門衆即“遵宿昔之命，舉練師（李志源）處師位”[⑪]。而“授記”的記載在全真史料中亦復不少，如丘處

① 《新編卍續藏經》第 65 册，臺北：新文豐出版有限公司，1993 年，第 608 頁。

② 《道藏》第 32 册，第 153 頁。

③ 《新編卍續藏經》第 67 册，第 591 頁。

④ （元）李道謙編：《終南山祖庭仙真内傳》，《道藏》第 19 册，第 525 頁。

⑤ （元）林間羽客樗櫟道人編：《金蓮正宗記》，《道藏》第 3 册，第 349 頁。

⑥ 關於七真入門次序，趙衛東教授曾在諸家研究的基礎上做過總結與梳理，參見氏著《金元全真道教史論》，濟南：齊魯書社，2010 年，第 82 頁。

⑦ （元）李道謙編：《終南山祖庭仙真内傳》，《道藏》第 19 册，第 521 頁。

⑧ （元）王鶚：《玄門掌教大宗師真常真人道行碑銘》，陳垣編纂：《道家金石略》，第 579 頁。

⑨ （元）李道謙編：《終南山祖庭仙真内傳》，《道藏》第 19 册，第 526 頁。

⑩ （元）李道謙：《終南山全陽真人周尊師道行碑》，陳垣編纂：《道家金石略》，第 645 頁。

⑪ （元）李道謙：《終南山圓明真人李練師道行碑》，陳垣編纂：《道家金石略》，第 607 頁。

機晚年曾提及"昔丹陽嘗授記於余"[①]云云，再如祁志誠得丁靈陽預言"當張吾軍，爲統軍帥"[②]，後果被任命爲全真掌教。更爲著名的是郝大通曾得重陽授衣並預言其"當自成"，世人即視這一做法爲"傳法之意"。[③] 這種解讀顯然是將重陽的授衣看作對禪宗早期傳袈裟以爲表信的模仿，可見時人對全真道借鑒禪宗的相關做法了然於心。

從道教史的角度看，上述數點均屬於全真道突出且有别於其他道派的宗派特徵。而基於上述信仰與活動模式，全真道將師徒之間的授受集中於精神信仰、精神認同，從而使得師徒、同門之間形成一種精神上逾越血脈之情的法脈傳承和同門之間的法眷關係，即在同一師長門下、同一法脈傳承者之間，形成一種擬血緣的法緣宗族關係，徒衆對師長以子嗣自居，同門之間則視如兄弟，上下則待以親眷之禮。

這種法眷觀念開創於教祖王重陽，其《結物外親》詩云："一弟一姪兩個兒，和余五逸做修持。"[④]首先提出了"物外親"的概念，得到其徒衆的回應和發揚，如馬丹陽《論恩》詩云："天地日月父母恩，不能使我脱沉淪。弟兄姊妹暫相識，妻妾兒孫愈不親。幸遇風仙傳秘訣，致令馬鈺得良因。……師恩深重終難報，誓死環墻鍊至真。"[⑤]丘處機有《齊天樂·憶法眷》詞："自東離海上，元本三州，四人同契。"[⑥]王玉陽也撰有《法眷》詩[⑦]，另有《贈諸處道衆》詞説道："既作同流，莫學奇怪。……道弟道兄，洗心寧耐。"[⑧]在全真道看來，世俗的情感牽纏都是暫時的、虚幻的，衹有超越塵世的物外之真值得追求，基於這種急切的出世渴望，形成了師恩逾越親眷之情的意識，同門之間法眷法屬的身份認同又轉而推進了其教派的現實活動。如丘處機曾以師叔的身份調派馬丹陽門徒四出傳道，《祖庭内傳》載，"明昌中，(曹瑱)與雲中蘇公(鉉)、無染柳公(開悟)奉長春師叔命，同飛舄燕薊，演化度人，應緣接物"，于通清則被派往北京等處弘道，喬濳道、李冲道受託於河東傳教，吕道安、畢知常、宋明一等受命主持祖庵。[⑨] 全真道修造宫觀時，往往以

① (元)李志常述:《長春真人西遊記》,《道藏》第 34 册,第 497 頁。

② (元)李謙:《玄門掌教大宗師存神應化洞明真人祁公道行之碑》,陳垣編纂:《道家金石略》,第 699 頁。

③ (元)徐琰:《廣寧通玄太古真人郝宗師道行碑》,陳垣編纂:《道家金石略》,第 673 頁。

④ (金)王嚞:《重陽全真集》卷一,《道藏》第 25 册,第 691 頁。

⑤ (金)馬丹陽:《洞玄金玉集》卷七,《道藏》第 25 册,第 594 頁。

⑥ (金)丘處機:《磻溪集》卷五,《道藏》第 25 册,第 837 頁。

⑦ (金)王處一:《雲光集》卷一,《道藏》第 25 册,第 650 頁。

⑧ (金)王處一:《雲光集》卷三,《道藏》第 25 册,第 676 頁。

⑨ (元)李道謙編:《終南山祖庭仙真内傳》,《道藏》第 19 册,第 520、523、527、531 頁。

某一宗系高道爲主持人,以便獲得該系門衆的廣泛支持,例如馬丹陽法孫李圓明,受掌教尹志平委託修建終南山重陽成道宫,其法弟吴志恒即先行入關爲之張本,山東同門張志淵則"屢輦金幣以資其用"①。現存的全真道碑文中存有許多宗枝圖譜,更是對這種法緣宗族關係的直接證明。典型如王屋山《天壇尊師周仙靈異之碑》背面記録劉處玄門下法眷宗枝②,五峰山洞真觀《戊申歲紀海衆信士姓氏之圖》③記録全真高道崔道演門下法眷宗枝等。

探討全真道的法緣宗族結構,也應注意其對佛教特别是禪宗的借鑒。"法眷"觀念早在六朝時期即爲佛教所運用,梁寶唱《比丘尼傳》有云,"德合志同爲法眷屬"④,但尚未落實爲教團組織形式。至禪宗興起後,因爲以心法傳承爲宗,"法眷"系統化爲法緣宗族的組織結構,形成廣泛的社會影響。如唐《臨濟録》的編撰者署名爲"住三聖嗣法小師慧然"⑤,宋本嵩述《注華嚴經題法界觀門頌》云玄沙師備與"法嗣雪峰存禪師,爲法門之昆季耳"⑥。禪師門下法嗣的多少,直接决定門庭的興衰,故燈録中均著重加以記述。另外,嗣法如同血脈,既具有法脈的正統性和神聖性,又具有對外的排他性,如宋慧洪《林間録》載佛印元禪師欲使福嚴感嗣續,感以"若使嗣法,則某自有師矣"⑦却之。

朱子曾指出:"天下只是這道理,終是走不得。如佛老雖是滅人倫,然自是逃不得。如無父子,却拜其師,以其弟子爲子;長者爲師兄,少者爲師弟。"⑧此説雖基於批評的立場,但却反映出宋代佛教師弟之間,特别是禪宗内部形成了一種近乎"父子兄弟"的擬血緣關係,且這種法眷宗枝形態已經十分成熟和普遍。而全真道這種"物外真親眷"的倫理觀和宗派架構,除了有儒家宗法觀念的印記之外,⑨更多的是對以禪宗爲代表的佛教法緣宗族觀念及其組織形式的借鑒,這不僅表現在相關語彙的相似性,更重要的是全真道的出家制度决定了該派的宗法關係不是像儒家宗法倫理一樣基於血緣,而是如禪宗一樣基於"法緣"。

---

① (元)李道謙:《終南山全陽真人周尊師道行碑》,陳垣編纂:《道家金石略》,第 645 頁。

② 陳垣編纂:《道家金石略》,第 490 頁。

③ 陳垣編纂:《道家金石略》,第 500 頁。

④ 《大正新修藏經》第 50 册,第 943 頁。

⑤ 《大正新修藏經》第 47 册,第 496 頁。

⑥ 《大正新修藏經》第 45 册,第 703 頁。

⑦ 《新編卍續藏經》第 87 册,第 270 頁。

⑧ (宋)黎靖德編,王星賢點校:《朱子語類》卷一二六,北京:中華書局,1986 年,第 3014 頁。

⑨ 參見周建强:《道儒之間——全真道互結物外真親眷的孝道倫理》,《東嶽論叢》2018 年第 8 期。

綜上而言,以傳法意識爲中心,全真道在其教派意識、修行方法和現實活動的許多方面都對佛教特别是禪宗的相關做法有所借鑒和吸收,革新了道教的面貌,使之更接近老莊道家的清静本旨。同時,由於全真道高度重視師弟授受、心印傳承,師徒、同門之間形成了一種以"法"爲紐帶的密切的"擬血緣關係",使教衆凝聚於更爲緊密的宗派聯繫中,既區别於其他道派,也使其在金元時期多次政治勢力的打壓中能保持發展壯大的活力,這一點也與禪宗經歷晚唐五代的亂局而能發揚光大的歷史先例有著相同之處。

三、全真道與禪宗及傳統道教的異同

由於道教本身具有悠久成熟的信仰體系和實踐方法,全真道對禪宗及佛教因素的吸收借鑒雖然頗爲深入和廣泛,但其汲取依然力圖使之服務於自身宗旨,因而其相關意識和活動一方面與傳統道教存在差異,另一方面與禪宗及佛教也存在不同之處,從而體現出自身特色。

在六朝隋唐時期,道教内部已經出現對佛教傳心觀念的借用。如唐王損之《玄珠心鏡注》:"《太上内景經》説守一之元,即是太上之心印。説心印曰'真人巾金巾',此五字太上玉晨君之心印也。印以赤玉爲簡,黄金縷字……"[①]又説:"太上心印者,事也。事者,是守一之門耳。"[②]可見,其所説的"心印"是指咒語内諱和"守一"之術。唐後期政治家李德裕曾自述:"余受法於茅山,元師(指陸修静)則傳法祖師也。"[③]這一"傳法"則是指傳統道教的三洞經教及道術之法。唐宋時期道教還存在一種"傳法傳度"的做法,但其傳授的内容主要是"經、法、訣、印、令等"[④]。至北宋張繼先撰《明真破妄章頌》,其中説"心印相傳付有緣"[⑤],將"心印"視爲心地悟境的印證,較爲接近禪家之意,但同一時期的《靈寶五經提綱》尚是將《玉皇心印經》中關於修煉的訣竅作爲"心印"的内容,可見此時"心印""印心"之説在道教尚未成爲表示精神超越與契印的普遍意識。

相形之下,全真道的傳法觀念與傳統道教的相關説辭存在兩個重要區别:一是傳統的説法尚多停留在訣竅、方法的層面,全真道則是排除術法,直指心源;二

① 《道藏》第 10 册,第 685 頁。
② 《道藏》第 10 册,第 694 頁。
③ (唐)李德裕:《會昌一品集》,上海:上海古籍出版社,1994 年,第 150 頁。
④ 參見張興發:《道教法籙體系和奏職體系考辨》,《宗教學研究》2019 年第 2 期。
⑤ 《道藏》第 19 册,第 849 頁。

是傳統的傳法意識未上升爲徒衆的教派集體自覺,全真則將之發展爲宗派集體意識,並據此建立起教團内部的法眷宗枝系統。

全真道由於重視心地悟道,將修道目標立於精神超脱之上,因此徹底擺脱了傳統道教中因追求肉身長存而引發的部分怪誕之風,其中最爲典型的是對道士生平與死亡的書寫。通觀六朝至宋元時期的各種仙傳及道士傳記,大多誇大神異而諱言其詳細的生平及死亡情形,從而造成一種神秘莫測的景象。而全真道史籍與之相反,在對道士生平事跡記録上極爲翔實,尤其是對全真道士亡化的書寫,往往强調高道對自身生死的明瞭和坦然,能預知逝期,從容安排後事,或留下遺世頌詞,或在臨終或逝後顯示出各種特異之處,也體現出其受到佛教特别是禪僧傳記影響的痕跡。僅以《祖庭内傳》爲例,其中提到"預表歸期"的就有和玉蟾、李靈陽、史處厚、喬潛道等近十人,其記載曾留下遺世頌者有七人,出現異相、神異的更達十餘人之多。而上述情形大多是佛教僧傳中常見的書寫模式。[①] 尤爲值得注意的是,由於部分高道臨終患病的情景會對其煉養效驗造成威脅,破壞修道者超凡脱俗、神完氣足的形象,因而全真道采取佛教的"示疾"之説加以解釋,以巧妙化解其衝突,如《祖庭内傳》云曹瑱"示微疾而逝",宋披雲"示微疾而逝於所居之待鶴亭",綦白雲"示微疾而逝於玄都之丈室"等。[②]

由此可以看出,全真道在修行方式、組織形態、書寫語言上受到以禪宗爲代表的中國佛教的影響,從而形成了明確的宗派風貌。而金元之際的許多文士早已發現全真道與禪者的相似之處,典型如元好問就説:"全真道有取於佛老之間,故其憔悴寒餓痛自黥劓若枯寂頭陀然。及其有得也,樹林水鳥竹木瓦石之所感觸,則能事穎脱,縛律自解,心光燁然,普照六合,亦與頭陀得道者無異。"[③]

不過,全真道汲取禪宗及佛教資源的目的在於"搜來做一家",而非入主出奴,特别是修持方法與禪宗存在差異,導致全真家的"傳法印心"之叙事書寫存在内在的緊張,從而呈現出與禪宗傳心説的微妙差異。

全真道的修持除了重視心性鍛煉之外,還以内丹道的精氣煉養爲重要手段,認爲心神、精氣鍛煉互爲輔助,缺一不可。而丹法口訣的授予與内煉中的決疑雖存乎師資相接、語默體動的一時之間,但其實際修煉與體證並非一夕之功,王重

---

① 參見白照傑:《聖僧的多元創造:菩提達摩傳説及其他》,上海:上海社會科學院出版社,2019 年,第 166 頁。

② (元)李道謙編:《終南山祖庭仙真内傳》,《道藏》第 19 册,第 520、540、541 頁。

③ (金)元好問:《紫虚大師于公墓碑》,陳垣編纂:《道家金石略》,第 464 頁。

陽雖然聲稱"口訣傳來便有功",但實際上其得訣後曾在活死人墓修煉兩年,又移居劉蔣村與和玉蟾、李靈陽爲道伴相互參學。再如李道謙《祖庭内傳》的相關叙述中,也常常透露出心地之悟與漸修體證之間的差異,其云趙悟玄"於劉蔣居環者數年";王志達"卜雲陽縣環堵,默坐一十三年,乃得心光内發"。[①] 可見這些記載中的"得法"多屬於知見層面的契合,而真正的心地通透還需要多年艱辛修煉,這與禪宗叙事中突出"言下頓悟"的風格存在出入。

因此,其關於全真道内部"傳法印心"的書寫,一方面意在强調"心法"的傳授,但另一方面又注意到漸修實證的必要,從而不能一以貫之,出現了内容的遊移不定。這種内含張力的書寫,其用意則在於凸顯該派不重方術,而重視精神境界之超脱的價值立場。全真道士王道明爲《祖庭内傳》作序時即提醒學者注意"騰凌滅没之事,皆其權智,非師本教",而要求"體祖師之苦志鍊行,闡化度人,以達於成己成物"[②],認爲神異僅爲度人之方便,而修學者真正應該效法的是高道煉行的志節、人格境界和濟世利人的功德。

另外,全真道在師承法眷的認同原則上,也與佛教存在一些頗爲有趣的差異。以禪宗傳法譜系爲典型的佛教僧人,往往更重視在何人處得法,而全真道的傳法譜系稍有不同,更偏重於在何人門下得度,常常不以在何處得印可爲法統依據。如于洞真僅師從馬丹陽半年,其得丘處機、王處一等教導更多,但其門下却以馬丹陽爲祖[③];宋披雲長期受教於丘長春,其門下却以其度師劉處玄爲宗祖,這一譜系還得到蒙元朝廷的詔令肯定[④]。甚至名列七真之一的郝大通,其道號、授法都源自異遇,並非王重陽所授,但他依然認爲"二人結約未生前"[⑤],以重陽爲其本師,其門徒也以重陽子孫自居。這與禪宗以得法者爲師、以嗣法者爲子的傳統頗爲不同。史料中對何以存在這種差異缺乏説明,但似與二者修行方法上的分歧存在一定關係。對禪者而言,其悟境的勘驗者往往是其修行的指導者,而對全真道來説,由於内丹修煉中的得訣和功成尚存在所謂"百日築基""九年面壁"等時間差距,從而其得法和印證往往並非來自同一師長,如馬丹陽門人楊守珪受印可於其兄長楊碧虚[⑥];范圓曦爲郝大通嗣教弟子,其印證則係乃師逝世後得自丘

① (元)李道謙編:《終南山祖庭仙真内傳》,《道藏》第 19 册,第 523、529 頁。

② (元)李道謙編:《終南山祖庭仙真内傳》,《道藏》第 19 册,第 517 頁。

③ (元)王利用:《全真第二代丹陽抱一無爲真人馬宗師道行碑》,陳垣編纂:《道家金石略》,第641 頁。

④ 《萬壽宫披雲真人令旨碑》,陳垣編纂:《道家金石略》,第 631 頁。

⑤ (元)林間羽客樗櫟道人編:《金蓮正宗記》卷五,《道藏》第 3 册,第 363～364 頁。

⑥ (金)劉祖謙:《終南山碧虚真人楊先生墓銘》,陳垣編纂:《道家金石略》,第 462 頁。

處機[1]。但在得訣與印證中,前者的重要性遠高於後者,故度師的地位當優於印可之師,這當是全真道以度師而非印證師爲道統源流的緣由所在。

結語

全真道作爲三教合流思潮背景下的新興道派,其創立之初即倡言“三教一家”,對儒學、佛教均采取吸收、融攝的態度,因此其思想中儒、佛的因素和内容頗爲普遍。但以往多注意其義理的維度,對其教派意識及日常行爲中的某些儒、佛因素則關注不多。[2] 孫亦平教授曾指出,全真道對佛教的緣起論、人生觀、修行觀等均有所汲取,從而“使自己的教義理論、修行方法和生活方式等出現了一些新變化”[3],但孫教授主要關注理論維度,對“生活方式”等角度的討論未作充分展開。王宗昱教授則通過探討全真道對儒家喪禮的吸收情況,提出“我們以前説的三教合一或許應該從一些新的角度去認識。我們以前講的過多的是理論方面的,上層道士的,或者是著作當中的。全真道士的喪禮表明不同宗教之間的關係更多地表現在生活規範上。它們之間的矛盾與和諧也是指彼此是否能够接納對方的生活規範”[4]。

本文主要從全真道的宗派特性這一角度出發,發現其獨特的傳法風氣及其相關的行爲模式與宗法組織,這與道教各派存在很大的不同,而顯示出受到佛教特别是禪宗影響的痕跡。相較於道教諸派,全真道師徒關係之所以能比擬父子關係,是基於師徒之間傳法印心的法緣關係,由於修行者在精神世界獲得新生式的體驗,這種“恩逾父母”的内在感情纔被激起,並成爲師徒及同門之間法眷關係建立的基礎。也正是在這一點上,全真道模擬了佛教特别是禪宗的傳法、印心活動,並表現爲系統性的教派共識和教史叙事,且在現實活動中建立起其以“法眷”認同爲依據的組織系統,推進了整個教派的連接、發展和濟世活動。這是在考察全真道與佛教之關係、全真道的内部建制及其歷史演化時,需要加以注意的。同時這種吸收借鑒也説明,佛教作爲一種源於域外的文化,其“中國化”並不僅僅是一種“被中國化”,而是在“中國化”的同時參與和推進了具有中國特色傳統文化

---

① (元)宋子貞:《普照真人玄通子范公墓志銘》,陳垣編纂:《道家金石略》,第 503 頁。

② 參見卿希泰主編:《中國道教史》第三卷,成都:四川人民出版社,1996 年,第 54 頁。

③ 孫亦平:《論全真道對佛教的借鑒與吸收》,趙衛東主編:《全真道研究》第一輯,濟南:齊魯書社,2011 年,第 67 頁。

④ 王宗昱:《全真教的儒教成分》,《文史知識》2006 年第 12 期。

的發展,可以説是佛教中國化的"反哺"。這既豐富了"宗教中國化"的文化内涵,也爲理解"宗教中國化"這一時代命題提供了新的視角。

[本文爲國家社科基金項目"明清西南地區儒釋道生態結構與文化治邊研究"(項目編號:21BZJ014)階段性成果]

(責任編輯:胡常春)

覺與光:王重陽真性觀的特質

□魏淑賢

摘要:王重陽的真性觀是其性命修煉理論的核心,他以真性收攝神氣,認爲真性發用即覺,神氣相合即光,進而從神氣合煉入手闡釋了覺與光之間的關係。他以真性之覺對唐代重玄學中的真一觀進行了創造性詮釋,一方面繼承了真一不二的真空特性,以及真一之氣的神化作用;另一方面則指出真性作自身觀即是覺,自身觀即回觀性命,回觀性命則以神氣相合爲要,所以神氣相交即真性之覺。真性即光則是他對老莊思想中光明論的實踐性詮釋,他結合自身對光的體驗,將顛倒陰陽、神氣交結視爲對光的修煉。根據光所具有的圓通無礙、内外無間的特性,王重陽將功行雙全奉爲重要的修煉原則,並指出回光修煉從眼目處入手是因爲神在目中,神氣交結即光,通過回光法最終實現遍體生光的光明境界。

關鍵詞:王重陽　真一　真性　直覺　光明

作者簡介:魏淑賢,女,1994 年生,山西大同人,陝西省社會科學院宗教研究所助理研究員。

王重陽創建的内丹心性學以"性命雙修""功行雙全""全真而仙"爲修煉宗旨,將真性視爲修煉的理論根據。真性作爲統一性命的形上存在,乃生命之生成與存在的本質,因此修煉真性即修道。就道教心性論發展的整體脈絡來看,王重陽對真性的闡釋是對老莊性論以及唐代道教心性論的繼承與發展。[①] 唐代道教的心性論以真一不二解釋人的本真心性,將真一之氣的作用描述爲神,但王重陽則從神氣合煉入手來闡釋真性之覺與真性即光的生命本體論。他將真一不二視爲真性之覺的作用原理,而真性之覺是神入於氣的表現,所以神氣合煉即是覺,通過覺纔能證悟光本體。

---

① 參見張廣保:《論道教心性之學》,陳鼓應主編:《道家文化研究》第七輯,上海:上海古籍出版社,1995 年,第 1～17 頁。

一、真一與真性

《莊子・馬蹄》曾寫道:"馬,蹄可以踐霜雪,毛可以禦風寒,齕草飲水,翹足而陸,此馬之真性也。"①其認爲,馬的基本生存活動即其真性的體現,它以蹄踐雪,以毛禦寒,食草飲水,赤足而行,這些都是馬生來便具有的自然之性。因此,一方面,真性即萬物所稟賦的自然之性,使萬物以順其自然之性的方式生存。另一方面,真性又决定萬物實現其自然之性的方式,比如馬之踐雪食草便是其實現自然之性的方式,這一行爲本身就是其真性作用的體現。人也有其所稟賦的自然真性,但却常常因一己私欲而難守其真,比如《莊子・秋水》有云:"牛馬四足,是謂天;落馬首,穿牛鼻,是謂人。故曰:無以人滅天,無以故滅命,無以得殉名。謹守而勿失,是謂反其真。"②對於人而言,實現真性的方式是"守而不失","守"即歸真,通過"持守"的方式在内心上做工夫即真性之發用,真性顯現萬物則能各得其性。但由於人心私欲使真性迷失,而"落馬首,穿牛鼻",萬物與人便不能"反其真"。所以衹有當人謹守真性時纔能擺脱私心的束縛與限制,從真性的角度看待萬物,使萬物都能順其自然,反歸其真。唐代道教心性論中"道性""真一"等觀念基本是對莊子"真性"概念的進一步詮釋與發揮,這些都是王重陽構建其真性觀的理論基礎。

唐初道教心性論通過"以真釋道"的方式將真性與道性統一,比如《太玄真一本際經》所云"道性者即真實空、非空不空,亦不不空","爲一切諸法根本","無造無住,名曰無爲。自然而然,不可使然,不可不然,故曰自然。悟此真性,名曰悟道"。③ 經中解釋道性清净心時將道性理解爲自然真性④,以自然解釋真實空,認爲自然是非有非無、超越有無的真實空。當談到具體如何開顯真道性時,《太玄真一本際經》卷四《道性品》又指出:"開演真一本際,示生死源,説究竟果,開真道性,顯太玄宗。"⑤"開演真一本際"即"開真道性","真一"是生死之源,生命從"真一"而來,最終復歸於"真一"。因此,"真一"的存在爲生命的超越提供了可能,

---

① (晋)郭象注,(唐)成玄英疏:《莊子注疏》,北京:中華書局,2011年,第182頁。

② (晋)郭象注,(唐)成玄英疏:《莊子注疏》,第321頁。

③ 《太玄真一本際經》卷四,李德範輯:《敦煌道藏》第1册,北京:全國圖書館文獻縮微複製中心,2008年,第500頁。

④ 姜伯勤:《論敦煌本〈本際經〉的道性論》,陳鼓應主編:《道家文化研究》第七輯,第228頁。

⑤ 《太玄真一本際經》卷四,《敦煌道藏》第1册,第498頁。

“真一”是超越生死的究竟境界。在《太玄真一本際經》中神氣雙觀是“真一”的作用,通過雙觀的方法能够實現真一之境。如經中所云:“天尊息應,無復憂勞,雙觀道慧,及道種慧,滿一切種,斷煙煴鄣,圓一切智,故名真一。”[①]“雙觀”即氣觀與神觀,通過雙觀的方法使道慧顯現,進而成就圓融一切智的道種慧。[②] 一方面,神氣雙觀的方法即“真一”作用的體現;另一方面,成就的智慧亦稱爲“真一智”,而與此智相對應的境界即“真一之境”。通過修習真一智能够證悟無上平等的真道境界。《净土品》與《道性品》也指出:“修習二觀,乃悟大乘無上之道”[③],“真一本際法門,使一切人平等解脱”[④]。《本際經》中的真一觀承自靈寶派經典《升玄内教經》中的“真一”義,其神氣雙觀中的“氣觀”應當脱胎於《升玄内教經》中的“真一五炁”觀。因爲《升玄内教經》有云:“泰清道本,無量法門,真一五炁、太一九官,成具滿足、滅度大誡也。”[⑤]“真一”具有兩重含義:其一是指本於道的清净之氣[⑥],即“真一五炁”;其二是指無對待的真一平等境界。至此,唐初道經通過引入真一觀念,使道教心性論逐漸由證道向悟真過渡,而這一過渡的具體發展表現爲如下三個方面。

首先,將萬物的本源歸於真性。如《道教義樞·道性義》認爲:“道性者,理存真極,義實圓通,雖復冥寂一源,而亦備周萬物”,“自然真空,即是道性”。[⑦] 道性至真,圓通不二。因爲道性本空所以能爲萬物之源,而空中有自然之真,所以萬物的生滅都復歸於自然之真。李榮在《道德真經注》中也指出:“物之性也,本乎自然。欲者以染愛累真,學者以分别妨道。遂使真一之源不顯,至道之性難明。”[⑧]王玄覽的《玄珠録》也有“實性本真,無生無滅”[⑨]的論述。《海空經》則以“不一不二,究竟平等,猶如虚空”[⑩]來闡釋“道性”,認爲“道之爲大,不可比量,天地四海,不足爲譬。不終不始,真一妙理,不增不減,無因無學,無今無古。大道無爲,

① 《太玄真一本際經》卷四,《敦煌道藏》第1册,第502～503頁。

② 關於道慧與道種慧的區别,牟宗三先生指出,道慧是種種道中具體的道種慧,道慧具足各種道而爲道種慧。參見牟宗三:《佛性與般若》(上),臺北:聯經出版事業公司,2003年,第19頁。

③ 《太玄真一本際經》卷六,《敦煌道藏》第2册,第611頁。

④ 《太玄真一本際經》卷四,《敦煌道藏》第1册,第503頁。

⑤ 《太上洞玄靈寶升玄内教經》卷九,《敦煌道藏》第4册,第2206頁。

⑥ 參見姜伯勤:《論敦煌本〈本際經〉的道性論》,《道家文化研究》第七輯,第231頁。

⑦ (唐)孟安排集:《道教義樞》卷八,《道藏》第24册,北京:文物出版社、上海:上海書店、天津:天津古籍出版社,1988年,第831、832頁。

⑧ (唐)李榮:《道德真經注》,熊鐵基、陳紅星主編:《老子集成》第一卷,北京:宗教文化出版社,2011年,第381頁。

⑨ (唐)王玄覽:《玄珠録》卷下,《道藏》第23册,第627頁。

⑩ 《太上一乘海空智藏經》卷二,《道藏》第1册,第621頁。

淵不可測"[①],將修持真一妙理視爲與道合真的方法。以上論述皆將萬物生化的本源追溯至真一不二的真性,認爲萬物之性本於自然之真,真一即無生滅、無分別的平等存在,是修行者要實現的最高境界。

其次,成玄英與司馬承禎直接從真性入手,將安性命與修煉真性等同,並提出以神觀真的修煉方法。成玄英認爲率真常之性即全性命之理,回心觀真即復性反命,如《馬蹄》疏云:"夫蹄踐霜雪,毛禦風寒,飢即齕草,渴即飲水,逸豫適性","萬有參差,咸資素分,安排任性,各得逍遥"。馬能够發揮其本有之性即適性,"不能任馬真性,而横見燒剔,既乖天理"[②],因此適性則能無悖於天理,得其真性。對於人而言,遵循天理是指無假於物,性命安頓,而安性命的關鍵在於無心止分。具體而言,"蒼生皆有真常之性而不假於物","率其真常之性,物各自足"。[③] 性命安頓以無心爲前提,人能無心是因爲有真常之性,能率真常之性則性命安頓。通過"各止其分,而性命安矣"[④]。止分即守自然之分,《秋水》疏有云:"夫愚智夭壽,窮通榮辱,稟之自然,各有其分。唯當謹固守持,不逐於物,得於分内而不喪於道者,謂反本還源、復於真性者也。"[⑤]人所持守的自然之分即真常之性。所以"守真"的要旨在於屏息凝神,知復命反性之理,知理即知常,知常則"智惠明照",如《道德真經玄德纂疏》中成玄英云:"命者真性惠命也,既屏息囂塵,心神凝寂,故復於真性,反於惠命。""復命曰常,反於性命,凝然湛然,不復生死,因之曰常。知常曰明,既知反命真常之理者,則智惠明照,無幽不燭。"[⑥]"智惠明照"即真性的作用。司馬承禎也指出,人身中的真性發用即神,"太上本來真,虚無中有神,若能心解悟,身外更無身","真性隨身有,勿於身外求"[⑦],認取真性必須"回心向己觀"[⑧],勘破空與色,便能回向心中真性。司馬承禎將這種修煉方法稱爲"真觀"[⑨],即以超越有與無、空與色等二元對立的視角去看待世間萬物,則萬物都歸本於真性。

最後,通過"真一之氣"來解釋萬物的生化原理,明確真一之氣之於修道的重

---

① 《太上一乘海空智藏經》卷七,《道藏》第1册,第670頁。

② (晋)郭象注,(唐)成玄英疏:《莊子注疏》,第182～183頁。

③ (晋)郭象注,(唐)成玄英疏:《莊子注疏》,第184頁。

④ (晋)郭象注,(唐)成玄英疏:《莊子注疏》,第8頁。

⑤ (晋)郭象注,(唐)成玄英疏:《莊子注疏》,第321頁。

⑥ (唐)强思齊:《道德真經玄德纂疏》,《老子集成》第二卷,北京:宗教文化出版社,2011年,第357～358頁。

⑦ (唐)司馬承禎:《太上升玄消災護命妙經頌》,《道藏》第5册,第775、776頁。

⑧ (唐)司馬承禎:《太上升玄消災護命妙經頌》,《道藏》第5册,第776頁。

⑨ 盧國龍:《中國重玄學》,北京:人民中國出版社,1993年,第377頁。

要性。吴筠在《元氣章》中指出,元氣在真一之神的作用下化生萬物,如"太虚之先,寂寥何有?至精感激而真一生焉,真一運神而元氣自化。元氣者,無中之有,有中之無,曠不可量,微不可察"[①]。真一之氣是萬物生而未生之時的存在狀態,介於有無之間,即老子所説的"惚恍有象""恍惚有物"的狀態,是萬物化生的原理。對於守道者而言,"取虚無自然,正真之一"[②]是指當真一之氣寓於人心時,人便處於未形之前的虚無自然狀態,亦即與道合真的境界。杜光庭在《道德真經廣聖義》中也指出,"大道元氣,造化自然",而且"道性無雜,真一寂寥,故清静也。玄深不測,如彼澄泉,故湛然也。寂然不動,無爲也。感而遂通,無不爲也。無爲者,妙本之體也。無不爲者,妙本之用也。體用相資,而萬化生矣"。[③] 真一妙本之道體,是寂然不動的無爲妙體,通過元氣感通道體的無不爲之用,進而造化萬物。人所稟賦的妙體相同,但氣性不同,所以智慧有利鈍的差别,即"人之所稟,真元道性,能生衆智","性之生智,亦如此焉。稟受之性,由其氣也。有清濁不同。性有利鈍差别,氣清和者生乃穎利"。[④] 人可以通過清氣改變性智,清氣即真一之氣,因此對真一之氣的修煉也成爲修道的關鍵。

王重陽的真性觀基本繼承了"真一"的三重含義,即生命的本源、圓融的智慧、平等的境界,並以此爲基礎建立了以真性爲核心的性命修煉體系,將真性視爲生命本體的存在,將神氣雙觀發展爲性神命氣、性命雙修的修煉原則,完成了修道向證真過渡。更爲重要的是,他結合個人的修煉體驗,突出了真性具有"覺"與"光"的特質。

二、真性之覺

由王重陽早年的修道經歷可知,由生死反思而産生對生命本質的探求是他决定出家入道的原因之一,如《壽期》所云:"害風害風舊病發,壽命不過五十八。兩個先生决定來,一靈真性誠搜刷。"[⑤]勘破生死後便是對生命本質的追問,"兩個先生"即性命,性命統一於"一靈真性"。真性因此成爲超越生死的存在,如《閤學

---

① (唐)吴筠:《宗玄先生玄綱論》,《道藏》第 23 册,第 674 頁。

② (唐)吴筠:《形神可固論》,《全唐文》卷九二六,北京:中華書局,1983 年,第 9649 頁。

③ (唐)杜光庭:《道德真經廣聖義》,《老子集成》第二卷,第 158 頁。

④ (唐)杜光庭:《道德真經廣聖義》,《老子集成》第二卷,第 155 頁。

⑤ (金)王嚞:《重陽全真集》卷二,《道藏》第 25 册,第 701 頁。

士寫上四句續和十二句》中所説:“輪回生死如何免,認取亘初真正面。”[①]而修煉真性的方法在於使性命合一,如《問生死》中有云:“性上分明開兩路,午前認取打三更。一真自顯靈光結,七竅皆通瑞氣盈。正合慈悲超法界,清凉路上得長生。”[②]真性一旦落入形下的層面,便有性與命之分,有性命則有生死,性命相合纔能向生命本體復歸,進入尚未有形的先天本真狀態,實現超越生死的真性境界。所以,真性作爲生命的本體,化生於人而分性命,性命相合即真性之用,體用無間即真性呈現的超越境界。而真性作爲性命未分之前的先天存在狀態,人人具足,即使根器悟性不同的人也可以復歸其真性,如《玉堂春・鎖門》有云:“玉性金真,人人皆可化。”[③]又如《減字木蘭花・自詠》與《啄木兒》中所云:“要見真空,元始虚無是祖宗。”[④]“復元初,見本始。”[⑤]真性是决定人的生命存在的先天根據,“復元初”與“見本始”是真性之用,能使人向先天狀態復歸。《重陽真人金關玉鎖訣》中也明確説道:“大道無形,生育天地;大道無名,長養萬物。從真性所生爲人者,亦復如是。”[⑥]人的生命從真性而來,與大道生育萬物同理,其一切生命活動都是真性發用的體現。先天真性寓於後天性命中,即存有即活動。因此,真性發用必然會促使性命相合,歸於元初真性。如《述懷》中所説“兩段合和歸一處”“驀然捉住這元初,幻化方知不屬余”[⑦],以及《與丹陽》中所説“性與命,命與性,兩般出入通賢聖”[⑧],真性不是一個死寂的存在,而是具有靈覺作用的活潑潑的生命本體。作爲即體即用、體用不二的存在,真性必然能覺,而性命相合能使真性顯現,那麽性命相合、神氣相交即真性之覺。

具體而言,首先要“覺真”,即由假悟真,認識到真性是人之生命本真的存在狀態,是未生之前的先天存在狀態。如《喜遷鶯・贈道友》云:“認取起初真性,捉住根源方便。本來面,看怎生模樣,須令呈現。”[⑨]要想超脱有生滅的假身,其關鍵在於認識到元始初生的真性是生命的本體,如《結物外親》所説:“結爲物外真親眷,擺脱塵中假合尸。”[⑩]“真親眷”之真性與“假合尸”之假身相對,此處强調與假

① (金)王嚞:《重陽全真集》卷一〇,《道藏》第25册,第745頁。
② (金)王嚞:《重陽全真集》卷一〇,《道藏》第25册,第742頁。
③ (金)王嚞:《重陽全真集》卷三,《道藏》第25册,第708頁。
④ (金)王嚞:《重陽全真集》卷五,《道藏》第25册,第719頁。
⑤ (金)王嚞:《重陽全真集》卷四,《道藏》第25册,第718頁。
⑥ (金)王喆:《重陽真人金關玉鎖訣》,《道藏》第25册,第799頁。
⑦ (金)王嚞:《重陽全真集》卷二,《道藏》第25册,第704頁。
⑧ (金)王喆:《重陽分梨十化集》卷上,《道藏》第25册,第793頁。
⑨ (金)王嚞:《重陽全真集》卷五,《道藏》第25册,第719頁。
⑩ (金)王嚞:《重陽全真集》卷一,《道藏》第25册,第691頁。

相對的真性是爲了説明真性無生滅,是超越生死的形上存在。身軀之假是指凡軀有生滅,而決定其有生滅的是假緣,緣的本質是空,如《述懷》所云:“慧刀磨快劈迷蒙,銼碎家緣割己空。”[①]家緣等一切因緣的本質皆空。緣的形成是意識造作的結果,意識由於人心的攀緣而産生,人心的攀緣即人心在分别的作用下産生的偏愛與執著。分别的作用建立在二元對立的基礎上,所以當内心清静而不産生分别心時,纔能進而復歸真性,如《詠酒》所云:“清静並無生愛念,醉來舞袖復尋真。”[②]如果説無生滅的真是與假相對的真,那麽通過清静心而認識到的無分别的真則是另一層面的至真,它是超越真與假對立的無分别之真。至真無法通過認識來實現,而是通過真性的智慧直觀而得。本來真性並不以真與假等有對的概念分别萬物,而是以無分别的清静無念爲真,由此便進入智慧的作用範圍,即“以智覺真”。

“以智覺真”是指通過真性的智慧直觀其自身作爲超越真假的至真存在。如《贈丹陽》有云:“爲人須悟塵勞汩,清凈心中真寶物。”《丹陽次韻》附和:“心昭性著無塵汩,識得元初至真物。”[③]“元初至真”指真性是超越真假的至真存在。“清凈心”與“真寶物”則指出,當心中清凈時,真性纔能發揮其覺的作用。依心而有的關於“真”的意識衹是真性作用於心而形成的現象,心所具有的活動能力由性賦予,但其活動狀態却不受性的控制。所以這個“真”的意識不是真性自身發揮作用的結果,而是意識創造的結果,真性自身的作用是“覺”,它所直覺的是它自身,不是任何意識現象。正如牟宗三先生所説,真主體要直覺其自己,需要智的直覺。[④]《王公求放生》中的“知公能作自身觀,物命於人没兩般”[⑤]便指出,通過真性的“自身觀”直覺到的是“物命無兩般”的至真平等境界。真性想要通過“覺”的方式呈現其自身,必須以心的清凈爲前提,與此同時,心的活動狀態也將發生變化。如《吕公欲退吏求問》與《春雨》所云:“静中煅煉開心月,得處光明放慧燈。”[⑥]“滌出慧心尤寂静,洗開道眼愈分明。”[⑦]“心静”則真性的智慧發生作用,即“放慧燈”,同時心也轉化爲“慧心”。所以清凈心、覺的智慧與慧心三者並無差别,當真性呈現時,心的存在狀態是清凈,真性的活動是覺,心的活動是慧。如《搗練子》

① (金)王嚞:《重陽全真集》卷一,《道藏》第25册,第697頁。
② (金)王嚞:《重陽全真集》卷一,《道藏》第25册,第697頁。
③ (金)王喆:《重陽教化集》卷二,《道藏》第25册,第781頁。
④ 參見牟宗三:《智的直覺與中國哲學》,臺北:臺灣商務印書館,1971年,第142頁。
⑤ (金)王嚞:《重陽全真集》卷一,《道藏》第25册,第693頁。
⑥ (金)王嚞:《重陽全真集》卷一,《道藏》第25册,第691頁。
⑦ (金)王嚞:《重陽全真集》卷一,《道藏》第25册,第692頁。

"慧刀開,齊下殺,教君認得根源也"[①]中的"慧刀開"是指心的活動,"認根源"是指真性發用,慧心顯現。在《重陽真人授丹陽二十四訣》中,丹陽問"覺照",王重陽答道:"悟識真假爲覺照者,是自己伶俐聰明爲覺照也。"[②]這一回答也直接明確了覺的兩層含義:一是悟假識真,即意識到人身中存在著真性;二則是直覺真性自身,即不經過意識的作用直觀真性。

當真性通過"自身觀"直覺其本身的存在時,它所直觀到的是萬物與我無差别的一體之真的境界。王重陽將這種"自身觀"的直覺稱爲"正覺"或"等覺",如《定定歌》有云:"正覺途新除垢膩,圓成路瑩出塵囂。……妙妙玄玄無罣礙,惺惺了了永逍遥。"[③]"垢膩"與"罣礙"是指因分别心而形成的意識,這種意識使真性無法直覺其本身,所以真性能作"自身觀"即"正覺","自身觀"是真性本體的發用,體用無間之用便是"正覺"。又如《達達歌》所云:"周正元初真等覺,的端亘始大惺蘇。孤然朗照何曾異,五道光輝總不殊。"[④]"亘始大惺蘇"指真性的存在超越時間與空間。真性將時空融攝於自身,因此關於一切存在的意識都失去其所依憑的時空感,使我們對一切存在的感知都指向真性自身。"孤然朗照"與"何曾異"則指一切存在都是自在自爲的存在,彼此之間産生聯繫的根源在於真性,而自真性觀照一切存在,它們既不相互依賴,也不相互對立,即無差異的平等。"正等覺"一方面是指自真性而觀,一切存在平等無差别;另一方面則是指真性之體與用平等無間,真性能够進行"自身觀"的原因在於,它是即體即用的存在,"自身觀"即"正等覺"。

王重陽在《馬公問平等》中如此闡釋"平等":"往來須認定盤星,出入還應辨斗青。見彼過如余口過,願人靈似我心靈。自通天地神尤爽,得睹烏蟾性轉馨。便是修行真妙訣,若能依此達天庭。"[⑤]"彼過如我過"與"人靈即我靈"指自真性而觀,人與我是無差别的平等存在,而且"正等覺"會表現爲慈悲心,産生濟世度人的意願,即詩中所説"願人靈似我心靈",希望人人都能够有證悟真性的意願。《問龍虎交媾》中"平等常施爲大道,净清不退得真慈"[⑥]也表明,道生萬物無偏私,使萬物各得其性,"平等常施"指真性以"等覺"的方式呈現,便有與道同功的妙

① (金)王嚞:《重陽全真集》卷七,《道藏》第25册,第730頁。
② 《重陽真人授丹陽二十四訣》,《道藏》第25册,第807頁。
③ (金)王嚞:《重陽全真集》卷九,《道藏》第25册,第738頁。
④ (金)王嚞:《重陽全真集》卷九,《道藏》第25册,第738頁。"亘"原爲"豆",據《道藏輯要》改。
⑤ (金)王嚞:《重陽全真集》卷一,《道藏》第25册,第691頁。
⑥ (金)王嚞:《重陽全真集》卷一,《道藏》第25册,第693頁。

用,即與物無私。“得真慈”即慈悲心,慈悲心顯現則人與萬物都能得其真性,“行平等”則是産生慈悲心的前提。衹有“行平等”纔能“永永清凉”,“真誠顯,唯邀本有,前路趁仙鄉”①。一方面,真性的體用無間即“行平等”,“永清凉”是指真性的作用持續顯現,從而進入“仙鄉之境”;另一方面,通過“行平等”産生的慈悲心能够使清凈不退,保證真性“永永”持續顯現。所以王重陽在《三州五會化緣榜》中指出:“竊以平等者,道德之祖,清静之元。首看萊州,終歸平等。爲玉花、金蓮之根本,作三光、七寶之宗源。”②平等是指正等覺與慈悲行的統一,有正等覺必有慈悲行。平等同時也是道生德畜所遵循的創生原則,衹有無偏私纔能使萬物各稟其性而生。人衹有以平等的態度看待萬物纔能不生偏執與分别,使心保持清静狀態。此外,平等還是“玉花、金蓮”與“三光、七寶”所指的性命之根源。所以,“真性之覺”一是指直覺真性的存在是真實的;二是指直覺真性本體自身,即真性的自身觀;三是指無上平等的真性境界。

由此觀之,王重陽所講的“覺”的三層含義似乎與《大乘起信論》中本覺、始覺、究竟覺的含義相近,但其實現路徑並不相同。《大乘起信論》中關於“覺”的論述如下:

> 所言覺義者,謂心體離念。離念相者,等虚空界,無所不遍,法界一相,即是如來平等法身。依此法身説名本覺。何以故? 本覺義者,對始覺義説。以始覺者,即同本覺。始覺義者,依本覺故而有不覺,依不覺故説有始覺。又以覺心源故,名究竟覺。不覺心源故,非究竟覺。

對於以上這段話,高振農校釋如下:

> “本覺”,與“始覺”相對。“本”即“心的本性”,“覺”指“智慧”“覺悟”。謂心性本身所具有的佛教智慧和覺悟。
>
> “始覺”,與“本覺”相對。指通過後天修習,啓發先天“本覺”而形成的佛教覺悟。
>
> “究竟覺”,指“始覺”達到圓滿階段,與“本覺”完全契合爲一的那種覺悟。

---

① (金)王嚞:《重陽全真集》卷三,《道藏》第25册,第712頁。
② (金)王喆:《重陽教化集》卷三,《道藏》第25册,第788頁。

> 覺了心源，本不流轉，今無始静，常自一心，平等平等，始不異本，名究竟覺。[①]

真正的覺悟是覺知本體不流轉，没有始覺與不覺的差别，兩者同時存在，没有先後也没有獨立的本體，平等不二，所以是究竟覺。《圓覺經大疏》中明確指出："覺有三義：一自覺，覺知自心本無生滅。二覺佗，覺一切法無不如是。三覺滿，二覺理圓稱之爲滿。"[②]一是指覺知本體無生無滅，寂然常在；二是指覺知一切法皆緣此本體而起用，無不如此；三是指以前兩覺所覺無二稱爲圓滿。

從修持路徑上講，佛教從心性入手，認爲止念、離念便是覺，所以祇要心上清净無念，覺照的智慧自然顯現，心净則性現。北宋的靖遠禪師説道："尋常例以前念爲是，以後念照之，前後追逐，以心用心，心則成境，率初已成心境了，展轉更不堪。如今後念不取，自無起滅處。當處解脱，念本不生，何更有有無意想爲留礙？一念悟心成正覺，此之謂也。"[③]"正覺"即"止念"，止念即覺照當下之念的本質是空，念念不相續則可以使内心保持清净無念的空靈狀態。王重陽則從性命入手，認爲精氣神相合可以使真性之"覺"呈現，如《問曉達》有云："三寶決然攢正覺，一靈何慮不圓成。"[④]"三寶""攢正覺"便是指通過修煉精氣神使真性作"自身觀"。先天性命落於後天化爲三丹田中的精氣神，精氣神相合即真性之覺，進而在覺的作用下使先天性命相合，最後實現先天性命與後天性命相統一的"正等覺"境界。正如《楊柳枝》中所説："性命須將自己觀，細詳看。"[⑤]性命的自身觀即真性之覺，而回觀性命需要從神氣入手，如《王公問五門》有云："五蘊山頭闡五門，氣神交結碧桃渾。決令見性靈兼慧，定是於真瑩不昏。"[⑥]氣神相交纔能"見性"顯慧，所以神氣相交生覺慧。因此，王重陽以真性收攝神氣，認爲神氣相交即真性之覺。佛教雖然也有打坐數息的止念静氣功夫，但這些都祇是修煉心性的輔助功夫。所以，兩者實現平等境界的理論基礎不同，佛教實現的是基於心性的究竟平等，王重陽實現的是基於性命的真一平等。從根本上講，雖然兩者最終實現的境界相同，但其修持進路不同。因爲他們所獲得的不同修煉體驗決定其直觀到的性體

---

① （南朝梁）真諦譯，高振農校釋：《大乘起信論校釋》，北京：中華書局，1996年，第27～29、32頁。

② （唐）宗密：《圓覺經大疏》第1卷，[日]河村照孝編集：《卍續藏經》第9册，東京：株式會社國書刊行會，1975～1989年。

③ （宋）頤藏主集：《古尊宿語録》第34卷，[日]河村照孝編集：《卍續藏經》第68册，東京：株式會社國書刊行會，1975～1989年。

④ （金）王嚞：《重陽全真集》卷一〇，《道藏》第25册，第742頁。

⑤ （金）王嚞：《重陽全真集》卷一三，《道藏》第25册，第766頁。

⑥ （金）王嚞：《重陽全真集》卷一，《道藏》第25册，第691頁。

存在狀態不同,佛教從空性悟入心性本體,王重陽則從真性悟入性命本體。正如戈國龍所説,禪宗的"明心見性"之"性"是統一性命的最高性體[①],真性與空性是最高性體的不同存在狀態,悟空與悟真是指修煉法門的宗旨與方式各異,但其最終證悟的境界别無二致。

三、真性即光

王重陽真性觀的另一特質是通過"真性即光"來闡釋性命雙修的原則及性命圓融的境界。真性是性命雙修的理論前提,它既作用於神氣合煉的過程,又是神氣合煉實現的性命圓融的境界。神氣相合是真性之覺發用的體現,真性之覺發用便有慧光,所以神氣相合是慧光顯現的前提,如《吕公欲退吏求問》中所云:"静中煅煉開心月,得處光明放慧燈。"[②]"慧燈"即覺慧,是真性光明之用的體現。從光與明的角度來講,"性"即光,"覺"即明,有光纔能明,無光則無明。所以如《前後各帶喝馬一聲》中所云:"占得惺惺也,光輝明明也。"[③]"惺惺"之覺是真性的光輝遍照之用,亦稱爲"明明",故而王重陽認爲真性即光,修煉真性即開顯生命本質之光。《金丹》與《述懷》中有云:"本來真性唤金丹"[④],"唯余會養紫金丹,煅煉成珠故不難。放出光明尤燦燦,萬般霞彩一時攢"[⑤]。真性即金丹,"養金丹"即通過神氣合煉,使性命統一於真性,實現"光明燦燦"的圓滿光明境界。真性作爲光本體,其用即神氣相合,其體呈現則是光明境界。誠如蕭進銘所説,王重陽的内丹修煉幾乎可以完全等同於對光的修煉[⑥],他對光的體證是對老莊思想中光論的實踐性詮釋。

《老子》中已有關於光明的論述,如第十六章的"歸根曰静,静曰復命。復命曰常,知常曰明",第二十二章的"不自見故明",第二十七章的"聖人常善救人,故無棄人;常善救物,故無棄物,是謂襲明",第三十三章的"知人者智,自知者明",第五十二章的"見小曰明,守柔曰强。用其光,復歸其明,無遺身殃,是謂習常",第五十六章的"塞其兑,閉其門,挫其鋭;解其分,和其光,同其塵,是謂玄同",以

① 詳見戈國龍:《從性命問題看内丹學與禪之關係》,《宗教學研究》2001年第2期。
② (金)王嚞:《重陽全真集》卷一,《道藏》第25册,第691頁。
③ (金)王嚞:《重陽全真集》卷七,《道藏》第25册,第728頁。
④ (金)王嚞:《重陽全真集》卷二,《道藏》第25册,第701頁。
⑤ (金)王嚞:《重陽全真集》卷二,《道藏》第25册,第704頁。
⑥ 詳見蕭進銘:《反身體道——内丹密契主義研究》,臺北:新文豐出版公司,2009年,第170頁。

及第五十八章的“聖人方而不割,廉而不劌,直而不肆,光而不耀”。[①] 由此可以看出,其一,“歸根”“復歸”“自知”“塞兑閉門”是指“内返”“内觀”或“含藏”“内收”。通過“塞兑閉門”“挫鋭解紛”的方式向内回向,使内心不隨外物而生雜念,始終保持本來清静,從而復歸清净光明的道體。[②] 其二,通過“不自見,故明”以及“和光同塵”“光而不耀”的表述可以看出,真正的“光明”内照而不外顯,光明道體發用的外在表現是“同塵”“不耀”,亦即老子所説的“善行無轍跡”,與天地同德,其功隱而不顯。其三,“襲明”有“因明”“持明”或“含藏明”的含義,所以通過“明”的智慧可以破迷除礙,實現萬物齊一的“上善”境界。[③] 蕭進銘將其總結爲:光有爲而明無爲,光有對而明無對。但從根本上講,光明無間,體用一源。[④]

《老子》中更多的是以明論光,《莊子》則在此基礎上以照論光或直接描述光。比如《齊物論》中所云:“方生方死,方死方生;方可方不可,方不可方可;因是因非,因非因是。是以聖人不由而照之於天,亦因是也。”“故知止其所不知,至矣!孰知不言之辯,不道之道?若有能知,此之謂天府。注焉而不滿,酌焉而不竭,而不知其所由來,此之謂葆光。”[⑤]聖人不以是與非的對立來判斷事情的是非,而是以天府之知觀照是非,是與非的對立便因此消融於隱而不顯的光本體中。而人之所以有是非之争,是因爲不知止,知止即認識到存在的根源隱而不顯,其所顯現出來的衹是本體諸多面向中的一種,通過任何一面都無法把握其全體。衹有通過天府之知纔能知止,知止而後天光顯現。因爲天府即“注而不滿”“酌而不竭”的具有生命力的光本體,天府之知即光本體的“照”之用。通過天府之光觀照由心所産生的是非之知,纔能止於是非,體悟萬物一體但物物分明的境界,即《庚桑楚》中所説:“宇泰定者,發乎天光。發乎天光者,人見其人,物見其物。人有修者,乃今有恒。”“道者,德之欽也;生者,德之光也;性者,生之質也。性之動謂之爲,爲之僞謂之失。”[⑥]道生萬物是德,人的道德顯現即天光發用,天光發用即遍照世間萬物。人便能以其所稟賦的本真性體直觀生命的存在,不因任何私欲而擾亂萬物的自然之性,使其保持各自的生命存在狀態,實現與天地同德的光明朗照

① (三國魏)王弼注,樓宇烈校釋:《老子道德經注》,北京:中華書局,2011 年,第 39、58、72、87、143~144、152、157 頁。

② 參見蕭進銘:《反身體道——内丹密契主義研究》,第 215~217 頁。

③ 陳鼓應:《老子注譯及評介》,北京:中華書局,1984 年,第 175 頁。

④ 參見蕭進銘:《反身體道——内丹密契主義研究》,第 216 頁。

⑤ (晋)郭象注,(唐)成玄英疏:《莊子注疏》,第 35~36、48~49 頁。

⑥ (晋)郭象注,(唐)成玄英疏:《莊子注疏》,第 419、428~429 頁。

的境界。亦如《天地》中所説“與形滅亡”，真性朗照萬物的“照曠”境界。[①] 總之，莊子認爲天府之知即大光，性之動即生，生生即德之光，修德進道即修煉天光。成玄英疏則進一步明確地將天光稱爲自然之智光，由此將光視爲智慧的本源。

由此可以看出，莊子雖然對性與光的關係略有提及，但並未詳細展開。成玄英雖然認爲光即智，將發心照物之光視爲自然之智光[②]，但也没有直接將光與性體等同。王重陽則通過修煉的體驗發明真性即光的内涵，使光具有的本體義逐漸明晰。馬丹陽與丘處機等弟子也繼承了光的這一含義及修煉光的方法，但都未能形成系統的修煉體系，直到《太乙金華宗旨》纔建立了一套以光爲核心的修煉理論。[③] 王重陽對光的修證雖然不具有獨創性，有些論述與密宗的修行體驗也有相似之處，但他從性命修煉的角度體悟光作爲生命本體的存在，決定了其所遵循的修煉原則與方法必然有獨特之處。

性命雙修功法與内丹道其他各派都將“人體小天地”與“顛倒逆行”奉爲修煉原則，認爲人的生命表現爲其體内陰陽二氣的交互作用，因此丹道修煉强調在陽内尋陰，陰内覓陽，通過陰陽顛倒，找尋真陰真陽，結成金丹。[④] 而王重陽在修煉的過程中能體悟真性即光，與陰陽的存在有關，陰陽作爲一種無法通過感官認知的存在狀態，是介於有形與無形之間的存在。唐力權先生將其描述爲“光態的語言”，是意識心在語言裏的象徵體，是“生生”之力發用的表現[⑤]，所以修煉陰陽二氣其實是在通過意識改變氣所具有的陰陽特性，即改變氣在體内的運動方式，這種變化是光具有的生生之力的體現。陽内尋真陰，陰内覓真陽，便意味著顯性的陰陽之氣與隱性的陰陽之氣相互轉化，而轉化本身即是生，生即是光，所以顛倒陰陽即修煉性光。這也體現出王重陽對老子“光而不耀”所包含的内光隱而不顯的思想，以及對莊子“性之生即德之光”思想的詮釋與發揮。

具體而言，心火腎水的運動方向本來是心火上升，腎水下降，顛倒陰陽則是改變心火與腎水的運動方式，使水火相逢，上下冲和。如《搗練子》所云：“重陽子，全真理，陰陽顛倒怎生使。”“這頭行，那頭止，冲和上下分明是。”[⑥]顛倒陰陽的

---

① （晋）郭象注，（唐）成玄英疏：《莊子注疏》，第 239 頁。

② 關於自然之智光的論述，參見（晋）郭象注，（唐）成玄英疏：《莊子注疏》，第 419 頁。

③ 參見蕭進銘：《反身體道——内丹密契主義研究》，第 110～112 頁；趙衛東：《由丘處機到〈太乙金華宗旨〉——全真道龍門派内丹思想的形成與發展》，詹石窗總主編：《百年道學精華集成》第四輯《大道修真》卷六，上海：上海科學技術文獻出版社，2018 年，第 358 頁。

④ 參見張廣保：《全真教的創立與歷史傳承》，北京：中華書局，2015 年，第 220～226 頁。

⑤ 參見唐力權：《周易與懷德海之間：場有哲學序論》，瀋陽：遼寧大學出版社，1990 年，第 21～28 頁。

⑥ （金）王嚞：《重陽全真集》卷一三，《道藏》第 25 册，第 764 頁。

目的是使心火與腎水兩種氣上下冲和,上下冲和便有光芒顯現。如《滿庭芳・藏頭》所云:"内冲和九轉,般運、二氣飄颻。飆動,樓上下,出入吐光芒。"①顛倒陰陽、上下冲和等同於對光的修煉。"氣之冲和"意味著氣的運動方式發生變化,這一變化離不開意識的作用,所以在意識的作用下使後天精氣神轉化爲被稱爲"三光"的先天完滿狀態,即《惜芳時・又友索説陰陽》中所云:"乾坤一判三光秀,在身中、冲和奔走。"②"乾坤一判"即通過意識的作用使精氣神的運動方式發生變化,"三光秀"即神與三丹田中的氣相交所呈現的内光。因此,神入於氣、神氣交結是冲和之光形成的根本原因,《玉花會疏》與《修行》有云:"會養氣神調冲和,應甚易。"③"子母相隨真彩結,氣神攢聚異光殊。"④氣神交結則明光内顯。光是靈氣的運動,其存在以十字爲基礎,含神之氣即靈氣,交結即"十字",所以神氣相合即光。光存在的基礎決定其必然向自身内部與外部無限延展,因此光體是通達的存在。⑤ 内光顯現便意味著内外無間,内外無間即平等。所以《問龍虎交媾》中有云:"平等常施爲大道,凈清不退得真慈。般般顯現圓光就,引領金丹采玉芝。"⑥光所具有的圓通無礙的通達性決定真性是即體即用的平等存在,其用必然表現爲外在的慈悲行。外在的慈悲力量同時又使内在的真性能够時時朗現,進而呈現出"般般圓光"的圓滿境界。因此,王重陽將真性能覺的原因歸於光本體的存在,並通過對光的修煉體悟到其所具有的慈悲力量,提出功行雙全的修煉方法。

一方面,光本體呈現意味著一切實相之間的界限不復存在,所有的實相都融合在光明中,平等即光明。所以平等正覺的根源是光本體,如《問曉達》所云:"搜開本有自分明,放出真光滅盡情。三寶決然攢正覺,一靈何慮不圓成。"⑦"真光滅情""三寶攢正覺"指出精氣神相合即正等覺,但其能覺是因爲"真光",所以真性之覺根源於光。《張姑求問》與《酬無名和尚詩》又云:"光輝燦爛知分付,果證無餘樂有餘。"⑧"無漏無爲登正覺,不增不減證圓成。"⑨"光輝"是指真性之覺,悟光

---

① (金)王喆:《重陽教化集》卷一,《道藏》第25册,第776頁。

② (金)王嚞:《重陽全真集》卷一二,《道藏》第25册,第760頁。

③ (金)王嚞:《重陽全真集》卷九,《道藏》第25册,第741頁。

④ (金)王嚞:《重陽全真集》卷一,《道藏》第25册,第695頁。

⑤ 參見 Drunvalo Melchizedek, *The Ancient Secret of the Flower of Life*, *Volume* 2, Huntington: Light Technology Publishing, 2000, pp. 324-325。譯文參考[美]德隆瓦洛・默基瑟德:《生命之花的靈性法則》(2),羅孝英譯,臺北:方智出版社股份有限公司,2013年,第273~274頁。

⑥ (金)王嚞:《重陽全真集》卷一,《道藏》第25册,第693頁。

⑦ (金)王嚞:《重陽全真集》卷一〇,《道藏》第25册,第742頁。

⑧ (金)王嚞:《重陽全真集》卷一,《道藏》第25册,第691頁。

⑨ (金)王嚞:《重陽全真集》卷一〇,《道藏》第25册,第744頁。

是指證悟無上平等的無餘境界，無餘是指依無漏之身而證成的圓滿境界，所以光的平等無間之用決定真性能覺。另一方面，真性的光明遍照萬物，光本身的通達特性決定其具有慈悲的力量。如《任公問本性》所云："如金如玉又如珠，兀兀騰騰五色鋪。萬道光明俱未顯，一團塵垢盡皆塗。"[①]"萬道光明"是指真性的光明遍照萬物。《問生死》中所云："一真自顯靈光結，七竅皆通瑞氣盈。正合慈悲超法界，清凉路上得長生。"[②]"靈光結"便能"行慈悲超法界"，光明的力量是行慈悲，所以行慈悲即平等地看待萬物，普濟衆生。因爲光明具有的力量能使一切存在都沐浴在光明中，並使其自身的光芒發顯，這意味著行慈悲便能幫助衆生證悟本來真性。如《拋球樂》所云："正比賢聖慈悲，盡施救、普與行方便。奈晴空，開日曜，返照消殘舊面。"[③]"正慈悲"則能"普行方便"，實現"晴空""開日曜"，從空中開顯無限光明，把自己奉獻給他人，普濟衆生。

這種利益衆生的慈悲行爲便是光明力量的發散，同時因爲光能够通達内外、回向自身，所以行慈悲也是利益自我，讓自我能够發顯更多的光能量。光所具有的這種内照外耀的特性，使王重陽將功行雙全視爲修煉性光的重要方法，將個人修煉與濟世度人相統一。這一點在其所引《晋真人語録》中有明確論述："若要真功者，須是澄心定意，打疊神情，無動無作，真清真净，抱元守一，存神固氣，乃是真功也。若要真行者，須是修仁蘊德，濟貧拔苦，見人患難，常行拯救之心，或化誘善人入道修行。所行之事，先人後己，與萬物無私，乃真行也。"[④]内功外行相輔相成，内光顯現必然有無私普濟之行，此行同時有助於開顯更多真性之光。《豆葉黄》中也説道："真功真行，真性昭著。"[⑤]自利利他的真功真行，從本質上講即是内外通達的真性之光。

關於具體如何修煉光，王重陽雖然没有給出明確的答案，但從他對眼目的重視可以窺知其入手處在兩目之間，此被稱爲"回光"。《燭影揺紅》有云："拂開眸目，剔正心神，東臨瓊路。"[⑥]神寓於目，氣的流動貫通全身，所以"拂眸""剔神"是指通過雙目内視使神氣在兩目之間相交，神氣相交便有性光顯現。從現代科學關於眼睛與光的研究亦可知，眼睛與光具有同構性，創造眼睛的幾何與創造光的

① (金)王嚞：《重陽全真集》卷一，《道藏》第 25 册，第 693 頁。
② (金)王嚞：《重陽全真集》卷一〇，《道藏》第 25 册，第 742 頁。
③ (金)王嚞：《重陽全真集》卷三，《道藏》第 25 册，第 711 頁。
④ (金)王嚞：《重陽全真集》卷一〇，《道藏》第 25 册，第 748 頁。
⑤ (金)王嚞：《重陽全真集》卷五，《道藏》第 25 册，第 722 頁。
⑥ (金)王嚞：《重陽全真集》卷三，《道藏》第 25 册，第 709 頁。

幾何相同[①]，衹有雙目能够内觀性光，所以眼目便成爲回光修煉的入手處。如《謝甯伯公》與《述懷》中所云："髓益筋顔駐艷，神定氣眼生光。"[②]"三一味獨馨香，日閑中道眼光。"[③]閉目内視、收斂心神是回，"神定氣"即生光，所以回光亦稱"道眼光"。"道眼光"一方面指性光發用時將眼睛稱爲道眼，另一方面則指雙目内視纔能看到性光。眼睛作爲内外光明的連接器官，當我們向外看時，内在的性光不會顯現。衹有通過眼目之神觀照内氣的運行，並通過此神轉變氣的運行方式，纔能進而看到性光耀耀。如《南鄉子》所云："生死榮華今在目，休逢，疾速回心認祖宗"[④]"目""休逢"是指眼目不向外隨物而動，"回心"是指心神内收，"認祖"即神氣融合結丹見性。《五篇靈文注》中也明確指出："元神下照，回光静定，逆施造化，撥轉天關，大藥自此而生，金丹由是而結也。"[⑤]"元神下照"即神入於氣，神氣相合即"回光静定"。《青華秘文》中也有相關論述："心求静必先制眼，眼者神遊之宅也，神遊於眼而役於心，故抑之於眼而使之歸於心。""元神者，乃先天以來一點靈光也。"[⑥]神藏於心，發於雙目，雙目内視的時候，纔能使萬念皆空，心歸於静，入静後纔能使神入於氣，並以此神氣相交顯現的一點靈光爲基礎繼續修煉。

在修煉的具體過程中，光的變化象徵境界的提升，《南鄉子・又誡人禮拜》有云："大道本虛無，玄裏藏玄妙不敷。内有元光人不識，唯吾，日日觀瞻自吸呼。"[⑦]以目觀氣即神與氣合，神與氣自内相交便有性光顯現，之後"日日觀瞻"，不斷積累便能够使一點白光不斷擴大，最終與内在的真性元光完全融合，實現大光明境界。如《香山會》所云："白光生，青艷至，紅輝總好，騰玄耀妙黄深奥。般般彩色，把明珠覆燾，晴空外、來往仙道。"[⑧]白光出現後，又有青光與紅光，最終形成具有五彩霞光的光珠。根據《蘇幕遮・秦渡墳院主僧覓》中所云："只把心頭，一點須猜破。返照回光親看過。五色霞光，覆燾珠明顆。"[⑨]在修煉的過程中，回光遍照内氣的運行，當意念凝聚於身體的不同關竅時，神氣相交便會呈現不同顏色的光。據此推測，白光可能是出現於頭頂的光，藍光與紅光等其他顏色的光則是氣

---

① 參見 Drunvalo Melchizedek, *The Ancient Secret of the Flower of Life*, *Volume* 2, p. 327。譯文參考[美]德隆瓦洛・默基瑟德：《生命之花的靈性法則》(2)，羅孝英譯，第 275 頁。

② (金)王嚞：《重陽全真集》卷二，《道藏》第 25 册，第 700 頁。

③ (金)王嚞：《重陽全真集》卷二，《道藏》第 25 册，第 699 頁。

④ (金)王嚞：《重陽全真集》卷一二，《道藏》第 25 册，第 761 頁。

⑤ 《五篇靈文注》，白如祥輯校：《王重陽集》，濟南：齊魯書社，2005 年，第 305 頁。

⑥ (宋)張伯端：《玉清金笥青華秘文金寶内煉丹訣》卷上，《道藏》第 4 册，第 364 頁。

⑦ (金)王嚞：《重陽全真集》卷四，《道藏》第 25 册，第 714 頁。

⑧ (金)王嚞：《重陽全真集》卷一二，《道藏》第 25 册，第 754 頁。

⑨ (金)王嚞：《重陽全真集》卷四，《道藏》第 25 册，第 716 頁。

運行到身體的不同關竅時與神相交所呈現的光。[①] 如《上丹霄》所云“赤青黑白又兼黄。五般彩色，近來圍罩寶珠光。這回應許碧霄上，明耀無方。”[②]當真性完全顯現時，不同顔色的光便與最初的一點圓光融合，呈現五色斑斕的光明境界。藏密瑜珈的經典《悟境光》中也有關於五光的論述，其中五光分别代表五種佛身所象徵的不同智慧，光明無垢是白色光，功德圓滿是黄色光，未覓自成是紅色光，技藝圓滿是緑色光，堅定不移是藍色光。將一點白光逐漸修煉成五色智光，便能證得圓滿智慧而獲解脱。[③] 在具體的修煉中，光明顯現是入定的標誌，入定後將意識移入太空中，首先閃現藍光，之後再融合白光、黄光、紅光以及緑光，使最初的光明體充分融合五大光明，形成一片彩色光體。[④] 由此可知，王重陽對光的修煉與藏密瑜珈有相似之處，但修煉的理論基礎與修煉方法並不完全相同。藏密從身體中的脈輪與明點入手[⑤]，王重陽則從眼目處入手，將神氣相交，性命相合視爲修煉光的重要方法。

綜上可知，王重陽對光的體證具有如下特質：其一，陰陽相生、隱顯轉化即是光，而顛倒陰陽的根本在於神氣冲和，復歸真性，神氣交結即光形成的原因；其二，真性之所以能覺，是因爲光是體用無間的圓融存在，其存在本身必有發用，其用便是覺，光明境界也即無上平等的大覺境界；其三，光作爲通達内外的存在決定了真性發用必有慈悲之行，所以修煉性光必然以功行雙全爲宗旨；其四，在具體的修煉過程中，雙目成爲回光修煉的入手處，通過回光遍照内氣的運行，可以將一點性光煉化爲呈現五色霞光的大光明境界。

（責任編輯：趙衛東）

---

① 這一推測參考自藏密瑜珈中關於五色種子的論述。詳見噶爾仁波切著，李鍾霖譯注：《藏密瑜伽修身論（一）》，《青海民族學院學報》（社會科學版）1997年第1期。

② （金）王喆：《重陽教化集》卷二，《道藏》第25册，第781頁。

③ 參見噶爾仁波切著，李鍾霖譯注：《藏密瑜伽修身論（三）》，《青海民族研究》1997年第1期。

④ 孫林編譯：《藏傳佛教對於死亡的偉大實踐——藏密瑜珈“中陰静修法”簡介》，《西北民族學院學報》（哲學社會科學版）1991年第3期。

⑤ 噶爾仁波切著，李鍾霖譯注：《藏密瑜伽修身論（三）》，《青海民族研究》1997年第1期。

劉處玄宗教形象的確立及近代演變

□秦國帥

摘要:晚明時期,受當時宗教生態及刻書風潮的影響,一部以王重陽和全真七子度化故事爲主題的全真仙傳《七真祖師列仙傳》在社會上引發了强烈的關注。在講述全真宗師劉處玄修道一事時,《七真祖師列仙傳》依據金元時期的文獻記載,稱其曾在妓院中與妓女采戰雙修,以證真道,並獲花號"插花劉真人"。正是爲此,近代以來的娼妓行業將化身爲插花老祖的劉處玄視爲行業保護神。不過,同期的全真道士却極爲抵制《七真祖師列仙傳》中關於劉處玄采戰修道的浪説,而是同樣以仙傳編撰爲工具和手段,在堅持恢復王重陽所確立的全真清修傳統的同時,又將全真仙傳的編撰提到維護世道人心的社會責任的高度。

關鍵詞:劉處玄　全真宗師　插花真人　形象演變

作者簡介:秦國帥,男,哲學博士,遠東研究博士,康復大學黨群工作部副教授。

金元時期,作爲官方所認可的正統宗教,全真教在當時的中國社會中産生了巨大的影響,幾乎所有的社會生活軌跡當中,都能够發現全真教的身影。[①] 但與此同時,值得注意的是,社會生活中的全真教,却與作爲宗教自身的全真教之間,産生了巨大的差距:無論正史、筆記,還是散曲、雜劇,諸多文獻資料一方面在講述與全真教尤其是與全真宗師如王重陽、丘處機等人相關的故事,但另一方面却

---

① 以不同社會階層及其文化現象而言,參見鄭素春:《全真教與大蒙古國帝室》,臺北:臺灣學生書局,1987 年;張廣保:《蒙元時期宗王、世侯對全真教的護持與崇奉》,《金元全真教史新研究》,香港:青松出版社,2008 年,第 395～430 頁;Mark Halperin,"Explaining Perfection: Quanzhen and Thirteenth-century Chinese Literati", *T'oung Pao*, Vol. 204, 2018, pp. 572-625;[日]高橋幸吉:《元好問與道教》,《民族文學研究》2008 年第 2 期;王漢民:《全真教與元代的神仙道化戲》,《世界宗教研究》2004 年第 1 期;David Hawkes,"Quanzhen Plays and Quanzhen Masters", *Bulletin de l'École Française d'Extrême-Orient*, Vol. 69, 1981, pp. 153-170;[日]青木正兒:《元人雜劇概説》,隋樹森譯,北京:中國戲劇出版社,1957 年;張澤洪:《道教唱道情與中國民間文化研究》,北京:人民出版社,2011 年。

又模糊、誇大甚至任意改編既定的全真宗教事實。[①] 然而,不管是無心插柳,還是有意爲之,這種文獻誤寫所帶來的歷史失實,並没有削弱全真教的社會影響力,相反,愈演愈奇的仙化書寫事實上增强了全真教的神秘性和吸引力,一直流傳到了現在。

作爲全真教的第四任掌教,劉處玄對金元時期全真教的發展做出了非常重要的貢獻,對於其全真宗師的地位,無論教内還是教外,都有較爲一致的認同。然而,令人錯愕的是,至遲到清末民國時期,劉處玄化身插花老祖,與全真五祖之一的吕洞賓一樣,成爲娼妓行業的守護神。[②] 本文即以劉處玄這一宗教形象的演變爲例,首先依據金元時期的教史資料,探討劉處玄的生平及修道事跡,其次依據晚明以來的諸多仙傳史料,描述劉處玄從全真宗師到娼妓護法的演變過程,再次轉向各仙傳在描述此一過程時的不同叙事方式,展現不同仙傳編纂者所持有的不同態度,並在前此分析的基礎上,表明清末民國時期全真道士在錯綜複雜的宗教生態環境中爲維護自身的全真形象所做出的努力。

一、劉處玄本事

劉處玄,名處玄,字通妙,號長生子,萊州武官莊人,生於 1147 年 7 月 12 日。與全真七子中的郝大通一樣,金元時期與劉處玄相關的仙傳資料也比較少。據筆者初步梳理,除間或的零星記載外,較爲完整的仙傳資料主要有秦志安《金蓮正宗記》中的《長生劉真人》、《七真仙傳》中的《長生真人劉宗師傳》、李道謙《甘水仙源録》中的《長生真人劉宗師道行碑》、趙道一《歷世真仙體道通鑑續編》中的《劉處玄》以及《金蓮正宗仙源像傳》中的《長生子》。

然而,值得注意的是,《金蓮正宗記》中的《長生劉真人》與《甘水仙源録》中的《長生真人劉宗師道行碑》兩篇仙傳的編纂者俱爲秦志安,而秦志安的這兩篇仙傳雖然文字幾乎相同,多誇誕之語和溢美之辭,但在時間問題上存在著嚴重的失

---

① 秦國帥:《文以載道:明清民國時期的七真度化故事研究》,博士學位論文,法國高等研究實踐學院,2019 年,第 65~75 頁。

② Paul Katz,"Enlightened Alchemist or Immoral Immortal? The Grouth of L Dongbin's Cult in Late Imperial China", in Meir Sharar and Robert Weller, eds., *Unruly Gods: Divinity and Society in China*, Honolulu: University of Hawai'i Press, 1996, pp. 70-104;劉平:《近代娼妓的信仰及其神靈》,李長莉、左玉河主編:《近代中國社會與民間文化》,北京:社會科學文獻出版社,2007 年,第 469~482 頁。

誤,如將劉處玄東歸武官的時間記爲 1176 年。[①] 準此,在接下來流覽劉處玄生平時,現存編撰時間最早的仙傳即秦志安《金蓮正宗記》中的《長生劉真人》並不是我們最爲倚重的資料,反而是時間較晚的《七真仙傳》等資料能够提供更多具有歷史感的信息。

據《七真仙傳》記載,劉處玄先祖世代以孝友相稱,並因爲此一高尚的道德而受到朝廷的嘉獎,惠及鄉里,"其先九世孝友相繼,宋太宗太平興國間,朝廷旌其門閭,特免本郡諸役。其存恤親舊,賑贍貧乏,祖父皆有先世之風"[②]。不僅如此,與王重陽及其他幾位弟子一樣,劉處玄的出生也不平凡:

> 母王氏,夜夢白衣翁呼出西南,指之,有玉樹而四枝,枝各有一金葉。令取其一,曰:"他日必生異人。"意將取之,其葉自墜於手。視之則金蟬,飛起而復投於口中,翁失所在。十有二月,師乃生,是夜紫氣二道,從太基山横貫其家。[③]

不幸的是,劉處玄的父親很早就去世了,所以他事母極孝。與此同時,劉處玄素有學道之志,他的母親想爲他娶妻,但遭到了他的拒絶,而他欲出家學道的志向,也没有獲得母親的支持。

1169 年 2 月,劉處玄在鄰居家人所不及的墻上看見了兩首詩,其最末後一句爲"武官養性真仙地,須有長生不死人"。同年 9 月,王重陽攜丘處機、馬丹陽、譚處端三人到達萊州,或許因爲之前就已經聽説過王重陽,所以劉處玄便前來請教:

> 祖師一見,問之曰:"汝解壁間語否?"師不言,四人相視而笑,正所謂目擊道存之妙也。祖師遺之詩云:"釣罷歸來又見鰲,已知有分列仙曹。鳴榔相唤知予意,躍出洪波萬丈高。"乃授以名號。[④]

至此,劉處玄成爲王重陽所收"全真七子"中的最後一位。10 月,王重陽攜"全真七子"中的四子來到河南開封,或許因爲已經預感到自己時日無多,於是加緊對他們進行鍛煉和考驗:

---

① 詳見(元)林間羽客樗櫟道人編:《金蓮正宗記》卷四,《道藏》第 3 册,北京:文物出版社、上海:上海書店、天津:天津古籍出版社,1988 年,第 358 頁;(元)李道謙集:《甘水仙源録》卷二,《道藏》第 19 册,第 733 頁。

② (金)張邦直、(金)王粹、(元)李鼎:《七真仙傳》,臺灣大學圖書館藏明永樂十六年(1418)序刊本。

③ (金)張邦直、(金)王粹、(元)李鼎:《七真仙傳》。

④ (元)趙道一編修:《歷世真仙體道通鑑續編》卷二,《道藏》第 5 册,第 424 頁。

> 臘月中，時於鈺輩極鍛煉之功，踰往者百千，錯行倒施，一言一動，悉受呵責。以鈺等所乞錢物多市薪炭，大然於所寢之室。其室褊小，令馬鈺、譚處端入於内，劉處玄、丘處機立於外，内則不任其熱，外則不任其寒，處玄不堪而遁去。[①]

對於此類殘酷鍛煉方式背後所隱含的神聖意義，秦志安在《長生真人劉宗師道行碑》中進行了解釋："遊汴梁，寓夷門，乞食煉形，隱姓埋名，朝叩暮請，行薰坐蒸，委曲而挑斡玄機，丁寧而啓迪丹經，掃惑雲，泮迷冰。"[②]所謂"行薰坐蒸"，似乎即指此而言，不過可惜的是，劉處玄並没有經受住這種考驗而離去了，以至於次年正月王重陽去世時，他並未守候在身邊。

王重陽去世之後，儘管我們不敢確定劉處玄何時回心轉意，但毫無疑問的是，他最終還是加入丘處機等人的行列當中，並歷經波折，最終將王重陽的遺骨運回陜西。1174 年秋，丘處機等四人爲王重陽守喪期滿之後，或許是有感於此前修道之志的不堅定，劉處玄以"鬥志"[③]爲修行目標，隨後與其他三人分道行化。在河南洛陽的土地廟修道成功後，劉處玄遷往洛陽城東北的雲溪洞，顯示神異，徒衆日集。1181 年，受金世宗度牒事件影響，劉處玄東返萊州，並在故鄉武官莊大興宫觀，"於是玄風大振，四方受教者日益衆"[④]。事實證明，劉處玄在武官莊的宫觀建設是非常成功的，如丘處機就曾説過："在所道院，武官爲之冠，濱都次之，聖水又次之。"[⑤]不過，恰恰正是這一點，也遭到了馬丹陽的批評，認爲他不能堅守全真道士的清貧家風：

> 是年，丹陽自關中來，師盛服見之。丹陽責其侈，師辯之曰："予聞修行之人，日消萬兩黄金。"丹陽曰："日消萬兩黄金，正好粗衣淡飯。"[⑥]

此後，劉處玄頻繁地在山東各地如萊州、昌陽、登州、濱州等地主持醮事，並於 1197 年被金章宗宣召至闕，敕賜武官故居爲靈虚觀。總之，關於劉處玄這一段時間内的傳教活動，各仙傳都有或簡或詳的記載，茲不復言。

---

① （元）趙道一編修：《歷世真仙體道通鑑續編》卷一，《道藏》第 5 册，第 417 頁。

② （元）李道謙集：《甘水仙源録》卷二，《道藏》第 19 册，第 733 頁。

③ 蜂屋邦夫認爲，劉處玄跟隨王重陽修行的時間最短，因而鬥志"對長生來説的確是一個合適的目標。不久前他就曾因忍不住寒冷，置卧病中的重陽師父於不顧半路逃走"。參見[日]蜂屋邦夫：《金元時代的道教：七真研究》，金鐵成等譯，濟南：齊魯書社，2014 年，第 83 頁。

④ （金）張邦直、（金）王粹、（元）李鼎：《七真仙傳》。

⑤ （元）元好問：《懷州清真觀記》，陳垣編纂：《道家金石略》，北京：文物出版社，1988 年，第 471 頁。

⑥ （金）張邦直、（金）王粹、（元）李鼎：《七真仙傳》；（元）趙道一編修：《歷世真仙體道通鑑續編》卷二，《道藏》第 5 册，第 424 頁。

或許是由於劉處玄的巨大聲望,1203 年 1 月,東京留守劉昭毅和定海軍節度使劉師魯前來拜師問道,不過却被劉處玄以逝期將至爲由而拒絶了:

泰和三年癸亥正月,東京留守劉昭毅、定海軍節度使劉師魯來禮師問道。師曰:"公等皆當代名臣,深荷顧遇,吾將逝矣,不足爲公等友。"復示頌云:"正到崢嶸處,爭如拂袖歸。我今須繼踵,回首返希夷。"二公覽之愴然。[①]

不管劉處玄所説是否爲託辭,但事實却是,1203 年 2 月 6 日,劉處玄在武官莊靈虛觀去世。據秦志安所述,劉處玄"所有遺文,《仙樂》《盤陽》《太虚》《同塵》《安閒》《修真》,仍注《道德》、演《陰符》、述《黄庭》,奥涉理窟,條達聖真,足以爲萬世之規繩"[②]。不過,這些著作大部分都没有流傳下來。

二、鬥志修行與色心修煉

1185 年 4 月 1 日,譚處端仙逝於河南洛陽,劉處玄繼之成爲全真教的第四任掌教,直至 1203 年去逝,前後凡 17 年之久,且曾於承安年間(1196～1200)獲金章宗召見,在宗教政策普遍收緊的情況下爲全真教的存續和發展做出了不可忽視的貢獻。之後,在蒙古世祖至元六年(1269)和元武宗至大三年(1310)的兩次官方褒封中,劉處玄先後被封爲"長生輔化明德真人""長生輔化宗玄明德真君",其作爲全真宗師的地位和重要性獲得明確的認可。

儘管如此,關於劉處玄自身修道活動的爭議,自金元時期就已存在了。如前所述,從 1169 年 9 月到 1170 年 1 月,劉處玄跟隨王重陽修煉的時間最多不過四個月,是全真七子當中隨師修行時間最短的。因此,當王重陽對丘處機等人加緊鍛煉時,劉處玄畢竟入道時間不長,因意志不堅定而獨自逃跑也在情理之中。正因爲如此,如前引蜂屋邦夫所説,當爲王重陽守喪期滿之後,劉處玄以"鬥志"作爲修行目標,確實是在反觀自我的基礎上所做的一個合理選擇。

不過,在劉處玄此後的去向問題上,金元時期的諸仙傳却産生了較大的分歧。據馬丹陽《四仙韻》"丘仙通密,隱跡磻溪人不識。通妙劉仙,永住終南屏萬緣。譚仙通正,志在清貧修大定。三髻山侗,願處環墻也放慵"[③],即劉處玄選擇

① 《金蓮正宗仙源像傳》,《道藏》第 3 册,第 376 頁。

② (元)林間羽客樗櫟道人編:《金蓮正宗記》卷四,《道藏》第 3 册,第 358 頁;(元)李道謙集:《甘水仙源録》卷二,《道藏》第 19 册,第 734 頁。

③ (金)馬丹陽:《漸悟集》卷下,《道藏》第 25 册,第 477 頁。

留在終南山繼續修煉。然而,據劉處玄弟子秦志安所説,劉處玄是"獨遁跡於洛京",即獨自前往河南洛陽。不過,李道謙在《七真年譜》當中却稱,據馬丹陽《洞玄金玉集》,四人分别之後,"丹陽劉蔣居環,長真居洛陽朝元宫,長生居洛陽市土地廟,長春西入蟠溪"①。此後的《歷世真仙體道通鑑續編》亦隨其説,稱劉處玄"與長真東入洛陽,長真居朝元,師居市中土地廟,不語者三年"②。在這三種不同的説法當中,儘管劉處玄洛陽修道一説占據多數,但馬丹陽曾親歷其事,似乎更具説服力,即劉處玄首先選擇留在終南山跟隨馬丹陽繼續修煉。

不僅如此,作爲跟隨王重陽時間最長且地位最高的大弟子,馬丹陽在四子去向問題上還曾特意叮囑過入門最晚的劉處玄,要與隱居陝西磻溪的丘處機結伴修行,"處玄通妙,道號長生真了了。慎勿先歸,且伴長春丘處機"③。然而,事與願違,劉處玄此時的"鬥志"修行再次遭遇另外一個層面的嚴重考驗。據王元暉成書於皇慶元年(1312)的《太上老君説常清經注》載,劉處玄曾向馬丹陽問道,但因色心未斷而遭到拒絶:

> 昔馬丹陽子隱終南山,一日劉處玄至,望庵外墻而拜。時丹陽知劉心未灰,隔墻謂之曰:"可去河南府參劉仙姑,去三年後却來。"劉即往之。時仙姑預知其來,盛粧以待之。劉一見心動,仙姑謂之曰:"特試子耳。除了此心,汝事即了。"劉即自悔,乃於洛陽花巷瓦子打坐,日化飯吃。暨三年心灰,覺有所得,遂再見丹陽。丹陽見之曰:"可矣。"乃授道。④

秦志安等人所説的劉處玄修道於洛陽之事,或許即是緊跟其問道馬丹陽一事而發生的,即正是在馬丹陽的指點之下,劉處玄纔最終離開終南前往洛陽,繼續進行他的"鬥志"修行。至於劉處玄洛陽修道時的具體方式,秦志安所撰兩篇仙傳有著較爲詳細的描述:

> 四子之志各異,先生獨遁跡於洛京,煉性於塵埃混合之中,養素於市鄽雜沓之叢。管絃不足以滑其和,花柳不足以撓其精;心灰爲之益寒,形木爲

① (元)李道謙編:《七真年譜》,《道藏》第3册,第383頁。事實上,《洞玄金玉集》卷八有馬丹陽《鬥修行》詞一首,似乎是回應四子1174年秋於真武廟言志修行一事,緊隨其後的《搗練子·勸衆師兄訪道》一詞,則明確是在勸告衆人不要跟隨自己,"馬風子,未通玄。性昏識昧不翛然。倚仗予,枉了賢。聽予勸,莫推延。速當離我便參禪。就有道,而正焉"。除此之外,我們未再發現馬丹陽《洞玄金玉集》中敘述四子去向的説法。參見(金)馬丹陽:《洞玄金玉集》卷八,《道藏》第25册,第600頁。

② (元)趙道一編修:《歷世真仙體道通鑑續編》卷二,《道藏》第5册,第424頁。

③ (金)馬丹陽:《漸悟集》卷下,《道藏》第25册,第478頁。

④ (宋)白玉蟾分章正誤,(元)王元暉注:《太上老君説常清静經注》,《道藏》第17册,第169頁。

之不春。人饋則食,不饋則殊無慍容;人問則對之以手,不問則終日純純。定力圓滿,天光發明,乃遷居於雲溪之濱。[①]

在這段描述中,由於劉處玄是在洛陽鬧市的土地廟修道,秦志安所説的“塵埃混合”“市鄽雜沓”似乎即是針對此,至於“管絃”和“花柳”等語,則又在暗示劉處玄曾在女樂聲色之所修道,似乎即是前述其色心未灰的伏筆。總之,經過三年的修煉,劉處玄“定力圓滿,天光發明”,似乎是終於證真得道。另據丘處機弟子尹志平所述,“長生師父坐於洛陽瓦市中,至七年得之”[②],若從 1169 年劉處玄拜師算起的話,似乎也表明劉處玄是在洛陽修煉期間得道的。换言之,色心考驗,是劉處玄修道成功之路上的最後一道考驗。

值得注意的是,在王重陽及全真七子的論述當中,酒、色、財、氣四種欲望似乎是修行路上的主要障礙和考驗。[③] 毫無疑問,劉處玄也繼承了這樣一種傳統,如其在注解《陰符經》之“人發殺機,天地反覆”時稱:“人心總所愛欲於世之萬物之有,戀火宅恩愛七情,争名競利,所迷酒、色、財、氣種種歡愛,所著無有盡期。”[④]但除此之外,劉處玄對“色”字似乎格外偏重,如在回答“神氣相見,得做神仙”一語中“如何得神氣相見”時稱:

要明萬法,出得萬物之殼。一分塵盡,則明一分道;十分塵盡,則明十分道。如塵心絶盡,則可全於性;色心絶盡,則可全於命。[⑤]

詳此,劉處玄似乎是將色心修煉作爲性命功夫中命功的全部。這樣一種重視程度,似乎也是劉處玄對自身修煉過程的反思和總結。

不過,對劉處玄而言,“鬥志”修行似乎是一個永恒的話題。他返回山東後大建宫觀,固然爲全真教的發展帶來巨大的生機,但也因此招致馬丹陽的批評,認爲他背離了全真家風,一如蜂屋邦夫所説:“洛陽修行使他(指劉處玄——引者注)成爲合格的道士,但在萊州再會丹陽的言行仍有不足之處。”[⑥]正是這樣一種反復進行的“鬥志”修行,尤其是色心修煉的過程,在後世的通俗仙傳當中,引起

① (元)林間羽客樗櫟道人編:《金蓮正宗記》卷四,《道藏》第 3 册,第 358 頁;(元)李道謙集:《甘水仙源録》卷二,《道藏》第 19 册,第 733 頁。

② (元)段志堅編:《清和真人北遊語録》卷三,《道藏》第 33 册,第 173 頁。

③ Stephen Eskildsen, *The Teachings and Practices of the Early Quanzhen Taoist Masters*, Albany: State University of New York Press, 2004, pp. 81-83.

④ (金)劉處玄:《黄帝陰符經注》,王宗昱集校:《陰符經集成》,北京:中華書局,2019 年,第 293 頁。

⑤ (元)玄全子集:《真仙直指語録》卷上,《道藏》第 32 册,第 435 頁。

⑥ [日]蜂屋邦夫:《金元時代的道教:七真研究》,金鐵成等譯,第 128 頁。

了前所未有的回響。

三、從全真宗師到插花真人

入明之後,或許是受官方宗教政策的影響,與金元時期相比較而言,全真教進入了沉寂期,文獻資料也相對稀缺。以王重陽和全真七子的仙傳資料而言,除明永樂年間全真道士姚孤雲等人刊行的《七真仙傳》以及明萬曆年間時任山東按察司副使的閻士選編纂的《海上七真人傳》外[①],筆者尚未見到其他完整的王重陽及全真七子仙傳。

不過,儘管相對完整的仙傳資料僅存世兩種,但並不意味著明代全真仙傳資料的匱乏。事實上,從明代的諸多官修及私人藏書目録中,都能發現王重陽及全真七子仙傳的存在,以近世所編《明代書目題跋叢刊》爲例,明代楊士奇的《文淵閣書目》、錢溥的《秘閣書目》、祁承㸁的《澹生堂書目》、不署撰人的《近古堂書目》、黄虞稷的《千頃堂書目》、趙琦美的《脈望館書目》、趙用賢的《趙定宇書目》以及董其昌的《玄賞齋書目》均稱藏有《七真傳》(或稱爲《五祖七真傳》及《七真仙傳》)至少一部,其甚者如最後三種書目均稱藏有兩部《七真傳》。[②] 儘管我們目前尚未發現或確定這些書目當中所記載的全真仙傳的版本及内容,但不可否認的是,王重陽及全真七子仙傳資料應該有著更爲廣泛的傳播範圍和閲讀群體。

然而,或許是受全真教宗教力量復蘇[③]的影響,從晚明開始,直至民國時期,與此前的狀況截然不同的是,王重陽及全真七子的仙傳資料開始大量湧現,其傳播範圍則近乎半個中國。以類型而言,計有《七真祖師列仙傳》《七真天仙寶傳》《七真因果傳》《重陽七真演義傳》《七真寶卷》《金蓮仙史》《金蓮記》等七種;以版本而言,上述七種全真仙傳計有不少於四十七個不同的版本。如此衆多全真仙傳的存在,在重述、改編王重陽及全真七子的修行、度化故事的同時,也在不同程度上改變了教内教外人士對於全真祖師的認知。

---

① 吴光正:《臺灣大學圖書館藏海内孤本〈七真仙傳〉考釋》,《中國文哲研究通訊》2018 年第 3 期;秦國帥:《七真仙傳與全真歷史:以臺灣大學圖書館藏〈七真仙傳〉爲中心的考察》,《世界宗教研究》2017 年第 3 期。

② 參見馮惠民、李萬健等選編:《明代書目題跋叢刊》,北京:書目文獻出版社,1994 年,第 164、688、1003、1179、1429、1479、1509、1555 頁;(清)黄虞稷撰,瞿鳳起、潘景鄭整理:《千頃堂書目》,上海:上海古籍出版社,2001 年,第 436 頁。

③ 關於晚明全真教的復興,參見張方:《明代全真道的衰而復興——以華北地區爲中心的考察》,北京:中國社會科學出版社,2018 年。

在上述所列諸種全真仙傳當中,法國學者戴文琛(Vincent Durand-Dastès)從用語、篇幅及形制等方面推測,認爲《七真祖師列仙傳》儘管序言所題時間較晚,但應當爲上述諸仙傳中最爲早出者,極有可能是晚明時期的作品。[①] 事實上,除戴氏所稱的形制方面的原因外,就其内容來看,一方面,其他諸仙傳的故事情節均是因襲或批判《七真祖師列仙傳》而來,另一方面,《七真祖師列仙傳》當中的部分故事情節,除下文將要叙述的采戰雙修外,另如騰蛇鎖口爲餓死之相[②]等情節,均爲晚明擬話本及仙真出身傳記所常用的入話片段和故事情節。因此,《七真祖師列仙傳》當爲上述諸種全真仙傳中最爲早出者,其刊刻時間即使不爲晚明,也應該爲清早中期。

據《七真祖師列仙傳》,當丘、劉、譚、馬四人鄠縣論道之時,劉處玄自稱"性如清風一般,命如明鏡一樣",而論道結束之後,劉處玄自覺功夫滿足,於是便脱胎神化,上升瑶池拜見王母娘娘。然而,正是在拜見王母的過程中,劉處玄動了色心,因此被打下了天庭:

> 劉真人隨仙童到王母殿前,倒身下拜,口稱:"弟子劉處元,與王母慶萬壽無疆!"王母問道:"你的三千功、八百行,皆完是否?"處元道:"弟子的功行都已完滿,並不缺欠。"仙童看坐,處元謝坐。仙童看酒來,處元用了一盃,眼睛細看,王母不過四、五十歲,仙風道骨,又看兩邊站立的仙女,個個美貌無雙,心内暗想道:"比下界分外齊整,越看越愛。"微微動了一點邪念,王母慧眼一看,就知處元動了色心,吩咐仙童:"將處元扯出宫門,打下天臺,還入他的肉體。色心不退就來見我,天上那有好色的神仙? 理該墮落!"處元慌忙下拜:"望王母慈悲恕罪! 弟子再不敢動色心了。"王母道:"上天那有徇私之理? 仙童快去扯出臺外!"仙童領命,把處元一脚踢下塵凡,原就如竅。[③]

蘇醒之後,劉處玄追悔不已,於是便想起了昔日净明道祖師許遜以炭化美人的方式來測試衆徒的公案:

> 【許遜——引者注】修成大道,在江西西山開壇設教,招募天下學道之人,就有八百個,人雖知修行念頭,未悉正與不正。真君要把衆門人的身試

---

① Vincent Durand-Dastès, "A Late Qing Blossoming of the Seven Lotus: Hagiographic Novels about the Qizhen", in Xun Liu and Vincent Goossaert, eds., *Quanzhen Daoists in Chinese Society and Culture*, 1500-2010, Berkeley: Institute of East Asian Studies, University of California, p. 81.

② (明)馮夢龍:《喻世明言》,濟南:齊魯書社,1993年,第79頁。

③ 《七真祖師列仙傳》卷上,清光緒二十九年(1903)序刊本,上海:上海古籍出版社,1990年,第120～121頁。

一試，遂將八百徒弟叫到面前，每人與木炭一根，衆人道："天氣炎熱，要木炭何用？"真君道："非是著你烤火，到晚來將木炭抱在懷中睡覺，等到明早，我來收每人的木炭；我若不來，斷不可先起來。那個不遵，按請規法處之。"衆人道："謹遵師命。"真君又道："酒色財氣四般孽苦，必須斬斷，惟有色心難斷，頭一重地獄。萬惡淫爲首，百善孝爲先。這四般孽苦，你們可都斷了没有？"衆人道："師父，我們丢了功名富貴，一心伴道，名利二字，早已斬斷。"真君道："名利斬斷，只怕色心未斷。"衆人道："色未斷，怎肯抛别妻子？自然斷了。"真君道："既然如此，你各抱木炭而睡去罷！"衆人都歸丹房。這個問那個，那個問這個，都不解師父是何意思，只得各抱木炭而眠。睡到半夜子時，忽有一樁異事驚人：八百根木炭都變做美貌女子，精溜溜，赤條條，雪白身體軟濃濃，抱在懷中，衆門人拿捉不住，色心已動，把修行的事都忘却了，且圖眼前快活。與女子交歡片時，都將精脈抛散，爐中的火候走了，多有抱住不捨。直到天明，真君來到丹房，把頭一個踢了一脚，睁眼見了師父，翻身起來。真君道："還我木炭來！"門人將木炭兩手捧獻。真君接在手中，叫聲："孽障！你看木炭上是甚麽東西？"門人道："這是弟子口中流出涎水。"真君喝道："你還敢强辨？明明是你的精脈！"門人羞愧，不敢多言。真君道："你還俗去罷，何必久戀玄門？吃了十方的血汗，反作下孽苦！"門人羞的面紅過耳。又到第二個丹房，叫醒了門人，就討木炭。真君將木炭接在手中，説："你看木炭上是甚麽東西？"門人滿面羞愧，不敢回言，只是磕頭在地。話休煩絮，且説八百根木炭收完，只有兩個人，木炭上並無一點形跡，原來一母所生同胞兄弟，叫張世萬，哥哥叫張世千。真君道："善哉，善哉，開壇設教一場，纔招了兩個門人，真吾弟子！"真君問道："大家把火候走了，你弟兄爲何不動？得了甚麽秘訣？"①

事實上，對於許遜測試衆徒的故事，趙道一在《歷世真仙體道通鑑》中就已有過簡要的記載：

真君道術高妙，著聞遠邇，求爲弟子者數百人，却之不可得，乃化炭爲美婦人，夜散群弟子處以試之，明旦閲之，其不爲所染汙者惟十人耳，即異時上升諸高弟也。②

---

① 《七真祖師列仙傳》卷上，第125～129頁。

② （元）趙道一編修：《歷世真仙體道通鑑》卷二六，《道藏》第5册，第250頁。

此後,元泰定(1324～1328)時成書的《凈明忠孝全書》之《凈明道師旌陽許真君傳》再次重述了這個故事:

> 真君道術高妙,求爲弟子者數百人,却之不可,乃化炭爲美婦人以試之,其不爲所染污者唯十人耳,凡周遊江湖,無不從焉。①

不過,對於這個故事的詳細内容,或許是因爲史料闕如,我們無法找到細節更爲豐富的記載。到明萬曆時,楊良弼刪補《有唐真人純陽吕祖集》而成《純陽吕真人文集》,其《真人本傳》中未見與許遜有關的記載,然清乾隆初年據《純陽吕真人文集》而成書的三十二卷本《吕祖全書》之《吕祖本傳》中,編纂者劉體恕、黄誠恕爲鍾離權稱讚吕洞賓"吾十度試子,皆無所動,得道必矣"一語添加批註,再次言及許遜用木炭測試衆徒的公案:

> 已上十試,余竊疑之。夫神仙試人,必其人之根緣甚淺,塵濁難斷,故一試再試,以驗其道心何如耳。如許真君上昇,以炭化美女試門弟子,壺公以穢物試長房,皆不足異。若吕祖以天真降凡,根器與庸衆懸殊,即火龍正陽均係奉上帝命傳道度世,豈有不知夙因而故爲此十試乎?②

當然,作爲增輯版本,乾隆末年邵志琳的六十四卷本《吕祖全書》中亦將此段批註全文移録於内。不過,我們更加感興趣的是下面這一條信息,即在同書卷四九《金華宗旨》前載《屠宇庵題〈太乙金華宗旨〉緣起》中,凈明派道士屠宇庵稱:"憶自丙午歲,余小子元奉教於易庵先生之門,先生授以《凈明忠孝録》一册。"③據尹志華考證,這位"易庵先生"即潘易庵,他們二人雖同時自稱"凈明嗣派弟子",但按其派詩却又屬於太乙派,而與此同時,潘易庵又爲全真教龍門派第四代傳人朱元育的弟子。進而,潘易庵如此多重的宗教身份及其對凈明道經典的傳授,也就意味著許遜傳説和凈明信仰實際上在全真教内部有著廣泛的流傳。④ 藉由以上分析,我們可以推斷認爲,《七真祖師列仙傳》中關於許遜的兩則故事應該是直

---

① 轉引自郭武:《〈凈明忠孝全書〉研究:以宋、元社會爲背景的考察》,北京:中國社會科學出版社,2005 年,第 333 頁。

② (清)劉體恕匯輯,(清)黄誠恕參訂:《吕祖全書》卷一,清乾隆七年(1742)刊本,第 2 頁。下畫波浪綫为引者所加。

③ (清)王履階敬刻,(清)邵志琳增輯:《吕祖全書》卷四九,清乾隆四十年(1775)重刻本,第 15 頁。

④ 尹志華:《〈太乙金華宗旨〉的問世及其道派特徵考》,《香港中文大學道教文化研究中心通訊》第 17 期,2010 年;Lai Chi Tim,"Revisiting the Jingming Origin of the *Taiyi Jinhua Zongzhi*: Pan Jingguan and His Spirit-writing Community in Changzhou During the Early Qing", *Cahiers d'Extrême-Asie*, Vol. 25, 2016, pp.47-75;郭武:《明清凈明道與全真道關係略論——以人物交往及師承關係爲中心》,趙衛東主編:《全真道研究》第一輯,濟南:齊魯書社,2011 年,第 142～164 頁。

接來源於《歷世真仙體道通鑑》和《浄明忠孝全書》，衹不過做了大量的演繹和發揮而已。

正是受到許遜試徒公案的啓示，劉處玄决定仿照張世千、張世萬二人妓院修真的事跡，親身來到一家妓院當中，並藉此以鍛煉色欲。

關於劉處玄所到妓院的名字和處所，《七真祖師列仙傳》並没有明確點出，衹是虚稱他"點石爲金，買了些綾羅綢緞，做了衣服，穿在身上，遂到勾欄院來"。不過，關於劉處玄在妓院中鍛煉色欲的修煉活動，《七真祖師列仙傳》却有明確的記載，且以大段充滿暗示性的隱語來描述何爲雙修采戰：

> 日落到晚，真人合兩個歌妓推杯换盞，彈歌唱謳，直到三更時分，纔散酒筵。歌妓打開鋪蓋，於是各寬衣服。劉祖大顯神通，反採妓女的淫氣。這是採戰的工夫，又是火裏生蓮，正是"懷抱美色不動心，逆轉黄河上崑崙。世上採女當平常，我今採女認親娘。仙佛都從女中出，這般消息陰抱陽。"好比荷葉上露水，要染著的，又不要染著。又不要染著者，又比那父母愛兒子一般，又要打著又怕打著，説在這裏却不在這裏。來到坤方仲是人，折花瓣兮采花心，步步頭頭皆是道，累累層層豔麗春。世人不達書中理，輕泄天機雷打人。五十日近監日算，三千時辰暗裏辦。不愛他美貌嬌花，只待他甘露生泉。功神州，破赤縣，捉住金精仔細牽。送入丹田上泥丸，防危慮險除雜念，纔得了然。鶯聲燕語調戲咱，我的意馬緊牢拴。任憑任嬌妖體態，十指尖。風滚滚，浪點點，要採你出壇花兒朵朵鮮。得了花中寶，纔把母親見。俺是個夜明珠空中懸，俺又比清浄海一塵不染，又比那試金石高低便見，又比那鐵饅頭下口難餐。金烏髓，玉兔筋，二物團來一處烹。陰符陽火分子午，沐浴加臨卯酉門。守黄庭，養谷神，男子懷胎笑殺人。猛然間，得清浄，鉛鼎温温現寶光。上金橋，望曲江，月裏分明見太陽。吞服烏肝並兔髓，换盡塵埃舊肚腸。名利場，恩愛鄉，永不回頭望兒郎。人人説，我來嫖，浪滔天，月弄潮，因得路，上九霄，月影紅霞北斗梢。摸住織女支機石，踏遍牛郎駕鵲橋。入仙巢，膽氣豪，偷了瑶池王母桃。纔見娘親之面，母子纔得團圓，多虧死心。混俗和光在人前，全憑心意煉慧劍，殺死群魔得了然。①

詳其詞意，此處所謂采戰當爲與女子交合但忍而不泄，而這樣一種描述，實際上與筆者所見最早即晚明《八仙出處東遊記》中吕洞賓戲白牡丹時的情景極爲

① 《七真祖師列仙傳》卷上，第133～136頁。

相似：

洞賓忘却仙凡，不覺大醉。醉而就寢，牡丹媚態百端，洞賓温存萬狀，魚水相投，不爲過也。雲雨之際，各呈風流，女欲罷而男不止，男欲止而女不願。且洞賓本是純陽，豈肯爲此一泄？牡丹正當陰盛，終無求免之心。自夜達旦，兩相采戰，皆至倦而始息。自此洞賓連宿數晚，雲雨多端，並不走泄。[1]

不僅詞意如此，另從語句而言，《七真祖師列仙傳》也絶非原創，而是抄襲、竄改並重新拼接了託名張三丰所作的《一枝花》詞兩首和《無根樹》道情三首：

心如出水蓮，意似雲中電。昨宵因小事，誤入麗春院。時時降意馬，刻刻鎖心猿。晝夜不眠，煉己功無間。閉三寶内守黄房，擒五賊外觀上院。令彼我如如穩穩，使陰陽倒倒顛顛。退群魔怒提起鋒鋩劍，敢取他出墻花兒朵朵新鮮。掛起我娘生鐵面，我教他也無些兒動轉。嬌夭體態，十指纖纖，引不動我意馬心猿。

俺是個試金石兒，高低便見；俺是個鐵饅頭，下口難餐；俺是個清静海，一塵不染；俺是個夜明珠，空裏長懸……

五千日近堅心算，三十時辰暗裏盤。我將龍頭直竪，他把月窟空懸。顯神通向猛火裏栽蓮，施匠手在逆水上撑船。不羡他美麗嬌花，只待他甘露醴泉。攻神州，破赤縣，捉住金精仔細牽，送入丹田。防危慮險除雜念，沐浴自然。面壁九年，才做個閬苑蓬萊物外仙。[2]

無根樹，花正高，海浪滔天月弄潮。銀河路，透九霄，槎影横空泊斗梢。摸著織女支機石，踏遍牛郎駕鵲橋。遇仙曹，膽氣豪，盗得瑶池王母桃。

無根樹，花正香，鉛鼎温温現寶光。金橋上，望曲江，月裏分明見太陽。吞服烏肝並兔髓，换盡塵埃舊肚腸。名利場，恩愛鄉，再不回頭空自忙。

無根樹，花正明，月魄天心逼日魂。金烏髓，玉兔精，二物擒來一處烹。陽火陰符分子午，沐浴加臨卯酉門。守黄庭，養谷神，男子懷胎笑殺人！[3]

儘管李西月在增輯《三丰祖師全集》時對張三丰提倡采戰雙修一事頗爲認可，認爲房中采戰之術起源甚早，後人之所以如此認爲，是將劉宋時的張三峰與元末明初的張三丰相混淆而致，且張三丰對房中之術亦頗爲不齒。[4] 但不可否認

① （明）吴元泰：《八仙出處東遊記》，哈爾濱：北方文藝出版社，1985 年，第 43 頁。

② （清）李西月重編：《張三丰全集》，北京：華夏出版社，2017 年，第 162 頁。

③ （清）李西月重編：《張三丰全集》，第 174、173、175 頁。

④ （清）李西月重編：《張三丰全集》，第 359～360 頁。

的是，正如我們在上文《一枝花》詞中已經看到的那樣，張三丰自稱“昨宵因小事，誤入麗春院”，且在《玄要篇》中，張三丰還作有《麗春院詞》兩首：

麗春院内月輪高，瓊樹花新破寂寥。半夜開丹灶，三更運斗梢。玉漢銀河誰得到，牛郎織女天邊笑。紫府會仙曹，歸去來兮俗垢消。

麗春院内日華清，金液還丹已煉成。欲令情歸性，須將性合情。富貴功名休再問，嬰兒姹女風流甚。爐鼎放光明，從此昆侖頂上行。[①]

另據學者考證，麗春院在明初時雖爲教坊司樂工所居之處，然據“俗謂宿娼者曰‘院裏走’”一語，麗春院實際上已經成爲通俗所謂青樓妓院的代稱。[②] 準此，儘管張三丰或許本人並不提倡采戰雙修之法，然而麗春院約定俗成的妓院特質以及他詞中滿含暗示的隱語，實際上爲《七真祖師列仙傳》中直接引用並將之赤裸裸地描述爲采戰雙修之法鋪平了道路。

不過，正如我們之前所説，《七真祖師列仙傳》在敘至劉處玄前往妓院之時，並没有明確聲稱此妓院名爲麗春院。然而，其他仙傳如明確聲稱是删改《七真祖師列仙傳》而來的《重陽七真演義傳》却徑直稱之爲麗春院。不僅如此，劉處玄妓院修真一事雖然不見載於金元仙傳之中，且明清民國時期的藏外仙傳也屬於拼凑李西月的《三丰祖師全集》而來，但實際上此事却與孫不二毁容修道之事一樣在全真教團内部和社會上流傳甚廣，如清嘉慶時西安八仙宫方丈董清奇在其《除欲究本》一書中曾如是説：

余入玄門未修行，道教之中少立功。如今後悔發愁腸，欠下口債還不清。還有一等見識淺，尋上門來教我哄。不知我是造孽頭，他還把我當仙翁。他也未把丹書看，天上神仙有考證。當年插花劉真人，道成之後升天宫。玉帝教他赴瑶池，看見仙女心微動。玉帝將他打下凡，纔知色心莫去盡。麗春院裏煉色心，從新立志下苦功。每夜抱著妓女眠，日久煉的心不動。二回又去赴瑶池，瑶池會上顯大名。至今留在丹書上，傳與後人做憑證。[③]

這幾乎完全復述了到目前爲止我們所看到的劉處玄妓院修真一事。直到民國時

① （清）李西月重編：《張三丰全集》，第 168～169 頁。

② 李舜華、陳惠卿：《明初教坊制度考略》，《文化遺産》2014 年第 4 期；伊維德：《中國的戲臺與宫廷——洪武御勾欄考》，王秋桂編：《中國文學論著譯叢》，臺北：臺灣學生書局，1985 年，第 742～743 頁。

③ （清）董清奇：《除欲究本》，《藏外道書》第 28 册，成都：巴蜀書社，1994 年，第 282 頁。下畫波浪綫爲引者所加。

期,道教仙學倡導者陳攖寧在校訂李西月《道竅談》一書時,再次提到此事:

> 北派工夫,重在清静。而七真之劉祖,則以在妓院修煉著名,未聞如長春真人之枯坐也。①

由此,本爲仙傳所虚構出來的演繹故事轉變成了全真道士所承認的真實歷史,並以此來闡述其在修道過程中所藴含的神聖意義。

四、"插花真人"之辯

儘管《七真祖師列仙傳》作爲先行文本,在隨後全真仙傳的造作過程中發揮了重要作用,然而,值得注意的是,後續的全真仙傳却在基本上因襲這個故事的同時又作出了不同程度的修改。

據清末民國時期全真道士養真子所編撰的《重陽七真演義傳》,劉處玄到達洛陽之後,"忘形煉性,清净自守,希夷若昏。人問則示之以手,不問則終日純純。定立圓滿,天光發明,乃遷居雲溪之濱",似乎是因襲秦志安的《金蓮正宗記》而來,一派正史仙傳的嚴肅口吻。然而,隨後的故事情節却回到了《七真祖師列仙傳》的叙事風格:

> 忽一日,出了陽神,只聽仙樂齊鳴,一隻仙鶴落在面前,有個仙童,手捧敕書,高叫道:"劉處玄,上帝詔你,先拜西王母,在斗牛宫内瑶池會上考驗人的道行。常言説,世上的銀子,如是假的,怕過灰池,灰池一過,就現本像。大羅天仙,最怕瑶池,瑶池多有美貌仙女,考驗神仙道行,驗過無差,纔能去見玉帝。"説完,請劉真人跨鶴,來到瑶池。聲吹細樂,劉真人隨仙童到王母殿前,倒身下拜,口稱:"弟子劉處玄,與王母慶萬壽無疆。"王母命仙童看坐,處玄謝坐,王母諭仙女送酒,處玄接酒,供過天地,謝過王母,用了一杯,香味無比。偷眼微看王母,冠履非常,文采鮮明,光儀淑穆,真是修短得中,如三十歲人。又看兩邊侍立的仙女,各貌美無雙,心内暗想到:"我在塵世,未曾見過如此傾城。"越看越愛,惟動了一點塵念。王母慧眼觀著,就知他色心已萌,遂發怒吩咐仙童:"將處玄拉出宫門,打下天臺,仍入他的凡竅。色心尚未滅盡,就來見我,天上那有好色的神仙?理該墮落!"處玄慌忙下拜,懇求王母慈悲,説:"弟子再不敢動色心了。"王母道:"昔日丹陽命你往河南見仙

---

① 郭武編:《中國近代思想家文庫:陳攖寧卷》,北京:中國人民大學出版社,2015年,第320頁。

姑,你色心即動,仙姑嚴戒曰:'除却此心,汝事即了。'你豈忘乎? 上天那有徇私之理? 仙童速拉出去!"[①]

文中仙姑所説的"除却此心,汝事即了"一句,表明養真子在編纂本段時,應參考過元代王元暉所述的馬丹陽告誡劉處玄一事。醒悟之後,據養真子所説,劉處玄决定仿照許遜弟子妓院修行的公案,亦來至妓院當中。不過,當粉香撲鼻、蘭麝薰心的弱氏姐妹欲色迷劉處玄時,《重陽七真演義傳》却不再遵循《七真祖師列仙傳》的采戰雙修套路:

且説弱姐妹曾受過鴉娘秘教,各具拿雲手段,縛雨心才,多方設法,想把長生迷住,發個大財。他豈知長生在瑶池會上吃過虧來的,看得弱姐弱妹,風流絶代,恐稍走漏金丹,時刻防危慮險,學柳下惠坐懷不亂,任憑他妖嬌體態,十指尖尖,軟語綺言,引不動意馬心猿。夜深宴罷,弱姐、弱妹鋪床叠被,三番兩次:"請劉老爺寬衣解帶,好與你同伴安眠,結一個露水緣,參一個歡喜禪,把劉爺高攀高攀。"劉長生笑道:"我與你姐妹二人,做一對關關雎鳩,樂而不淫,哀而不傷。"合衣任眠,絶無沾染,朝夕如此,住了一年。[②]

不僅如此,編纂者養真子還特意添加了案語,以表明他對於色欲與修道之間關係的看法:

特恐後之學道者,不知煉己事大,色心重而道心輕,必致流落火坑,故發大慈悲心,願度盡衆生,因摘吕純陽老祖的詩歌,爲萬世學道人説法,詩曰:"二八佳人體似酥,腰間伏劍斬凡夫;分明不見人頭落,暗裏催君骨髓枯。"[③]

準此,對於劉處玄之所以選擇在妓院中修煉,養真子稱之爲對景忘情:"這是對景忘情的工夫,學者必別具隻眼慧心,如讀《毛詩》三百篇,'一言以蔽之,曰思無邪'。"[④]换言之,與《七真祖師列仙傳》不同,養真子堅持的是金元時期王重陽所確立的清修傳統。

與《重陽七真演義傳》相似,同爲清末民國時期成書的《七真因果傳》也有此類表述。在安葬完王重陽之後,劉處玄首先南遊,後返山東,在泰山精修三年之後飛昇上界,拜見王母:

---

① (清)養真子:《重陽七真演義傳》,上海圖書館藏民國八年(1919)萬國道德會刊本,第 52~53 頁。
② (清)養真子:《重陽七真演義傳》,第 57~58 頁。
③ (清)養真子:《重陽七真演義傳》,第 8 頁。
④ (清)養真子:《重陽七真演義傳》,第 58 頁。

> 劉長生自與衆道友離别之後，南遊一遭，復往東魯，在泰山精修三年，得成正果，飛昇上界，赴宴瑶池，參拜王母。見王母身後有數十輩仙女簇擁（夾註：人我未明，色相未空），容顔殊妙，世間罕有，難描難畫，可愛可羡（夾註：不能視之不見），未免一念之動，將衆仙女偷看了一眼。王母問曰："汝瞧他們（夾註：嚇壞人），意欲何爲？"劉長生聞王母之言，自知失禮，惶恐謝罪，俯伏奏曰："臣偶見霓裳飄舞，彩袖展揚，無意之間，將仙女瞧了一眼，其實並無别意，望慈顔赦宥。"王母責曰："人我猶存，色相未空，縱使金丹成就，也不能超凡入聖。可再下凡間，苦修苦煉。"即命仙官送下。[①]

值得注意的是，《七真因果傳》當中的夾註，還在增强故事效果的同時，扼要地點出了劉處玄修道過程中的弊端，即"色相未空"。醒來之後，劉處玄萬般懊惱，於是下山訪尋修煉色欲之法。在聽聞譚處端講説許遜測試衆徒之法後，劉處玄因"蘇杭二州出美女"便來到蘇杭煙花院内鍛煉色魔。不過，當院裏頂絶色的姐兒似玉放出十分温柔以求接近時，劉處玄却再次運用起對景忘情的修煉工夫：

> 長生子依著重陽先生那兩句話，"泰山崩前而不驚，非故不驚也，崩前而若未崩前也；美女當前而不動，非故不動也，當前而若未當前也"。長生子依著師傅這兩句話，把心頭弄得空空的，一無所有，魔障無由可入，枉費了那姐兒千般情態，萬種風情，總不能動他的心。這心乃一身之主，心不動而身自静，其他意念都聽心鋪擺，心不動，他也不敢動，只有眼睛和耳朵是兩個好事的人，見了好色，聽了好音，要來報與心知道。長生子把這心恭維得好，叫他不要信耳朵、眼睛的話，免得誤了大事。這心果然依他之言，便裝成個不識不知的樣兒，好比那小孩子一般，只是戲耍，不董情事，就睡在一床，同一個枕頭，無非是一張臭皮囊，陪著一個粉骷髏，也莫甚麼大趣，不過是紅紅緑緑，難免於眼，叮叮噹噹，難免於耳。長生子又把眼睛、耳朵恭維一番，教他一個方法，見如不見，聽如不聽，他兩個當真依了他的方兒，一個裝瞎，一個裝聾，雖與那姐兒同起同落，畢竟還不識他是何等樣人，有那些貴重。[②]

劉處玄的此番舉動，反而引起了衆妓女的喜愛，並爲他赢得了"插花真人"的諢號："且説那一日，有幾個妓女與似玉姐送花來，見長生子與玉姐並肩而坐，隨手

① （清）黄永亮：《七真因果傳》，蕭天石主編：《道藏精華》第八輯之四，臺北：自由出版社，1989年，第195～196頁。

② （清）黄永亮：《七真因果傳》，蕭天石主編：《道藏精華》第八輯之四，第215～217頁。

將那鮮花與長生子插了一朵在頭上(夾註:如今院房内呼長生子爲插花真人)。"[①]准此,清修同樣是《七真因果傳》所堅持的全真修行之法。

不論是對景忘情的清修,還是交戰采補的雙修,將妓女與修行並置,總歸會引發不小的争執。或許有感於此,儘管《重陽七真演義傳》與《七真因果傳》都以清修的叙事方式反向襯托了劉處玄的修道之難、之誠,但成書於清末的《金蓮仙史》還是另闢蹊徑,對這個故事進行了重編。據其所述,福州解化之後,劉處玄神遊洛陽,因容貌俊秀而引得一衆女子圍觀,劉處玄便將一位女子頭上所戴牡丹花摘下插於地上,"吹了一口仙氣,畫了一道起死回生的符,再運動先天真一之水灌溉花中,將這朵牡丹花插在這莽山地上,念動真言,加符灑水。頃刻之間,但見發芽長枝,結蕊開花。此花更覺艷麗,清香異常"[②]。眼見如此神跡,衆男女紛紛前來采摘,但此花摘下之後却頃刻復發:

那劉真人見衆人鬧熱之際,遂化道清風,無影無蹤。衆人見那道士忽然不見,正在驚訝,只見牡丹葉上有"長生子劉書"五字,衆人方知劉仙顯化,人人俱稱"插花劉真人"。後人創建廟宇,塑造神像,遂名劉仙廟,世代香煙繚繞不絶。[③]

至此,《金蓮仙史》將前述劉處玄妓院修道一事全部改寫完畢,並以此種方式重述詮釋了劉處玄"插花真人"這一稱號的由來。

總之,針對《七真祖師列仙傳》中劉處玄身處妓院、采戰雙修的故事情節,後世的全真仙傳幾乎無一例外地站在了相反的立場上,或者以"對景忘情"的方式進行了重新解讀,或者干脆回避此一問題而作他説。之所以如此,實與後世全真仙傳編纂者的宗教身份和宗教訴求息息相關。

據《重陽七真演義傳》編纂者自述,他童年時便雅慕神仙,拜師入道之後,因熟讀道藏仙經,深知俗本《重陽七真傳》當中多存誣仙惑世之語,於是便起意删正,目的不僅在糾編正誤,還因爲"七真之關係世道人心也,大矣至矣"[④]。不僅如此,單就本文所涉及的劉處玄妓院修道一事,在其自撰的《條例辯正》當中,養真子還特意提到:"劉長生在麗春院煉己持心,俗本誤爲行淫采戰,兹方仙書酌

① (清)黄永亮:《七真因果傳》,蕭天石主編:《道藏精華》第八輯之四,第217頁。
② (清)潘昶:《金蓮仙史》卷四,上海圖書館藏清光緒三十四年(1908)翼化堂刊本,第2頁。
③ (清)潘昶:《金蓮仙史》卷四,第3頁。
④ (清)養真子:《重陽七真演義傳》,第8頁。

删。”[①]换言之,在重述和還原全真祖師之真實修道經歷的同時,養真子還力圖做到“維世道,挽人心,將前作者救出輪回,亦修道去魔之一助也”[②]。與養真子的删正緣由相似,《七真因果傳》的編纂者全真道龍門派道士黄永亮也稱:“七真一書,舊時有之,惜其文不足以達其辭,趣不足以輔其理,使觀者恐卧,而聽者返走,終年置之案頭,不獲一覽,人皆視爲具文。”[③]作爲全真道士,黄永亮起振重訂爲義不容辭之責,而據其所説,他重新編纂《七真因果傳》的目的,則是“以通俗語言,鼓吹前傳,以人情世態,接引愚頑,以罪福醒悟人心,以道妙開化後世,其於勸善懲過,不爲無助”[④]。

如果説養真子和黄永亮因其自身明確的全真道士身份而承擔起了删改舊本《七真傳》的責任,並力圖以全真度世的故事來感化世人、挽求人心的話,那麽,《金蓮仙史》的編纂者潘明廣則似乎没有那麽大的救世訴求。在其所作的序言當中,潘明廣也認爲舊本的《七真傳》難堪大用,“非獨道義全無,言辭紊亂,兼且諸真始末出典、仙跡一無所考”,因此他在“遍閲鑑史寶誥,搜尋語録丹經”的基礎上重編此書:

> 厥中事事有證,語語無虚,乃登天之寶筏,渡世之慈航也。惟願有志於道者,宜細細静玩,不可當作小書世文而論。果能達此書中意義,道德之門可入,修真之路可尋矣。學者當效邱、白二祖之苦志堅心,勇猛精進,修持道業,何愁德之不立、道之不成哉?[⑤]

也就是説,潘明廣之所以在重編《金蓮仙史》時力求做到“事事有證,語語無虚”,目的就在於爲後世修行者提供一份可靠的修行指南。但事與願違的是,在劉處玄“插花真人”稱號的解釋問題上,潘明廣仍然未免於杜撰和敷演,理想與現實之間仍然存在著巨大的差異。

無論如何,養真子、黄永亮和潘明廣三位編纂者,都對《七真祖師列仙傳》中劉處玄的修道叙事進行了否定。不論是在修行之路上,還是在世道人心上,色欲與修行、妓女與道士之間似乎存在著天然的屏障,而他們則無一例外地站在了全真教“無情度有情”的清修傳統一方。

---

① (清)養真子:《重陽七真演義傳》,第3頁。

② (清)養真子:《重陽七真演義傳》,第9頁。

③ (清)黄永亮:《七真因果傳》,蕭天石主編:《道藏精華》第八輯之四,第1頁。

④ (清)黄永亮:《七真因果傳》,蕭天石主編:《道藏精華》第八輯之四,第1頁。

⑤ (清)潘昶:《〈金蓮仙史〉原序》,第2頁。

結論

事實上，在金元時期的仙傳當中，我們已經能够發現全真道士度化娼妓的故事，如《純陽帝君神化妙通記》第五十六化度倈行首、第六十化度黄鶯妓、第七十五化度楊柳金、第八十化度張珍奴、第八十七化度曹三香等。① 同時，金元時期的雜劇如楊景賢之《馬丹陽度脱劉行首》，表明王重陽和馬丹陽也加入度化妓女的行列中來了。不過，通過對這些故事及雜劇的閲讀，我們可以發現，金元時期流行的全真祖師度化妓女故事都遵循著一個基本的原則，即他們"不僅恪守清修之法，而且還以清修理論度脱妓女"②。然而，從晚明開始直到近代以來，伴隨著"吕洞賓三戲白牡丹"等故事的流行，金元度化故事中"無情度有情"的基調開始發生偏轉，吕洞賓由一個主張清修的高道轉變爲行采戰雙修之術的"騷道"③，甚至一些著名的房中經典如《純陽演正孚佑帝君既濟真經》也託名吕洞賓而作④。

《七真祖師列仙傳》中劉處玄修道故事或許正是在這樣一種環境當中産生的。儘管通過對金元文獻的梳理，我們發現，《七真祖師列仙傳》的描述事實上肇端於前此語焉不詳、欲説還無的記載，但晚期特殊的宗教生態及刻書風潮，毫無疑問爲劉處玄妓院采戰修道故事的産生及影響的迅速擴大提供了極爲適宜的温床，甚至於這樣一種兼具世俗性和文學化的傳説反向建構到了近代人們關於全真教真實歷史的認知當中。

然而，正如高萬桑以《申報》等報刊資料爲核心進行考察後所得出的結論那樣，近代世人關於道教的公共知識與道教内部真實的歷史之間存在著巨大的差距。⑤ 近代以來的全真道顯然並非一致同意《七真祖師列仙傳》對劉處玄妓院修

---

① (元)苗善時校正編次:《純陽帝君神化妙通紀》卷五,《道藏》第 5 册,第 719～720、723～724 頁。

② 吴光正:《八仙故事系統考論——内丹道宗教神話的建構及其流變》,北京:中華書局,2006 年,第 188 頁。

③ 吴光正:《八仙故事系統考論——内丹道宗教神話的建構及其流變》,第 189～190 頁;Paul Katz, "Enlightened Alchemist or Immoral Immortal? The Growth of Lü Tung-pin's Cult in Late Imperial China", pp. 70-104。

④ Robert van Gulik, *Erotic Colour Prints of the Ming Period: With an Essay on Chinese Sex Life from the Han to the Ch'ing Dynasty, B. C. 206. A. D. 1644*, Tokyo: Private Publication, 1951, Vol. II, pp.91-96. 中譯本參見[荷]高羅佩:《秘戲圖考:附論漢代至清代的中國性生活(公元前二〇六年至公元一六四四年)》,楊權譯,廣州:廣東人民出版社,2005 年,第 300～302 頁。

⑤ Vincent Goossaert, "Quanzhen, What Quanzhen? Late Imperial Daoist Clerical Identities in Lay Perspective", in Xun Liu and Vincent Goossaert, eds., *Quanzhen Daoists in Chinese Society and Culture, 1500-2010*, pp. 19-43.

道一事荒腔走板的浪説，而是以彼之道，還施彼身，同樣以仙傳編撰爲工具和武器[①]，對采戰雙修進行了糾編和矯正，以求恢復全真教固有的宗教傳統，並借此挽救澆漓輕薄的世道人心。這樣一種舉動表明，近代全真道士對於自己的宗教身份和社會責任有著明確的認識，並在清末民初挽救中國、重整社會、收拾人心方面提供了獨具特色的宗教智慧和文化方案。

［本文爲國家社科基金一般項目“明清全真教的歷史重述及與民間宗教關係研究”（項目編號：20BZJ042）階段性成果］

（責任編輯：張琰）

① 事實上，以仙傳編纂爲工具和武器來回擊他方的駁難並重塑自己的立場，佛、道二教在如呂洞賓劍斬黄龍等一些争議性的人物或故事上並不陌生，參見 Stephen Eskildsen, "Debating what Lü Dongbin Practiced: Why did the Yuan Daoist Miao Shanshi Denounce the Zhong-Lü Texts?", *T'oung Pao*, Vol. 102, 2016, pp. 407-447; Joshua Capitanio, "Buddhist Tales of Lü Dongbin", *T'oung Pao*, Vol. 102, 2016, pp. 448-502; 吳光正：《八仙故事系統考論——内丹道宗教神話的建構及其流變》，第 73～109 頁。

元代全真高道陳致虚老學思想中的道論探析

□肖海燕　聶　新

摘要:元代高道陳致虚既是金丹派南宗的傳人,又以全真道嫡傳自居,在南北宗融合的過程中起了重要作用。陳致虚的金丹理論與《道德經》關係密切,其《道德經序》《道可道章解》《道德經轉語》等老學論著、《上陽子金丹大要》中的金丹理論以及他與弟子討論金丹的書信中所引《道德經》的内容等,都體現了他對《道德經》的獨特理解。陳致虚在肯定老子明"道"意義的基礎上,重點從道教金丹的角度對老子之道進行闡發,並以"金丹之道"統合儒、釋、道三教之道,突出性命雙修的主題,體現了鮮明的道教立場和全真道的立教精神。

關鍵詞:陳致虚　全真道　老學　道論

作者簡介:肖海燕,女,華中師範大學道家道教研究中心副教授、《華中師範大學學報》編輯部副編審,研究方向爲道家思想史、地方道教史;聶新,男,華中師範大學歷史文化學院博士研究生,研究方向爲全真道歷史。

陳致虚(1290～?),字觀吾,號上陽子,江右廬陵(今江西吉安)人,早年"癖嗜《詩》《書》",後師事著名道士緣督真人趙友欽,得傳"金丹妙道"。[①] 陳致虚"深得内丹之訣"[②],在道教内丹理論方面建樹頗豐,有《上陽子金丹大要》《周易參同契分章注》《悟真篇注》《元始無量度人上品妙經注解》等著作傳世,是元代道教内丹

① (清)陈教友:《長春道教源流》卷六,《藏外道書》第 31 册,成都:巴蜀書社,1994 年,第 103 頁。

② (清)傅燮鼎:《九宫山志》卷四,《中國道觀志叢刊》第 7 册,南京:江蘇古籍出版社,2000 年,第 95 頁。

學家的重要代表。[①] 陈致虚既是金丹派南宗的傳人,又以全真道嫡傳自居。金丹派南宗和全真道都以鍾吕爲始祖,衹是傳承譜系有所不同,可謂同源異流。入元之後,全真道因受到皇室的扶持,政治地位大大提高。隨著全真道的南傳,組織鬆散、力量相對弱小的南宗道徒紛紛合流於全真門下。在南北宗融合的過程中,陳致虚起了十分關鍵的作用。他將兩派的傳承譜系聯繫起來並略作調整,形成了一個雙方都能接受的傳承體系:王玄甫傳鍾離權,鍾離權傳吕洞賓,吕洞賓傳劉海蟾和王重陽,劉海蟾傳張伯端、石泰、薛道光、陳楠、白玉蟾,王重陽傳北七真。不僅如此,他還宣稱自己這一派傳自丘處機的弟子宋德方,並且極力抬高全真道祖師的地位而壓低南宗祖師的地位,被稱爲"全真道士而合南宗爲一家者"[②]、"元代中後期二宗合併的積極推動者"[③]。

陳致虚的内丹理論兼具金丹派南宗和全真道的色彩。全真道教義的一個重要特點是"全老莊之真"[④],陳致虚的金丹理論亦與《道德經》關係密切,其《道德經序》《道可道章解》《道德經轉語》[⑤]等老學論著、《上陽子金丹大要》中的金丹理論以及他與弟子討論金丹的書信中所引《道德經》的内容等,都體現了他對《道德經》的獨特理解。本文試對陳致虚老學思想中的道論進行簡要分析和論述。

一、"此道得老子以明"

陳致虚在《道德經序》開篇指出:"道始無名,德亦非稱。自伏羲畫卦,蒼頡創爻,玄龜龍馬,《河圖》《洛書》,文王重《易》,箕子《洪範》,皆存而不名。老子垂世,

---

① 有關陳致虚及其金丹思想的研究,參見李遠國:《試論陳致虚的金丹大道》,《中國道教》1991 年第 1 期;何乃川、詹石窗:《論陳致虚的積功累行詩》,《道韻》第五輯,臺北:中華大道出版社,1999 年;周冶:《上陽子陳致虚的生平及〈金丹大要〉的丹道思想》,《宗教學研究》2001 年第 4 期;章偉文:《試論陳致虚的道教易學思想》,《周易研究》2003 年第 3 期;周冶:《上陽子陳致虚生平及思想研究》,成都:巴蜀書社,2019 年;唐大潮、周冶:《上陽子陳致虚出家入道行跡略考》,熊鐵基、麥子飛主編:《全真道與老莊學國際學術研討會論文集》上册,武漢:華中師範大學出版社,2009 年,第 163～173 頁;何建明:《陳致虚"金丹之道"的老學特徵》,熊鐵基、麥子飛主編:《全真道與老莊學國際學術研討會論文集》上册,第 528～545 頁;劉固盛:《全真道老學研究》,香港:青松出版社,2010 年;何建明:《陳致虚學案》,濟南:齊魯書社,2011 年;黄紅兵:《陳致虚内丹思想略論》,《中華文化論壇》2017 年第 7 期;等等。

② (清)陈教友:《長春道教源流》卷六,《藏外道書》第 31 册,第 104 頁。

③ 卿希泰主編:《中國道教史》第三卷,成都:四川人民出版社,1993 年,第 377 頁。

④ 熊鐵基:《試論王重陽的"全真"思想》,《世界宗教研究》2008 年第 2 期。

⑤ 《道德經轉語》以七言絶句的形式闡發《道德經》各章的思想要旨,别具一格,收入熊鐵基、陳紅星主編:《老子集成》第五卷,北京:宗教文化出版社,2011 年。

始强名之曰道。”[①]在他看來，“道”是先天地而存在的，因此，在老子之前，“道”就存在並發揮著作用。但是，伏羲、倉頡、文王、箕子等聖人以及《河圖》《洛書》《周易》《尚書》等重要典籍，都没有爲“道”命名，直至老子纔“强名”爲“道”。“强名”之説源自《道德經》第二十五章：“有物混成，先天地生，寂兮寥兮，獨立不改，周行而不殆，可以爲天下母。吾不知其名，字之曰道，强爲之名曰大。大曰逝，逝曰遠，遠曰反。故道大、天大、地大、王亦大。域中有大，而王居其一焉。人法地，地法天，天法道，道法自然。”[②]因此，陳致虚這段話可以視爲對《道德經》第二十五章的發揮。

陳致虚認爲，“道”生天地、育萬物，却不顯其功：“夫道之爲説，先天地而位天地，始萬物而育萬物。草木根實，非道不生；胎卵濕化，非道不産。道，果何物也？其可見乎？而功用若是。其可摸捉乎？而造化若是。其可思議乎？而變通若是。”[③]因此，如果老子不指出“道”的存在並强爲之名，普通人永遠也無法體會到這既不可見，又不可捉摸、不可思議之“道”。從這個意義上來説，是老子“發現”了“道”：

> 自老子一指出、一强名之後，千古之上，此道得老子以明；萬世之下，此道以老子爲法。天以清，地以寧，三光以明，萬物以榮，聖人仙佛以修以成。[④]

他認爲，老子不僅“發現”了“道”，亦將“道”作爲思想的核心。此“道”是天地萬物存在的依據和運轉的法則，聖人依“道”修行便可成仙成佛。可見，陳致虚在老子宇宙生成論的基礎上，又强調了“道”的本體屬性。

既然是老子“發現”了“道”，要認識“道”就必須從老子的《道德經》入手。關於《道德經》的來歷和演變，陳致虚説：

> 昔者老子西遊，關令君[尹]喜知爲聖人，迎之曰：子將隱矣，强爲我著書。老子乃著五千餘言而去。其著書處，今京兆盩厔縣終南山宗聖宫是也。此書留世，始以《老子》名，分上下二篇。真人鄭思遠標注八十一章之目，唐賜號曰《道德經》。古今解注何啻數百人，唯河上公所釋以授漢文帝者，語淡義深，今難得其真本。[⑤]

---

① （元）陳致虚：《金丹大要》卷二，《道藏》第 24 册，北京：文物出版社、上海：上海書店、天津：天津古籍出版社，1988 年，第 7 頁。

② （三國魏）王弼注，樓宇烈校釋：《老子道德經注》，北京：中華書局，2011 年，第 65～66 頁。

③ （元）陳致虚：《金丹大要》卷二，《道藏》第 24 册，第 7 頁。

④ （元）陳致虚：《金丹大要》卷二，《道藏》第 24 册，第 7 頁。

⑤ （元）陳致虚：《金丹大要》卷二，《道藏》第 24 册，第 7 頁。

老子所著五千言,從書名到分篇、分章,都歷經演變,歷代數目衆多的注《老》作品更是體現了老子思想的深遠影響。其中,《老子河上公章句》借《老子》闡發養生思想,一直以來受到道家及道教學者的推崇,是流傳最廣、影響最大的《道德經》版本之一。陳致虚認爲該注"語淡義深",可謂評價極高。

接著,陳致虚指出,理解《道德經》的關鍵在第一章:"經中大意,第一章顯而出之,了具眼者,於此早分利鈍。夫道也者,本無名無爲,且名亦既有,復不可常名,則無爲而無不爲矣。故三十八章曰:上德無爲而無以爲,下德爲之而有以爲;上仁爲之而無以爲,上義爲之而有以爲。熟於道德者,體無爲而無不爲也。無爲者,無以爲也;無不爲者,有以爲也。爲是道者,慧饒顔閔,必待師傳。"[①]因此,他專門作《道可道章解》,對老子之道的特點進行闡發。在《道可道章解》中,他首先指出:

> 夫道也者,位天地、育萬物曰道,揭日月、生五行曰道,多於恒河沙數曰道。恒河者,西之界,此河四十里,沙細如麵,比數之多者也。孤則獨一無侶曰道,直入鴻濛而還歸溟涬曰道,善奪造化而頓超聖凡曰道,目下機境未兆而突爾靈通曰道,眼前生殺分明而無能逃避曰道。處卑污而大尊貴曰道,居幽暗而極高明曰道。[②]

"位天地、育萬物""揭日月、生五行""多於恒河沙數"主要强調"道"作爲天地萬物存在的依據和運行的法則,其作用無處不在。"孤則獨一無侶""直入鴻濛而還歸溟涬""善奪造化而頓超聖凡""目下機境未兆而突爾靈通""眼前生殺分明而無能逃避"等,則主要强調本體之道超越於天地萬物之外,並從頓悟的角度描述體道的感受。

那麽,如何認識"道"呢?陳致虚説:"是道也,有大識見之眼而無睛,有大智慧之耳而無聞,有吸西江之口而無齒,有諸妙香之鼻而不嗅,有殺活舌頭而味不味,有金剛法身而在自在,有生死劍而武士不敢施用,有一字義而文人不能形容。雖黑漫漫,不許一眨,闇而日彰;任峭巍巍,辟[壁]立萬仞,放身無怖。細入刹塵曰道,大包天地曰道,將無入有是道,作佛成仙是道。佛經五千四十八卷,也説不到了處;《中庸》三十三章,也説不到窮處;《道德》五千餘言,也説不到極處。"[③]在他看來,"道"難以用語言形容,無法靠感官認知,更非經典可以盡述。因此,要想

---

① (元)陳致虚:《金丹大要》卷二,《道藏》第24册,第7～8頁。

② (元)陳致虚:《金丹大要》卷二,《道藏》第24册,第9頁。

③ (元)陳致虚:《金丹大要》卷二,《道藏》第24册,第9頁。

認識"道",首先要分清"可道"與"非常道":

> 可道者,道有號,道有名,道有諱。比如道之號曰萬物宗,是道號也;名曰涅槃妙心,是表德也。道之號與表,皆可呼可言,故曰可道。至如道之諱,却是生萬物之道,雖有其名,而不可以常道,故曰非常道。何謂非常道?蓋可自見而不可以人見、衆生見;可自道而不可以人道、衆生道,是云可道非常道也。何謂非常道?以其至廣大而盡精微,故不可以常道也;以其净倮倮、赤洒洒,巍巍尊高,故不可以常道也;以其杳冥恍惚,有物混成,先天地生,故不可常道也,是謂非常道者也。①

"可道"是人們爲了描述"道"某方面的特點所用的"名"和"號",如"萬物宗""涅槃妙心"等,"名"或"號"都無法呈現"道"的真諦。真正的"道"即"非常道",廣大精微,衹能自見、自道,而不可讓衆人見、爲衆人道。

如何自見"非常道"呢?陳致虚在解釋"此兩者同出而異名,同謂之玄,玄之又玄,衆妙之門"句時指出:

> 兩者,道與名也,無與有也,始與母也,妙與竅也。皆云兩者,而當以無與有爲先。同出而異名者,有無同出於一,而名乃分矣。玄者,不可見、不可聞、不可説。同謂之玄者,無與有兩者,皆不可得而見聞名説也。玄之又玄者,以其無與有兩者,愈不可見、愈不可聞、愈不可名謂,即佛云不可説。不可説轉不可説者,即此道也。衆妙之門者,言其玄,乃萬物冲虚,至聖出入之所也。而我師謂:有言外意。②

對於"兩者"的具體含義,歷代解《老》者理解各異,陳致虚認爲"兩者"的含義並非限於一種,道與名、無與有、始與母、妙與竅皆是"兩者"所指,但"當以無與有爲先"。陳致虚在解《道德經》第一章"無名天地之始,有名萬物之母。常無欲以觀其妙,常有欲以觀其竅"句時重點闡發了"無"和"有"的重要意義:

> "無,名天地之始;有,名萬物之母。"無者,待之而後動也。有者,已動而將形也。天地始者,雌雄蟠糾而物所自暉。萬物母者,陰陽感兆而氣所自育。以無而偶有者,猶以天而配地。以母而匹始者,猶以氣而合神。是知有與無二者峙而天地位焉,始與母二者出而萬物育焉。我師云:人之靈明知覺者,即無也、神也;絪緼活動者,即有也、氣也。此論玄遠,安其大方眼,然後

① (元)陳致虚:《金丹大要》卷二,《道藏》第 24 册,第 9～10 頁。

② (元)陳致虚:《金丹大要》卷二,《道藏》第 24 册,第 10 頁。

> 可以見不見之處、照不照之所也。"常無,欲以觀其妙;常有,欲以觀其竅。"一定之中而求變化曰常,未見之前而將興發曰欲。冲虛至聖曰妙,包元含靈曰竅。"常無,欲以觀其妙"者,於一定之中而求變化,待之而後動,而於未見之前而將興發,此即觀其冲虛至聖之妙也。"常有,欲以觀其竅"者,於一定之中而求變化,已動而將形,形於未見之前而將興發,此即觀其包元含靈之竅也。我師曰:觀其妙者,見其智慧之精微;觀其竅者,見其功用之遠大也。①

在他看來,"無"和"有"是認識道的兩種方法。"無","待之而後動",可以觀冲虛至聖之道;"有","已動而將形",可以觀包元含靈之道。二者各有所長,不可或缺。因爲,以"無"觀其妙,可以"見其智慧之精微";以"有"觀其竅,可以"見其功用之遠大",對於認識不同層面的"道"都是很有幫助的。

二、"老子之道,即金丹之大道"

在陳致虛看來,老子不僅"發現"了"道",而且是修道成仙的楷模:"噫!後之人,峨其冠者不明玄牝竅妙之門,曳其裾者不修無爲有爲之道。使彼之有目者視之爲異端之教,彼之有口者呼之爲異端之徒。而世之明敏器識之士,甘與彼之下愚,或儕或躐,奔競是非,至於老死而不知有神仙之道。惜哉!且三教聖賢之所建立者,始焉莫不各有其道,而繼之者特未善也。老子者,聖人也,太上也。巍巍尊居三清之境,以生育天地,運行日月,宰制劫運,終始萬物爲心。"②"三清之境"即清微天玉清境、禹餘天上清境、大赤天太清境,是道教最高神元始天尊、靈寶天尊、道德天尊的居所。在陳致虛眼中,老子已經是道教的神靈。

那麽,老子爲何能修道成仙呢?陳致虛在《道德經序》中明確指出:"老子之道,即金丹之大道也。"③老子修煉金丹之道,不僅自己登真成仙,而且對道教的發展産生了深遠的影響:

> 金丹之道,黄帝修之而登雲天,老君修之是爲道祖。巢由高蹈,籛鏗長年,爾來迄今,歷數何限。求於册者,當以《陰符》《道德》爲祖,《金碧》《參同》次之。自河上公五傳而至伯陽真人,祖天師得伯陽之旨,丹成道備,降魔流

① (元)陳致虛:《金丹大要》卷二,《道藏》第24册,第10頁。
② (元)陳致虛:《金丹大要》卷二,《道藏》第24册,第9頁。
③ (元)陳致虛:《金丹大要》卷二,《道藏》第24册,第9頁。

教。仙翁濟幽,旌陽斬蛟,是皆逢時匡世救劫,斯乃真仙之餘事耳。華陽玄甫、雲房洞賓,授受以來,深山妙窟,代不乏人。其間道成而隱,但爲身謀,不肯遺名於世間者,豈勝道哉。復有傳世存道,序傳詩歌,或隱或顯,寧具知乎?至於功高德重,尊居帝境,宰制劫運者,又難備知。燕相海蟾受於純陽,而得紫陽,以傳杏林、紫賢、泥丸、海瓊,接踵者多。我重陽翁受於純陽,而得丹陽,全真教立,長春、長真、長生、玉陽、廣寧、清静諸老仙輩,枝分接濟,丹經妙訣,散滿人間。唯紫陽《悟真篇》頗詳,又得無名子諸公引而明之。我黄房公得於丹陽,乃授太虚,以傳紫瓊。我緣督子得於紫瓊,詳見《太虚真人傳》。緣督子間氣聰明,博物精通,挹盡群書,或注或釋,總三教爲一家,作《仙佛同源》《金丹難問》等書,到此而丹經大備。其意憫憐修道之人,率多旁門,以僞亂真,故於卷中指出:先天一氣獨是,謂若水銀、朱砂、黑汞、白金、火候抽添、安爐立鼎,名之則是,用之則非。《陰符經》云:天性,人也;人心,機也。又云:天地,萬物之盗;萬物,人之盗;人,萬物之盗。又云:人之[知]其神而神,不知不神而所以神也。《道德經》云有無妙竅、玄牝神器,至有上善若水、不敢爲天下先者,皆至言也。又如列子御風,莊周鵬運,雖皆寓言,却有深義。《金碧經》《參同契》分明指出:金汞火候,弦氣爻符,借易爲準,其妙在於欲作服食仙,宜以同類者取象於月,以驗採鉛。後之所述,無以易此仙聖用心,普接未來,惟只先天真一之氣而已。[①]

陳致虚認爲,金丹之道始自黄帝、老子,後經河上公、魏伯陽傳至張道陵,張道陵用以降魔傳教者即爲金丹之道。至隋唐,鍾吕開創内丹派,後分爲金丹派南宗和全真道兩支,均傳金丹之道。他强調,欲求金丹妙訣,“當以《陰符》《道德》爲祖,《金碧》《參同》次之”,並列舉這些經典中體現金丹思想的内容。在他看來,《道德經》是承載金丹之道最重要的經典之一。《道德經轉語》第八十一章曰:“既以與人己愈多,聖人不積抱天和。五千言是金丹髓,信則修之上大羅。”[②]有研究者指出,“這首詩反映了陳致虚的基本思想宗旨。在他看來,五千言《道德經》是道教金丹理論的精髓。按照老子之教來修煉金丹便可得道昇仙,進入道教所描繪的最高神仙勝境——大羅天之境”[③];“陳致虚‘金丹之道’的哲學思想及其主要特徵

① (元)陳致虚:《金丹大要》卷一,《道藏》第24册,第2～3頁。
② (元)陳致虚:《金丹大要》卷一〇,《道藏》第24册,第40頁。
③ 何乃川、詹石窗:《論陳致虚的積功累行詩》,《道韻》第五輯,第218～235頁。

都是建立在老子《道德經》的基礎之上的”[①]，反映了陳致虚的金丹理論與《道德經》的密切關係。

然而，歷代以來，解《老》、用《老》者不計其數，由於身份的不同，解《老》的角度各異，而用《老》者也各有側重。對此，陳致虚評論説：

> 大哉！五千餘言。多以天下國家、用兵治民之説，以翼其道。然以之平天下、治國家、用兵使民，無施不可。仁者見之謂之仁，智者見之謂之智。故瑩蟾子有治道、丹道、兵機、禪機之説也。將以無爲之道，奏之於吾皇，以做陶唐無爲之治也。其將以有爲之道，告之于宰輔，行治平日新之德也。其將以無不爲、有以爲之道，訓諸學道之士，以修金丹也。得此道以無爲而治天下者，漢文帝之謂矣。得此道以佐漢而定天下者，張子房之謂矣。得此道而其鬼不神者，張輔漢之謂矣。得此道而善攝生者，許旌陽之謂矣。[②]

他認爲，《道德經》運用廣泛，“無施不可”。因此，無論是以政治解《老》、以軍事解《老》，還是以道教内丹學解《老》、以禪宗思想解《老》，都各有所長，見仁見智，而用《老》者也各有所得。可見，他對於《道德經》詮釋向度和運用角度的多元化是肯定的。但是，陳致虚本人更傾向於以金丹解《老》：

> 妙哉是經，其言父則云教父，母則云物母。此其爲《道德經》也。其旨意先有爲而後無爲，非蠢然無爲也。本道德而後仁義，非毁於仁義也。先仁義而後禮，非棄於禮者也。如恍惚中有象有物，杳冥中有精有信，不貴難得之貨，此皆直指大道，顯露玄機者也。經内隱八十餘異名，如衆甫、神器、玄牝、橐籥之類，蓋深注意於道，使後之人從是而悟，因悟而入，因入而有焉，即有爲者，金丹也。[③]

在他看來，《道德經》中描述大道的内容，如“恍惚中有象有物，杳冥中有精有信”等，均直指金丹。此外，《道德經》中還有八十多個詞，如衆甫、神器、玄牝、橐籥等，均爲金丹之道的異名。因此，陳致虚從金丹的角度闡發了自己對老子之道的獨特理解。

有弟子對陳致虚關於老子之道即金丹之道的説法提出疑問：“老子著五千

---

① 何建明：《陳致虚“金丹之道”的老學特徵》，熊鐵基、麥子飛主編：《全真道與老莊學國際學術研討會論文集》上册，第529頁。

② （元）陳致虚：《金丹大要》卷二，《道藏》第24册，第8頁。

③ （元）陳致虚：《金丹大要》卷二，《道藏》第24册，第8～9頁。

言，未嘗言金丹者也。”陳致虚回答：“老子未嘗不言，特不之顯題耳。”[①]即老子没有直接用“金丹”一詞，但不代表老子没有金丹思想。接著，他舉例加以説明：

老子曰：常無，欲以觀其妙；常有，欲以觀其竅。此兩者同出而異名，同謂之玄，玄之又玄，衆妙之門。老子曰：有物混成，先天地生，寂兮寥兮，獨立而不改，周行而不殆，可以爲天下母，吾不知其名，字之曰道，强爲之名曰大。是以後來稱之曰大道者，此也。古之聖人也，或正言，或方言，或卮言，或寓言也。是金丹也，皆存於言之表，而言之中乃含之而已矣，奚可顯而言之者也。曰：老子之不顯言也。千古之上固未有顯言者，萬世之下復不可得以言而顯之也。[②]

陳致虚强調，古聖人的言論不能衹看表面，而要看語言背後藴含的思想。因此，老子的很多言論，如“常無，欲以觀其妙；常有，欲以觀其竅”，“有物混成，先天地生，寂兮寥兮，獨立而不改，周行而不殆”等，討論的對象都是“大道”。在《與復陽子歐陽玉田、全陽子周草牕》信中，他就直接將老子所謂的觀妙觀徼之道稱爲“金丹”：

金丹者，即老子觀妙觀徼之道也。妙也者，無爲而無不爲也。徼也者，有爲而有以爲也。無爲者，安而行之也。有爲者，勉强而行之也。夫人禀上德之資，本來清净，豈知日鑿一竅，而渾沌之體不全。常人以愛欲而就不全之體，至於殆而已。今吾命玉田曰復陽子、草牕爲全陽子，豈無旨乎？蓋大修行人，以其不全而圖其復全也。世之千蹊百徑，俱不能復而全之，唯金丹之道可以復全。復者何也？要我真陽之復歸也。全者何也？要我真陽之純全也。牽將白虎歸家養，復陽也。産個明珠似月圓，全陽也。陽復則有火候，陽全則有脱胎。金丹之道，其斯之謂歟。[③]

不僅如此，在陳致虚看來，老子還有關於金丹重要元素以及金丹修煉過程等方面的論述。例如關於“精”“氣”“神”，陳致虚論曰：

夫金液還丹之精，姓金唤九三郎，諱元晶，號曰金華商夫君。居玉池之西，出入跨虎，乳名嬰兒，晚則呼爲金公。凡到鄰家便稱主人，其情嗜交梨，此乃先天地之精，却爲人之至寶。老子曰：窈窈冥冥，其中有精，其精甚真，

① (元)陳致虚：《金丹大要》卷一三，《道藏》第 24 册，第 55 頁。
② (元)陳致虚：《金丹大要》卷一三，《道藏》第 24 册，第 55 頁。
③ (元)陳致虚：《金丹大要》卷一二，《道藏》第 24 册，第 47 頁。

其中有信者,此也。[①]

唯先天真一之氣,可鍊還丹,乃自虛無中來。此氣姓白,喚太一郎,名元炁,號白宇宙主宰素練郎君。寄居西川,出入乘白馬,乳名真種子,晚則呼白頭老子。到鄰家便稱父母,好食烏龜而多情,此爲先天地之真氣,却是人之至寶。《陰符經》曰:天之至秘,用之至公,禽之制在氣。老子曰:萬物負陰而抱陽,冲氣以爲和。又云:或噓或吹,或强或羸。大修行人,先須洞明此之一氣,若得之,號曰紫金花,又曰摩尼珠。茅真君靖中吟:氣是添年藥,心爲使氣神,若知行氣主,便是得仙人。[②]

是皆不外神氣精三物,是以三物相感,順則成人,逆則生丹。何謂順?一生二,二生三,三生萬物,故虛化神,神化氣,氣化精,精化形,形乃成人。何謂逆?萬物含三,三歸二,二歸一,知此道者,怡神守形,養形鍊精,積精化氣,鍊氣合神,鍊神還虛,金丹乃成。[③]

陳致虛認爲,老子所説的"窈窈冥冥,其中有精,其精甚真,其中有信"即是金丹修煉必須的"先天地之精",而老子所説的"萬物負陰而抱陽,冲氣以爲和"以及"或噓或吹,或强或羸"即金丹修煉必須的"先天真一之氣"。在修煉的過程中,對精氣神的運用要與老子的宇宙生成順序相反,方可煉成金丹。

陳致虛在傳道授徒的過程中,與道友或弟子討論金丹修煉時,也常常論及老子思想。[④] 九宫山西連衡嶽,東接匡廬,綿亘數百里,鍾靈毓秀,被譽爲"遊仙之别所""棲真之福地"。[⑤] 南宋初年,道士張道清赴九宫山開闢道場,濟世度人,護國救民,弘道闡教,受到皇室尊崇和廣大民衆的崇信,九宫山發展成爲南宋江南道教的中心,聲名遠播。張道清坐化之後,南宋寧宗親擬 40 字作爲九宫山道流宗派字號,對九宫山道教的傳承發展有很大的推動作用。至元代,九宫山道教御制派仙真輩出,繼續受到元廷的重視。陳致虛曾多次前往九宫山訪道。在九宫山,他與道教御制派傳人羅希注、明素蟾、車可詔等人談玄論道,留下了《與宗陽子明素蟾》《與羅洞雲書》《與九宫碧陽子車蘭谷》三封書信,闡述内丹之學。例如在《與羅洞雲書》中,陳致虛對羅希注的内丹修煉成就予以充分肯定:

① (元)陳致虛:《金丹大要》卷三,《道藏》第 24 册,第 11～12 頁。

② (元)陳致虛:《金丹大要》卷三,《道藏》第 24 册,第 13 頁。

③ (元)陳致虛:《金丹大要》卷四,《道藏》第 24 册,第 16 頁。

④ 參見劉固盛等:《湖北道教史》,武漢:華中師範大學出版社,2018 年,第 128～134 頁。

⑤ (元)趙孟頫:《九宫山重建欽天瑞慶宫記碑》,陳垣編纂:《道家金石略》,北京:文物出版社,1988 年,第 868 頁。

> 古人八十猶鍊還丹，以其陰未極而汞未乾也。今泰庵形壯神全，德厚氣裕，其推擲當時好客之心，肅禮徽妙玄通之士，培養根果熟辦，時節因緣，則行有所得矣。……若夫朝乘九宫之雲，暮宿西山之雨，暫凭軒而却暑，偶洗耳以聽泉，俯瞰溪中之遊金，仰盼林高之拂翠，南窗寄傲，東皋舒嘯，篇詩遣興，樽酒論文，焚香操琴，煮茗留客，梅邊邀月，遊目騁懷，世外忘機，平心接物，此泰庵之樂事，宜乎公之共賞也。隱瑞慶，登逍遥，侣一二仙，積八百行，流戊就己，制四降三，求格外之玄，行易中之道，用乾之策，合坤之軌，用九運六，知雄守雌，小往而大來，以彙而征吉，此泰庵之確事，宜乎公之有守也。甚而握旌陽之劍，吞湛母之丹，月見庚方，藥歸鼎内，密采乾金於黑户，潛搬坤土於黄房，分陽剛而陰柔，互震男而兑女。離龍養火，坎虎躍金，志同而上下交，宇定而天光發，以覺覺後，自利利他。此真牧之所以長存，而旌陽之所以秘授，是爲庵中之泰，宜乎公之專美也。[①]

陳致虚認爲羅希注志趣高遠，繼承並發展了張道清和許旌陽的丹術，所以他將師傅緣督真人傳授的修煉體驗與羅氏交流："敢以吾道復之。老子曰：執大象，天下往。往而不害，安平泰。我趙老師釋之曰：執者有之在己，内丹已成，嬰兒漸大，隱顯靈變，莫測神通，出入去來，安居平易，泰然自得，無所不通。"[②]趙友欽認爲《道德經》第三十五章中的"執大象，天下往。往而不害，安平泰"實際上是描述内丹煉成之後的神秘境界。

車可詔亦曾師事陳致虚學習金丹大道，在《與九宫碧陽子車蘭谷》中，陳致虚對車可詔評價極高："九宫山碧陽子車蘭谷爲玄門棟梁者，四十餘年矣，其功業設施，表表在人耳目也，卓然道眼，識人不似他人之忌才者。"[③]"遂將祖師先天後天金丹之旨"[④]毫無保留地傳授給他。在陳致虚眼中，車可詔與一般的弟子不同，雖身處住持提點之位，事務繁多，却能虚心問道，潛心修煉：

> 碧陽子聞一且問二，聞二復問三，既不以才自矜，復愈高而愈進。山間林下或有超然穎脱之器，以生死爲一大件。如我碧陽子者出，研精究微，參玄造妙，還丹坎户，結胎黄房，若非白日而飛升，亦傍神仙地位而去，况其精進而勇猛者乎？諺云：一子出家，九族俱仙者，斯之謂歟？今碧陽子雖其主

---

① （清）傅燮鼎：《九宫山志》卷八，《中國道觀志叢刊》第7册，第196～198頁。

② （清）傅燮鼎：《九宫山志》卷八，《中國道觀志叢刊》第7册，第198頁。

③ （元）陳致虚：《金丹大要》卷一一，《道藏》第24册，第43頁。

④ （元）陳致虚：《金丹大要》卷一一，《道藏》第24册，第43頁。

> 領事繁，猶能孜孜上道，直以堅固爲實踐，不以誑妄爲虚彰，與彼夢生醉死者大有徑庭。《南華》云：卜梁倚有聖人之才而無聖人之道，吾將以聖人之道告之，庶幾其果爲聖人乎？碧陽子今聞聖人之道，已早修有爲之德，高證無爲之功，以應龍沙八百之讖乎？①

車可詔關於内丹修煉的恰切體會和不斷精進，受到陳致虚的稱許。不過陳致虚還是提醒他，作爲教門中人，修煉身心都要以老子的思想爲準則：

> 噫！世人之所以峨其冠者，入老氏之門，學老氏之道也。夫老氏之道，寶精氣、修返還，尚清虚、寡嗜欲、薄飲食、離塵緣、廣慈悲、樹陰德，損之又損至於無爲，是則謂老氏之徒。今焉處珠宫、披鶴氅，直以問道爲羞爲辱者，何不反思吾教之所學何也！聞有一二希乎修養之説者，則叢聚而笑之。我太上曰：下士聞道，大笑之。豈古然哉！夫既入其門而不行其道，則爲老氏之蠹也。蠹者，衣其服而妒其教，蠶其食而訾其道，是猶服堯之服而非堯之言，吾不知其可也。縱負出類拔萃之材者，亦甘以清高至貴之身棄之於濁惡之地，使俗之有口者，呼之爲異端之徒。吁，可惜哉！②

陳致虚認爲，有些人雖然身穿道袍，身處道門，却不依老子之道修身煉養，甚至嘲笑那些潛心修煉的道士，這樣的人不能稱爲"老氏之徒"，祇能算"老氏之蠹"。在陳致虚的點化下，羅希注、車可詔等人得入金丹正途。

三、"天下無二道，聖人無兩心"

宋元時期，儒、釋、道三教在融合中向前發展。金丹派南宗自張伯端即主張"教雖分三，道乃歸一"③，至趙友欽"總三教爲一家"④。王重陽創立全真道之初，亦提倡三教合一，成爲全真道教理的重要内容。陳致虚既是南宗傳人，亦以全真道嫡傳自居，因此，三教合一也是其老學思想的重要内容。

陳致虚在《道德經序》中明確引《荀子》中語而提出"天下無二道，聖人無兩心"⑤。在他看來，儒、釋、道三教所追求的"道"實際上是一致的。他首先指出，儒

---

① (元)陳致虚：《金丹大要》卷一一，《道藏》第 24 册，第 44 頁。
② (元)陳致虚：《金丹大要》卷一一，《道藏》第 24 册，第 43～44 頁。
③ (宋)張伯端：《悟真篇自序》，《道藏》第 2 册，第 914 頁。
④ (元)陳致虚：《金丹大要》卷一，《道藏》第 24 册，第 3 頁。
⑤ (元)陳致虚：《金丹大要》卷二，《道藏》第 24 册，第 7 頁。

家的日用倫常、佛教的念佛坐禪、道教的焚修法術,都不合乎大道:

> 道果何物而若是其大也?孔子而佛,皆明此道,非別有一道也,後來乃分三教。儒者不明曾子、子思之相受何事,却猜之爲日用當行。釋者不能明心見性,只得念誦頑坐。道則不究金丹竅妙,以爲焚修法術。皆非道也,蓋未有所授受耳。[①]

那麼,"道"到底爲何物呢?他接着説:"道之爲物,通氣而生氣,復資氣而育天地萬物,未有非氣而自生育者。"[②]陳致虚認爲,道的存在形式與氣類似,與此同時,道産生氣並通過氣來生育天地、萬物。關於道與氣的關係,陳致虚在《道可道章解》中也有論述:"道也,果何謂也?一言以定之曰:氣也。故鄭真人曰:道乃氣之用。當知體其道者,是氣也。"[③]將道解釋爲氣,是爲金丹之道的提出做準備。他强調,此氣非口鼻呼吸之氣,而要從外和内兩個層面來理解:

> 然吾所謂氣,却非天地呼吸口鼻往來。要知是氣之名,須究外内之道。氣之在外者曰黑鉛,即金丹之道也,釋云佛法,儒謂仁義,道曰金丹。三教大聖必用是氣而後方能成佛作仙,即此是道,非別有一路耶。氣之在内者曰黑汞,即修定之道也,道名踵音,儒謂中和,釋云世音,即自然之道,三教大聖必用此道,故名雖殊而道則同也。是以天下無二道,聖人無兩心。[④]

"黑鉛""黑汞"是金丹修煉的重要元素,陳致虚將"氣之在外者"稱爲"黑鉛",將"氣之在内者"稱爲"黑汞",並分別與金丹之道、自然之道相對應。在他看來,儒家所謂的"仁義"、佛教所謂的"佛法"、道教所謂的"金丹"都是金丹之道;儒家所謂的"中和"、佛教所謂的"世音"、道教所謂的"踵音"都是自然之道。也就是説,三教使用的名稱雖然不同,但所闡發的道在本質上是一致的。

此外,在《三教一家》中,陳致虚還從心性的角度對"天下無二道,聖人無兩心"的思想做了更加深入的闡發。弟子問他:"古之聖人立教分三,師乃合三教而歸一家。夫如是矣,道唯一乎,抑有三乎?"[⑤]他回答説:

> 天下無二道也。昔者孔子曰:參乎,吾道一以貫之。老子曰:萬物得一以生。佛祖云:萬法歸一。是之謂三教之道一者也。聖人無兩心,佛則云明

---

① (元)陳致虚:《金丹大要》卷二,《道藏》第 24 册,第 7 頁。
② (元)陳致虚:《金丹大要》卷二,《道藏》第 24 册,第 7 頁。
③ (元)陳致虚:《金丹大要》卷二,《道藏》第 24 册,第 9 頁。
④ (元)陳致虚:《金丹大要》卷二,《道藏》第 24 册,第 7 頁。
⑤ (元)陳致虚:《金丹大要》卷一四,《道藏》第 24 册,第 56 頁。

心見性，儒則云正心誠意，道則云澄其心而神自清，語殊而心同。是三教之道，惟一心而已。然所言心却非肉團之心也，當知此心乃天地正中之心也，當知此心乃性命之原也。是《中庸》云：天命之謂性。《大道歌》云：神是性兮氣是命。達磨東來，直指人心，見性成佛。是三教之道，皆當明性與命也。孔子曰：一陰一陽之謂道。老子曰：萬物負陰而抱陽。六祖教示云：日與月對，陰與陽對。是三教之道，不出於陰陽二物之外也。孔子曰：成性存存，道義之門。老子曰：玄之又玄，衆妙之門。佛云：無上真實，不二之門。是云三教各門而同歸者也。是以教雖分三，而道則一也。若言有二者，即非聖人之心也。①

他列舉三教關於"一""心""性命""陰陽""門"的論述，從多方面論證了"教雖分三，而道則一"。其中，"心"和"性命"是他特别强調的。既然三教的核心思想都是道，道的内涵也基本相同，爲什麽會分爲三教呢？他説：

後之所謂三教者，各指其門而不能升其堂，况欲入其室乎！是以尊孔子者謂之儒，雖讀其書而不知其性命之道也。尊釋迦者謂之佛，日拜其佛而不知屋裏之真佛也。尊老子者謂之道，日遊於中而不知金丹之大道也。是皆名而不實也。其崇儒者，是非今古，訾毁佛老，却不明孔子一貫之道是何物也。其尚佛者，口談禪機，勤勞枯坐，却不明最上一乘之道是何物也。其習老者，燒竭朱汞，弄盡傍門，却不明金液還丹之道是何物也。若知還丹之道而勤修之，則謂之上仙。若知一乘之道而勤修之，則謂之真佛。若知一貫之道而勤修之，則謂之大聖人矣。②

陳致虚對儒、釋、道三教中不符合道的現象進行了批評。首先，儒家"尊孔子者"讀儒家經典却不知性命之道，更有"崇儒者"是非古今甚至排斥佛老，却不理解孔子的一貫之道。其次，佛教"尊釋迦者"每日禮拜佛像，"尚佛者"一味追求語言上的禪機和枯坐禪修，却不理解佛教最高的一乘之道。最後，道教"尊老子者"看似遊於道中却不知金丹大道，"習老者"燒煉外丹或炫弄法術，却不理解金液還丹之術到底爲何物。如此種種，都是衹重外在形式，却不理解三教之道的真諦，也是教分爲三的主要原因。反之，如果能以三教之道的最高境界爲目標，勤加修煉，就能成爲道教所謂的上仙、佛教所謂的真佛或儒家所謂的大聖人。

① (元)陳致虚:《金丹大要》卷一四,《道藏》第24册,第56頁。

② (元)陳致虚:《金丹大要》卷一四,《道藏》第24册,第56～57頁。

爲了更鮮明地凸顯道教立場，陳致虛將原本特指道教修煉的金丹大道與儒家的"三綱五常"聯繫起來：

> 君臣也，父子也，夫婦也，兄弟也，朋友也，此大道之綱常也，萬世之不可易也。降魔也，斬蛟也，此道成之事也，適時而就其功也。老子之道，即金丹之大道也。夫金丹之道，先明三綱五常，次則因定生慧。綱常既明，則道自綱常而出，非出綱常之外而别求道也，是謂有爲，故云：和其光，同其塵也。乃至定慧圓明，是謂無爲，故云：知其雄，守其雌也。道至無爲，則神仙之事備矣。①

在他看來，儒家的綱常名教和佛教的定慧之法都是老子金丹之道的内涵，前者對應有爲，後者對應無爲。

禪宗作爲宋元時期影響最大的佛教宗派，是否也屬於金丹之道呢？《金丹大要》記録了他和弟子關於這個問題的討論：

> 弟子問曰：天下無二道，固則然矣。老子之道，唯金丹之道。金丹之道，是性命之道也。而達磨西來，唯直指人心，見性成佛，豈此而出金丹之外乎？上陽子曰：達磨之道，即金丹之道也。世人根器各有利鈍，佛祖慈悲，方便立名。後之學人，智者過之，愚者不及也。夫何以故？智者不明脚跟底實際裏一件大事，輝耀古今，迥脱牢籠，能殺能生，一死一活，此處既昧，則任脚跟走也，故云過之。愚者不問肉團上有個無位真人擔荷大事，此處既昧，却以誦經、念佛、持齋、兀坐，將此而求見性成佛，抑何愚哉！故云不及。②

達摩被尊爲禪宗初祖，因此達摩之道即禪宗之道。禪宗主張直指人心、見性成佛。陳致虛認爲老子的金丹之道包含性命之道。因此，在他看來，二者在本質上是一致的。至於佛教的其他修行方式，如誦經、念佛、持齋、兀坐等，陳致虛則極力反對。他認爲試圖通過這些方法見性成佛是不可能的。在另一篇討論"見性成佛"的文章中，陳致虛指出，自釋迦牟尼心傳，迦葉所受，達摩修煉於少林，以至六祖慧能等著名禪師的主張、各種禪宗公案等，都體現了明心見性之旨而與金丹之道一致：

> 昔者達磨西來，不立文字，唯直指人心，見性成佛，固有其道矣。蓋道之一事，不可得而形容思議者也，如之何可以立文字？且人心不可得而聞見者

① （元）陳致虛：《金丹大要》卷二，《道藏》第 24 册，第 9 頁。

② （元）陳致虛：《金丹大要》卷一四，《道藏》第 24 册，第 59～60 頁。

> 也,如之何用直指人之性? 即真佛者也,如之何待見而成乎? 此即老子觀妙之道也。是以達磨下工於長蘆,於少林修鍊。是云金丹之旨,即達磨直指之旨,即釋迦獨尊之旨,即迦葉所受正法眼藏、涅槃妙心之旨,即馬祖非心非佛非物之旨,即六祖共永嘉無生無速之旨,即龐居士悟一口吸盡西江水之旨,即藥山一物不爲頭之旨,即丹霞燒水佛之旨,即石鞏弓箭之旨,即趙州蘿卜、柏樹子、吃茶之旨,即歸宗先天爲心祖之旨;以至山河大地、拄杖刹竿、棒喝露柱、燈籠佛殿、山門庫堂、金剛王寶劍、洞山麻三斤、石霜百尺竿、俱胝指頭禪、黄龍赤斑蛇、烏窠吹布毛、法燈天真佛、法眼透聲色、思和尚米價、遵布納浴佛、僧奚仲造車、孚上座摇扇、雪峰輥毬、雲門胡餅、鹽官扇子、青平搬土、潙山水枯、禾山打鼓、秘魔持叉、香嚴擊竹、首山竹篦、仰山拂子;以至頂門拳肘、眉眼鼻尖、米粟絲毫、釘鞋木履、清風明月、曉鍾畫角、芥子須彌、圈蓬漆桶、銀山鐵壁、葛藤寒松、黄花翠竹、枯樁乾橛、古澗寒泉,源頭路口、翅鳥獅兒、大雄猛虎、牛車羊角、狗子貓兒、胡孫鼷鼠,此等公案,備難悉數,莫不皆是見性之旨也。[①]

对此,有學者認爲:"陳致虚的三教一致思想,與其説是贊同或是提倡佛教,不如説是企圖將佛家道教化,以凸出其道教的主體性地位。"[②]對佛教是如此,對儒家也是如此。陳致虚以"金丹之道"統合儒、釋、道三教之道,突出性命雙修的主題,體現了鮮明的道教立場和全真道的立教精神,也进一步印證了全真道老學的"圓融性"与"宗教性"。[③]

結語

陳致虚是元代著名的内丹學家,金丹修煉是其内丹理論的核心。本文試圖展現他是如何借《道德經》闡發"金丹之道"並以此爲立足點統合儒、釋、道三教之道的,希望對進一步深入認識全真道内丹理論與《道德經》之間的關聯有所助益。陳致虚在肯定老子明"道"意義的基礎上,提出了自己對老子之道的特點以及如何認識老子之道等問題的獨特理解。他重點從道教金丹的角度對老子之道進行

① (元)陳致虚:《金丹大要》卷一六,《道藏》第 24 册,第 66～67 頁。

② 何建明:《陳致虚"金丹之道"的老學特徵》,熊鐵基、麥子飛主編:《全真道與老莊學國際學術研討會論文集》上册,第 544 頁。

③ 參見劉固盛:《鄧錡〈道德真經三解〉的詮釋特點》,趙衛東主編:《全真道研究》第七輯,濟南:齊魯書社,2018 年,第 132 頁。

闡發,並以“金丹之道”統合儒、釋、道三教之道,突出性命雙修的主題,體現了鮮明的道教立場和全真道的立教精神。這也是很多全真高道内丹理論的共同特色。[①]

[本文爲國家社科基金重大項目“中國老學通史”(項目編號:14ZDB004)、2019年華中師範大學基本科研業務費專項資金(人文社科類)自由探索項目“宋人文集中的道家文獻整理與研究”(項目編號:CCNU19A06008)階段性成果]

(責任編輯:秦國帥)

① 參見孫亦平:《論全真道對老莊思想的詮釋向度——以〈丹陽真人語録〉爲例》,熊鐵基、麥子飛主編:《全真道與老莊學國際學術研討會論文集》上册,第557頁。

元《苗道一道行碑》補釋

□任　江

摘要：據新見拓本，本文對元代全真教掌教苗道一的《道行碑》碑陽録文做了校勘工作，又重點對碑陰碑文予以補釋。碑陰碑文内容爲元武宗以後苗道一的生平經歷，涉及其爲祖師申請封號、退居王屋山、第二次掌教、啓建普天醮、逝世歸葬等重要事件，與傳世文獻的記載多有互證、校補之處，有著重要的研究價值。

關鍵詞：元代　苗道一　道行碑　全真教

作者簡介：任江，男，1977 年生，四川省文物考古研究院副研究館員。

苗道一於元武宗、文宗、順帝時期兩度擔任全真教的掌教宗師，是元代晚期全真教中興的關鍵性人物。陳垣編纂的《道家金石略》（下均省作《道》）一書收録有上海圖書館藏《苗道一道行碑》拓本的録文。[①] 該録文記述了苗道一的家世背景、修道經歷，以及截至武宗時期的生平經歷等基本情況，是研究苗道一、元代中後期全真教的重要文獻資料，歷來受到研究者的高度關注。近年，筆者在坊間發現兩紙《苗道一道行碑》的拓本，分别爲碑陽、碑陰拓本。經核對，《道》一書中的録文所據拓本爲碑陽拓本，但有少量缺字、訛字，且未標識出部分换行處，對文意的理解略有影響。鑒於此，本文將公布此新見拓本，並據之按原行款迻録校勘後的碑文，並對碑文予以補釋。

一、碑文録文

該碑碑身爲長方形，碑首形制不明。碑通寬約 0.9 米、高約 1.6 米。碑陽表面風化較爲嚴重，碑陰保存狀況略好，二者局部殘泐，碑文偶有漫漶。據傳拓者介紹，該碑底部爲泥土遮蔽，傳拓時不便清理，因此拓本靠近底部有缺字。碑陽

① 陳垣編纂：《道家金石略》，北京：文物出版社，1988 年，第 786、787 頁。

額題"大元贊元苗公道……"。碑陽、碑陰碑文陰刻楷體，竪書左行，均爲 22 行，每行現存 6～28 字，現存可明確辨識的文字共計 1017 字，字徑約 3 厘米（圖 1、圖 2）。現據拓本，將碑陽、碑陰的碑文依次迻録如下：

圖 1 《苗道一道行碑》碑陽拓本

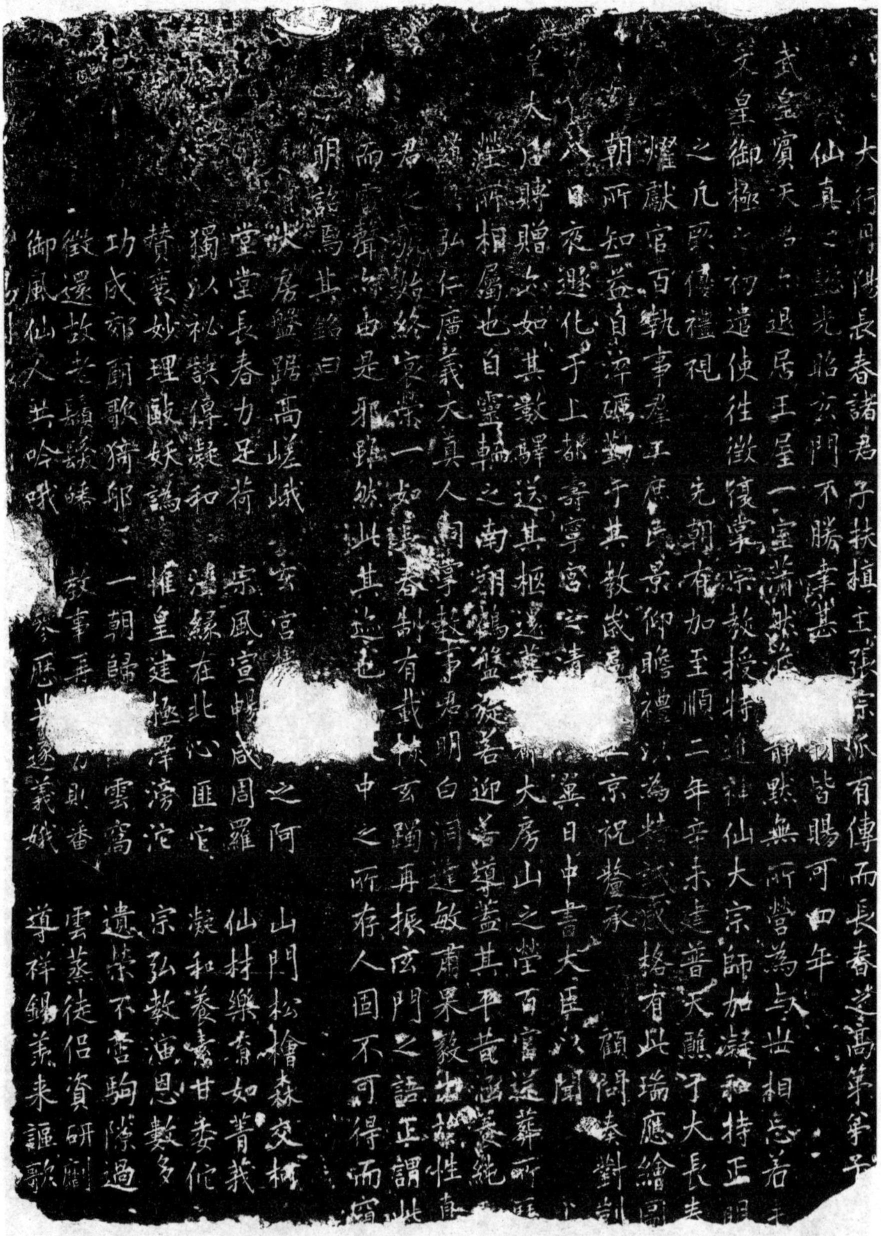
大行[illegible]陽長春諸君子扶植主張宗派有傳而長春之高第弟子
仙真之號光昭玄門不勝幸甚 [illegible] 皆賜可四年
武宗賓天[illegible][illegible]退居王屋一室蕭然[illegible] [illegible] 静默無所營為與世相忘若[illegible]
英皇御極之初遣使往徵復掌宗教授特進神仙大宗師加凝和持正明[illegible]
之凡殿[illegible]禮祀 先朝有加至順二年辛未建普天醮于大長春
耀獻官百執事群工庶民景御瞻禮[illegible]為[illegible][illegible]格有此瑞應繪圖
朝所知蓋自淬礪勤于其教歲[illegible] [illegible] 京祝釐承 顧問奏對剴
八日夜[illegible]遯化于上都壽寧宮之清 [illegible] 輦日中書大臣以聞
皇太后賻贈如其數驛送其柩還葬 [illegible] 大房山之塋百官送葬所[illegible]
灋[illegible]相屬也自靈輀之南翔鶴盤旋若迎若導蓋其平昔涵養純[illegible]
[illegible][illegible]弘仁廣義大真人[illegible]掌教事[illegible]明白洞達敏肅果毅[illegible][illegible]性真
君之[illegible]始終哀榮一如長春制有載[illegible]玄躅再振玄門之語正謂此
而[illegible]聲[illegible]由是邪[illegible]然此其志也 [illegible] 中之所存人固不可得而窺
明詔[illegible]其銘曰
狀[illegible]房盤踞高嵯峨 [illegible]安宮[illegible] [illegible] 之阿 山門松檜森交柯
堂堂長春力足荷 宗風宣暢咸周羅 仙材樂育如菁莪
獨以秘訣傳凝和 [illegible]緣在北心匪它 凝和養素甘委佗
贊襄妙理敺妖訛 權皇建極澤滂沱 宗弘教海恩數多
功成鄉[illegible]歌猗那 一朝歸[illegible]雲窩 遺榮不啻駒隙過
徵還故老[illegible][illegible]皤 教事弄[illegible]則番 雲蒸徒侶資研劘
御風仙人共吟哦 參歷[illegible]遂義娥 導祥錫羨来謳歌

圖 2 《苗道一道行碑》碑陰拓本

碑陽録文[1]：

1 之興隆天寶，生之非偶然也。故黄帝問至道於廣成，箕子陳九疇……」

2 太祖法天啓運，聖武皇帝奮起朔土，肇開帝業，以植……」

3 皇元萬世之基。于時佐命元勳則有四傑，陳謨宣力以奏厥功，而長……」

4 默契□衷，仁及天下，有生之類，陰受其賜。丘君以大宗師握神仙符……」

5 是弘老氏之道者，未有盛於此時也。迨夫……」

6 武宗仁惠宣孝皇帝，爰自潛藩，撫軍北境，其捍禦邊陲，戮力王室，固諸將……」

7 恃其謀以爲進退。故鸞輅南駕，入承大統，皇仁周洽，庶績咸熙……」

8 神仙符命黄金印章，一如長春。全真氏五祖七真而下，崇加大帝□……」

9 全真之教者，亦未有盛於此時也。夫以老氏之道，由……」

10 太祖信之而益弘，長春演之而益明。全真氏之教，由……」

11 武宗崇之而益隆，凝和揞之而益大。是知□□設教，屬之君師，關乎天……」

12 士怯列該等奏：苗真人碑，其以翰林臣起岩撰文。臣起巖承……」

13 平之晋城。按姓纂，楚大夫伯棼之子賁皇奔晋，晋封之苗，因以爲氏……」

14 聞藝祖時，則苗氏爲晋著姓，尚矣。君之先譜，遠不可考。上世隱居鄉……」

15 之實，贈昭文館大學士、通奉大夫、追封□水郡公。祖妣上官氏、妣張……」

16 出桃一枚賜張，夢中食之而有娠，是歲至元初元甲子也。冬十月家……」

17 異常，幼歲舉止已如成人。讀書悟入，有若夙習。喜誦老莊書，恒危坐……」

---

① 本文碑刻録文用阿拉伯數字標示行數；行尾用」表示；以通行繁體字抄録原字；原字爲俗體字或異體字凡可辨識者，或原字殘損可據殘存筆畫擬補者，徑直以通行繁體字抄録；對擬補字存有疑問的，外加□表示並在其後注（?）存疑；原字殘損或字跡模糊無法識别者，用□表示，每一□對應一字，字數不明者，以……表示。

18 造席下,執弟子禮甚勤。居久之,洞明知爲受道之器,與之語,有合,試……」

19 一旦屏人,告以秘奥之語。且曰:汝緣在北,應有遭際,將大振玄風,恢……」

20□邇信響。駙馬高唐王聞之,以禮往聘。至則偕詣和林,覲……」

21 武宗皇帝于軍中。言輙有合,虛席咨問,所策應驗如響,人以爲神。丁未五(?)……」

22 踰年至大改元,授玄門演道大宗師,管領諸路道教、商議集賢院道(?)……」

碑陰録文:

1 偉學等語,至優渥也。君承命踧踖,其心切於報本。揆厥所元,請……」

2 大行丹陽長春諸君子扶植主張,宗派有傳。而長春之高第弟子……」

3 仙真之懿光昭玄門,不勝幸甚,□□皆賜。可四年,」

4 武皇賓天,君亦退居王屋。一室蕭然,澹□静默。無所營爲,與世相忘。若□……」

5 文皇御極之初,遣使往徵,復掌宗教。授特進神仙大宗師,加凝和持正明(?)……」

6 之凡厥優禮,視先朝有加。至順二年辛未,建普天醮于大長春……」

7 燿獻官百執事,群工庶民景仰瞻禮,以爲精誠感格,有此瑞應,繪圖……」

8 朝所知。益自淬礪,勤于其教。歲扈從(?)上京祝釐,承顧問奏對剴,……」

9 八日,夜遯化于上都壽寧宫之清□□。翼日,中書大臣以聞□……」

10 皇太后賻贈亦如其數。驛送其柩,還葬大(?)都大房山之塋,百官送葬所,□……」

11 塋所相屬也。自靈輀之南,翔鶴盤旋,若迎若導。蓋其平昔涵養,純口……」

12 藴奥弘仁廣義大真人、嗣掌教事,君明白洞達,敏肅果毅,出於性真

(?),……」

13 君之號,始終哀榮,一如長春制。有載恢玄躅,再振玄門之語,正謂此……」

14 而雷聲亦由是邪? 雖然此其迹也,□□中之所存,人固不可得而[窺](?)……」

15 明詔焉。其銘曰:」

16 大房盤踞高嵯峨,玄宫[鬱](?)□□之阿,山門松檜森交柯。」

17 堂堂長春力足荷,宗風宣暢咸周羅,仙材樂育如菁莪。」

18 獨以秘訣傳凝和,汝緣在北心匪它,凝和養素甘委佗。」

19 贊襄妙理驅妖譌,惟皇建極澤滂沱,宗弘教演恩數多。」

20 功成郊廟歌猗那,一朝歸□□雲窩,遺榮不啻駒隙過。」

21 徵還故老鬚髮皤,教事再□□則番,雲蒸徒侶資研劘。」

22 御風仙人共吟哦,[商](?)參歷[散](?)逐羲娥,導祥錫美來謳歌。」

二、碑陽録文校勘

第 1 行"之"字爲《道》缺字,據拓本補。

第 2 行"土"字,《道》誤作"上"字,據拓本改。

第 11 行"掊"字,《道》誤作"播"字,據拓本改。該行"闕乎"二字,《道》誤作"開於",據拓本改。

第 14 行"居"字,《道》誤作"君"字,據拓本改。

第 15 行"學"字爲《道》缺字,據拓本補。

第 16 行"十"字,《道》誤作"平"字,據拓本改。該行"家"字爲《道》缺字,據拓本補。

第 19 行"緣"字爲《道》缺字,據拓本補。該行"北"字,《道》誤作"此"字,據拓本改。

第 21 行"輒"字,《道》誤作"諏"字,據拓本改。該行"人"字爲《道》缺字,據拓本補。該行"五"字爲《道》缺字,據拓本擬補。

第 22 行"道"字爲《道》缺字,據拓本擬補。

三、碑文補釋

(一)碑陽

第 8 行碑文“神仙符命黄金印章,一如長春”,此印爲武宗所賜。至順元年(1330)閏七月,文宗“鑄黄金神仙符命印,賜掌全真教道士苗道一”[①]。兩印材質、印文相同。

第 15、16 行碑文云苗道一母親張氏夢中食桃懷孕。至元十一年(1274)《宋德方道行碑》記全真教掌教宋德方幼年春遊得一仙桃,吃後“自爾不喜世間事”[②]。全真教掌教祁志誠[③]、諸路道教都提點井德用[④]二人的《道行碑》均記其母孕産期有仙人授桃。宋德方、祁志誠、苗道一、井德用等四人有明確的師承關係。仙人授桃可能是宋德方一系掌教、高道《道行碑》的固定格套。

第 19 行碑文“汝緣在北”一句與第 20、21 行碑文所記苗道一偕同高唐郡王术忽難[⑤]前往和林覲見武宗一事相呼應。

(二)碑陰

秦州玉泉觀《至大詔書碑》共刊刻五通至大三年(1310)二月封贈東華帝君、全真教祖師等人的詔書。[⑥] 第 1 行碑文“偉學等語,至優渥也”“君承命踧踖,其心切於報本”兩句與玉泉觀《至大詔書碑》第一通加封東華帝君詔書所記“惟朕之賓師……及身之渥已申,報本之誠愈切,温綸特降,顯號循加”文意接近。第 2 行碑文大意爲全真教宗派傳承。第 3 行碑文出現“皆賜”一語。因此,第 1～3 行碑文應是對至大三年苗道一爲全真教祖師申請封號這一關乎全真教復興重大事件的稱頌。

第 4 行碑文云武宗逝世後,苗道一結束第一次掌教,“退居王屋”。據《元史》記載,武宗於至大四年(1311)正月病故。[⑦] 苗道一應於至大四年回到王屋山。據

---

① (明)宋濂等撰:《元史》卷三四,北京:中華書局,1976 年,第 762 頁。

② 陳垣編纂:《道家金石略》,第 613 頁;趙衛東、陳法永主編:《金元全真道碑刻集萃》,濟南:山東大學出版社,2020 年,第 79～81 頁。

③ 陳垣編纂:《道家金石略》,第 699 頁。

④ 王宗昱編:《金元全真教石刻新編》,北京:北京大學出版社,2005 年,第 92～95 頁;曹永斌編著:《藥王山碑刻》,西安:三秦出版社,2013 年,第 194、304、305 頁。

⑤ 張廣保:《金元全真教史新研究》,香港:青松出版社,2008 年,第 406、407 頁。

⑥ 陳垣編纂:《道家金石略》,第 729～731 頁。

⑦ (明)宋濂等撰:《元史》卷二三,第 530 頁。

至大三年《紫微宫聖旨碑》[①]、元統三年(1335)《清虚宫碑》[②]、至元六年(1340)《重修天壇上皇殿記》[③]的記載,當時孟州濟源縣王屋山上有天壇、仙人洞、清虚小有洞天,壇下崖壁間建有供守壇道人居住的房屋,壇下山麓還分布著清虚宫、紫微觀、陽臺觀等重要宫觀。《重修天壇上皇殿記》又記全真教掌教宗師主領天壇壇事時多在紫微觀居住。蒙古憲宗八年(1258),參與開平府佛道辯論的道教高道大都天長觀講師申志貞、平陽路玄都觀講師李志全被裁定"脱袍去冠、一時落髪"[④]。據《申志貞墓志》的記載,蒙古憲宗五年(1255)申志貞跟隨掌教李志常"北覲",應前往上都。蒙古憲宗六年(1256),申氏被掌教張志敬任命爲"宗主天壇上方紫微宫事,因自號雲叟,逍遥山林,若將終身焉"[⑤]。又據《李志全墓志》的記載,世祖中統二年(1261)之前李志全長期在天壇隱居。[⑥] 大約出於爲逝者諱的原因,申志貞、李志全墓志均無志主參與憲宗八年開平府佛道辯論的記載,申志貞主管紫微宫事的時間可能在此事件之後而非志文的繫年。申、李二人皆因道教一方在此次佛道辯論中落敗退居王屋山紫微宫。因此,苗道一"退居王屋"時期很有可能在王屋山紫微觀起居。《重修天壇上皇殿記》又記延祐六年(1319)苗道一弟子完顏德明爲天壇守壇道人。師徒二人結緣應在元仁宗皇慶、延祐年間(1312～1320)。

第5行碑文"文皇御極之初,遣使往徵,復掌宗教"一句與至正八年(1348)《井德用道行碑》所記"天曆始元,文宗入承大寶,起凝和於覃懷,復掌教之"可互相印證。耶律楚材撰《過濟源和香山居士韻》一詩記曰:"覃懷勝遊地,濟瀆垂名久。"[⑦]覃懷可指代濟源縣。可知,天曆元年(1328)文宗啓用居住在濟源縣王屋山的苗道一第二次出任掌教。前引玉泉觀至大三年《至大詔書碑》所記苗氏封號爲"玄門演道大宗師、掌教、凝和持正明素真人"。元統三年《奉元明道宫修建碑》記元統元年(1333)苗氏封號爲"特進神仙掌教、凝和大真人"[⑧]。元統二年(1334)

---

① 陳垣編纂:《道家金石略》,第733、734頁。

② 陳垣編纂:《道家金石略》,第790、791頁。

③ 王宗昱編:《金元全真教石刻新編》,第208～209頁。

④ (元)祥邁撰:至元《辨僞録》卷五,《乾隆大藏經》第150册,彰化:傳正有限公司,1997年,第65、76頁;(元)鮮于樞撰:《困學齋雜録》,《景印文淵閣四庫全書》第866册,臺北:臺灣商務印書館,1986年,第12頁。

⑤ (元)李道謙編撰,范恩君點校:《甘水仙源録》卷八,《中華道藏》第47册,北京:華夏出版社,2004年,第189頁。

⑥ 陳垣編纂:《道家金石略》,第581、582頁。

⑦ (清)顧嗣立編:《元詩選·初集》乙集,北京:中華書局,1987年,第345頁。

⑧ 陳垣編纂:《道家金石略》,第789、790頁。

《大元重修聚仙觀碑》記苗氏封號爲“大元主教、特進神仙元門演教大宗師、凝和持正明素忠純大真人、管領諸路教所、知集賢院道教事”[1]。據以上三通碑刻可見,較之武宗時期,文宗、順帝時期苗道一的封號最大的變化是加封爲“大真人”。因此,該行碑文“特進神仙大宗師,加凝和持正明(?)”後缺字可能爲“素忠純大真人”。

第6行碑文“至順二年辛未,建普天醮于大長春”後缺字爲“宫”字。此句至第7行碑文記述至順二年(1331)苗道一在大都長春宫啓建“普天醮”,有瑞應並繪圖。天曆二年(1329)八月,苗道一與玄教掌教吴全節在大都修醮。同年十月,苗道一在長春宫設醮。[2] 虞集所撰《瑞鶴贊》詳記至順三年(1332)四月苗道一在長春宫修“羅天大醮”,有青鸞白鶴降臨醮壇,群臣繪圖上奏。[3]《苗道一道行碑》與《瑞鶴贊》所記齋醮活動地點相同,都有瑞應並繪圖,可能是同一次活動,兩個文本必有一繫年有誤。

第9行碑文記苗道一在上都壽寧宫逝世。至元十八年(1281)八月,世祖“設醮於上都壽寧宫”[4]。至元三十一年(1294)五月,成宗“有旨設醮於上都壽寧宫五晝夜”,由玄教道士吴全節“專主奏章”。[5] 壽寧宫在上都的具體位置已不可考,但應是一座重要的道教宫觀。

經研究,苗道一於元統三年(1335)七月仍在掌教。[6] 第10行碑文所記皇太后爲文宗皇后卜答失里,元統元年尊爲太皇太后,至元六年被取消尊號。[7] 元統二年十月,“己卯,奉玉册、玉寶,上皇太后尊號曰贊天開聖仁壽徽懿昭宣皇太后”[8]。另外,該行碑文明確記載了苗道一葬地在大都大房山。據至元元年(1264)《尹志平道行碑》記載,蒙古太宗十年(1238)全真教掌教尹志平傳位給李志常,退隱大房山清和宫。蒙古憲宗元年(1251),尹志平於清和宫西堂逝世,生前遺言葬大房山。後門人依從衆意葬其於五華山。[9] 苗道一葬地的選擇是否與

---

① 王宗昱編:《金元全真教石刻新編》,第201～203頁。

② (明)宋濂等撰:《元史》卷三三,第739、743頁。

③ (元)虞集撰:《道園學古録》卷二一,《景印文淵閣四庫全書》第1207册,第314、315頁。

④ (明)宋濂等撰:《元史》卷一一,第233頁。

⑤ (元)虞集撰:《道園學古録》卷二五,第361頁;(明)宋濂撰:《元史》卷一八,第383頁。

⑥ 程越:《金元全真道後弘期掌教研究》,《中國社會科學院研究生院學報》1996年第4期。

⑦ (明)宋濂等撰:《元史》卷一一四,第2877、2878頁。

⑧ (明)宋濂等撰:《元史》卷三八,第824頁。

⑨ 趙衛東、陳法永主編:《金元全真道碑刻集萃》,第64～69頁;陳垣編纂:《道家金石略》,第680、681頁。

尹志平有關目前還不能輕下定論。

據元統三年《孫德彧道行碑》碑末完顏德明結銜“特進神仙玄門演道大宗師、重玄蘊奧弘仁廣義大真人、掌管諸路道教所、知集賢院道教事”①，第 12 行碑文“蘊奧弘仁廣義大真人、嗣掌教事君”應爲苗道一弟子掌教完顏德明，第 11 行行尾缺字可能爲“重玄”二字。

結語

本文首次公布了《苗道一道行碑》碑陽、碑陰拓本，並據之迻録碑文。較之《道》書中的録文，此次迻録的碑陽録文是一個經過校勘，更爲準確、可靠的文本。因缺乏相關文獻記載，學界對於苗道一第一次掌教後的去向、與弟子完顏德明結緣的時間地點、逝世安葬地點都不甚清楚。此次公布的碑陰碑文主要内容爲元武宗以後苗道一的生平經歷，涉及其爲祖師申請封號、退居王屋山、第二次掌教、啓建普天醮、逝世歸葬等重要事件，基本解決了以上長期懸而未決的問題，有著重要的研究價值。

（責任編輯：胡常春）

① 陳垣編纂：《道家金石略》，第 787、788 頁；趙衛東、陳法永主編：《金元全真道碑刻集萃》，第 241～244 頁。

“體知”視閾下的丹道煉養

——以內丹中派李道純爲例

□李哲奇

摘要:“體知”是杜維明先生對儒家修身工夫的提煉,認爲其可視爲中國哲學的“共法”。但儒家的“體知”過度重視心靈的內在認知能力,而對身體的“生理性”向度有所忽略。作爲宋元時期的道教學者,李道純的煉養理論以“中”爲核心,主張調和“性”與“命”、“身”與“心”,並以“中”爲“玄關一竅”,通過“以身心體身心”的方式將宋代道學之“中”與內丹煉養相結合,以期實現身心性命的合一。李道純的內丹學既具有宋代道學的體知色彩,又延續了內丹學的一貫傳統,這一定程度上豐富了“體知”的內涵與維度,亦有助於建構中國哲學自身的話語體系。

關鍵詞:體知　中和　身心　工夫

作者簡介:李哲奇,山東濰坊人,中山大學哲學系博士研究生,主要從事陽明學、易學與宋元道教研究。

引言

“體知”這一概念源於杜維明先生對中國哲學尤其是儒家哲學“德性之知”的提煉,他稱之爲“knowing as a transformative act(瞭解同時又是轉化的行爲)”[①]。其中包含兩層內涵,一方面表示“體知”是一種獲取知識的認知能力,另一方面表示這種認知所獲得的知識源於自身內在,且自身亦能够主動使這種內在知識作用於自身而產生轉化。“體知”概念雖然源於儒學,但並不局限於儒學,杜先生認爲:

> 體知概念籠罩下的“身體”,含有“以身體之”的意思。凡是真有實感的內在經驗,都與體知有關:體驗、體會、體味、體察、體究和體證,都是體知的

① 杜維明著,郭齊勇、鄭文龍編:《杜維明文集》第五卷,武漢:武漢出版社,2002年,第371頁。

面向。美感經驗、道德實踐和宗教見證，無非是體知的體現。[①]

“體知”作爲一種“共法”在中國的文化傳統中均有體現，杜先生並沒有將之作爲儒學獨有的“法門”。“體知”所提供的新視閾突破了傳統認識論對中國哲學的偏頗解讀，嘗試從内部來理解中國哲學的獨特性。事實上，“體知”的特質不僅體現在儒學工夫論，也體現在道教内丹學。從“以身體之”的角度而言，内丹學比儒學更加貼近與重視“身體”的意義，從“體知”的角度理解道教内丹學或許可以開拓“體知”研究的新視野。

杜維明先生的“體知”概念雖然强調“以身體之”，但身體並不是“體之”的對象，而是工具，“以身體之”並非“以身體身”，而是“以身體性”。雖然不能將“性”與身體截然分開，如王陽明説：“大抵養德養身，只是一事。”[②]但“體知”之“知”更加指向作爲内在本質的“性”，而對作爲“體之”主體的“身”有所忽略。唐末出現的鍾吕内丹學强調“性命雙修”，“性”與“命”均稟賦自天道，前者表示人的存在本質，後者表示天道在氣化中的凝結。在人的生命活動中，“性”顯現爲“心”，“命”顯現爲“身”，故身心作爲天道的賦予，均被内丹學視爲轉化的對象，元代道士李道純認爲：“全真至極處，無出身心兩字。”[③]唯有身心一同轉化纔能實現最終的“全真”。

李道純是内丹南宗白玉蟾的二傳弟子，具有系統的内丹學傳承。除此之外，他還吸收了宋代道學與全真道思想，取法於《中庸》，反對“性”“命”各執一邊，以“中”作爲内丹煉養的宗旨。基於這一宗旨，李道純認爲最高妙的内丹功法不能偏於一端，更不能出於私意揣度，而是從“自己胸中流出”，這樣纔可以“上下文理血脈貫通”。[④] “文理血脈”表明經典本身即是聖人先賢内在體知的文字化，而“胸中流出”則表示對經典的理解也應源於自身内在的體知。祇有以“身”體“身”纔能真正理解經典的内容，藉由經典啓動自身内在的先天知識，從而超越當下自身，返回原初之境。

---

① 杜維明著，郭齊勇、鄭文龍編：《杜維明文集》第五卷，第 361 頁。

② （明）王守仁著，吴光等編校：《王陽明全集》卷五，上海：上海古籍出版社，1992 年，第 187 頁。

③ （元）李道純：《中和集》卷三，《道藏》第 4 册，北京：文物出版社、上海：上海書店、天津：天津古籍出版社，1988 年，第 502 頁。

④ （元）李道純：《道德會元》，《道藏》第 12 册，第 642 頁。

一、從"心""腹"到"性""命"

内丹學的"體知"是具體的,如果將宋明理學的"體知"概括爲"千聖傳心",那麼内丹學的"體知"則可概括爲"千聖傳身"。内丹學的發展與傳承完全基於身體的相同性,正因爲古人之身與今人之身没有構造的差别,今人與古人纔能够體知到相同的内容。在體知的進路中,内丹學既重視作爲一身主宰的"心",也重視作爲身體的"腹",更將二者還原爲作爲生命本質的"性"與"命"。

修道者自古以來一直將《道德經》視爲最神聖的經典,認爲其中藴含著最上乘的煉養功法,如河上公注《道德經》第三章云:

> 虚其心(除嗜欲,去煩亂),實其腹(懷道抱一,守五神也),弱其志(和柔謙讓,不處權也),强其骨(愛精重施,髓滿骨堅)。[①]

"虚心"表示對負面情緒與欲望的克除,"實腹"表示對身體官能的收斂與充實,二者均表現爲一種對自身内在活動狀態的調整與修正。心、腹指代身體的淺層維度,這種對心、腹的理解仍停留在經驗意識與官能活動中。雖然早期的修道者還未深入探索身體的深層奥秘,但區别於其他文化傳統中對精神層面的過分關注,唯有修道者將身體視爲與精神/靈魂/心靈對等的待轉化者,但是修道者對身體層面的修煉不同於今日健身(Bodybuilding)對肌肉的鍛煉。在修道者看來,肌肉是外在的身體,修道注重對内在身體的"鍛煉"。同時,除了作爲軀殼,身體也與精神一同作爲呈現自身的場域,如果身體不在場,那麼這種呈現是不完整的。内丹學發展了修道者一貫對心靈與身體的整體性認知,將"心"與"腹"還原爲更深層次的"性"與"命",以期實現更加徹底的超越。張伯端在《悟真篇》中寫道:

> 虚心實腹義俱深,只爲虚心要識心。
> 不若煉鉛先實腹,且教守取滿堂金。[②]

"虚心實腹"源自《道德經》中"虚其心,實其腹"[③],王卡先生認爲"虚心是性功,是無爲之妙;實腹是命術,是有爲之功"[④]。張伯端作爲内丹南宗五祖之首,不滿足於以往對身體表層的關注,率先對《道德經》進行了内丹式詮釋,深化了心與腹的

① 王卡點校:《老子道德經河上公章句》,北京:中華書局,1993年,第11頁。
② (宋)張伯端著,王沐淺解:《悟真篇淺解》,北京:中華書局,1990年,第45頁。
③ 王卡點校:《老子道德經河上公章句》,第11頁。
④ (宋)張伯端著,王沐淺解:《悟真篇淺解》,第45頁。

内涵。張伯端以“精”“氣”“神”作爲身體的組成要素，“精”偏向物質維度，“神”偏向精神維度，“氣”則居於二者之間。精、氣、神三者在張伯端的内丹體系中是遞進關係——“煉精化氣”“煉氣化神”“煉神化虚”，其中“精”與“氣”屬於身體，“神”屬於精神，故三者遞進煉化正表明張伯端“先命後性”的煉化原則。張伯端以“實腹”（命功）作爲煉養的開端，或許源於修道者一直以來對身體生理的重視。張伯端的内丹學雖然深入身心的底層，但在一定程度上仍然繼承了早期修道者對表層身體的重視。故而以“先命後性”的次第開展煉養活動，即便最終不能實現“性命合一”，亦能够達到延年益壽的效果，這符合修道者一貫的追求。而李道純雖傳承了張伯端的内丹學體系，但也受到宋代道學與全真道的影響，在一定程度上超越了張伯端的内丹學。

李道純繼承了張伯端一派的内丹功法，但與張伯端“先命後性”的煉養次第不同，李道純認爲自煉養起始就應該對性命二者同時進行轉化，不應有先後之别，比如其在對“虚心實腹”的詮釋中即更加注重二者共同的轉化：

> 是以聖人虚其心（全性），實其腹（全命），弱其志（全神），强其骨（全形）。常使民無知無欲（空諸所有），使夫知者不敢爲（夫，音扶。後同。知，音智。識法者恐）。爲無爲（寂然不動），則無不治（治，音持。感而遂通）。
>
> ……虚心而後志弱，志弱而後無知，無知故能忘我，此不尚賢也。實腹而後骨强，骨强而後無欲，無欲故能忘物，此不貴難得之貨也。二理相須，足以了全性命矣。
>
> 頌曰：
>
> 實腹真常在，虚心道自存。
>
> 不勞施寸刃，談笑定乾坤。[1]

李道純認爲“虚心”與“實腹”分别對應“全性”與“全命”，這與張伯端並無不同。差别在於，李道純認爲“二理相須，足以了全性命矣”，性命之間不存在次第，而是二者共同用力，方能超越自身。對於李道純而言，丹道並不是對長生久視的追求，而是如同儒家修身工夫，表示人的一種生活方式。李道純所主張的“性命雙修”既是一個前提，也是一個結果，貫穿於丹道煉養始終：

> 性無命不立，命無性不存，其名雖二，其理一也。……苟或執着偏枯，各立一門而入者，是不明性命者也。不明性命，則支離爲二矣。性命既不相

① （元）李道純：《道德會元》，《道藏》第12册，第645頁。

守,又焉能登真躡境者哉。[1]

“命”是“性”的存在基礎,“性”是“命”的生命本源,二者雖然在形式上不同,但却同出於陰陽之理。若執著於性、命二者的次第輕重,則是將性命支離爲異質者,若不能真切地“性命雙修”,則無望於長生久視。性、命二者如同“陰陽”相互包含、相互作用,並不異質,是不可分割的整體。

由於“性”“命”不可割裂,人自身纔能够通過内在而體知世界萬物的本質。李道純認爲,從根源處而言,“性”“命”二者皆來自天道,具有同等地位,但是從分别處而言,“命”則受到“性”的主宰,“性”更加貼近道:“命係乎氣,性係乎神。潛神於心,聚氣於身,道在其中矣。……道者神之主,神者氣之主,氣者形之主,形者生之主。”[2]形—氣—神—道的上升次序表明“性”更加具有本源性。“性”雖在本體序列中排序更高,但不表示對其要更加重視,因爲“性無命不立”,孤立的心靈缺少身體的承托則不能發揮清靈虚静的感應能力。故而“體知”之能知,全仰賴身體傳遞出心靈的感知,身體就仿佛心靈的“觸角”,心靈之所知全在身體。

“體知”作爲一種内在於自身而認識自身的方式,雖然不同於經驗層面的認識論,但同樣具有認識的主體與對象。這一主體在内丹學中爲“身心”,而對象不僅爲身心,李道純認爲:“原其始也,一切萬有,未有不本乎氣;推其終也,一切萬物,未有不變於形。是知萬物本一形氣也,形氣本一神也,神本至虚,道本至無,易在其中矣。”[3]“心”與“身”是“神”與“氣”在萬物流行中凝結而成的實體,“性乃心之主,心乃神之舍,性與神同係乎心……精乃身之主,身者情之係,精與情同係乎身”[4]。故分别而言,“身”統攝“情”“精”,“心”統攝“性”“神”;合而言之,“神”“性”“精”“情”皆需“心”的照管,而以上内容不僅指代身與心,更是神氣於身心之中的呈現。故而體知實乃一種“反求諸己”式的活動,身心既是認識的主體也是認識的對象,通過對自身的反觀而發現藴含其中的“道”的種子。

“體知”源於身心對自身的深切感知。從身體表層的“心”“腹”之知到本質層面的“性”“命”之知皆是“體知”的内容。但“體知”對自身的瞭解並非現代醫學意義上的,而是源於自身本性中對無限性的嚮往與回歸的衝動,故體知之所知雖源於身體,但實則通往天道,由此可知在體知的視閾中,人與天道之間存在内在的

① (元)李道純:《中和集》卷四,《道藏》第4册,第503頁。
② (元)李道純:《中和集》卷一,《道藏》第4册,第484頁。
③ (元)李道純:《中和集》卷一,《道藏》第4册,第484頁。
④ (元)李道純:《中和集》卷二,《道藏》第4册,第489頁。

溝通,認識天人關係也成爲體知的關鍵問題。

二、體知的宇宙論基礎

在體知的世界中,萬物皆非相互隔絶的單子,而是天地中的有機組成部分。萬物與天地的關係好似細胞與身體,身體的延續在於細胞不斷地代謝生成,天地的延續同樣依靠萬物的生化流行,没有細胞就没有身體,没有萬物也就没有天地。故"體知"之所知,雖出於一身,實則通徹天地,乃是關於天地本體的真理性知識。爲了更好地描述這種真理性知識,李道純藉助易學體系進行闡釋。

李道純吸收了程頤易學"體用一源、顯微無間"的理念並結合内丹學的宇宙論,對本體進行了詳細的説明:

> 常者,易之體;變者,易之用。古今不易,易之體;隨時變易,易之用。無思無爲,易之體;有感有應,易之用。知其用,則能極其體;全其體,則能利其用。……全其易體,足以知常;利其易用,足以通變。①

"易"表示作爲整體的變化流行,"易之體"表示主宰流行的本體,"易之用"表示大化流行的自身呈現。李道純認爲"易之體"有三個特徵:第一,常(永恒性);第二,古今不易(不變性);第三,無思無爲(無主觀性)。這三個特徵以"常"爲基礎進行延伸,最終又回到"常"。

首先,"易"自身帶有變化(change)的含義。李道純認爲《易》乃是"通變之書"②,《説文》寫道:"通,達也。"③《易》有瞭解變化、解釋變化並試圖通曉變化的傾向。通曉變化即要求瞭解變化之中的"常"。"常"表示穩定、恒久,似乎與變化的含義相反,但"常"並不表示一種世俗的庸常,而是"天行有常"之"常","常者,易之體"表明變化之中存在一種神聖而恒久的規律,即"萬變不離其常",這種規律具有絶對性,包括天地在内的一切事物都平等地受其統御。但"易"不論是作爲本體還是作用流行都並非外在强制,而是以自然的方式賦予萬物。萬物的變化流行即作爲本體的作用,應當具有本體的性質,故而本體所具有的規律同樣作用在萬物中。就此而言,這種規律可視爲萬物無所逃遁的"天命"。

其次,易之體雖永恒,但是並不脱離經驗現實。從李道純體用互舉可以看

---

① (元)李道純:《中和集》卷一,《道藏》第4册,第484～485頁。
② (元)李道純:《中和集》卷一,《道藏》第4册,第486頁。
③ (漢)許慎撰,(宋)徐鉉校定:《説文解字》,北京:中華書局,2015年,第34頁。

出,其認爲本體並不是超驗的、孤絶的、脱離實際的、在經驗現象之外的,而是與經驗世界合爲一體、在經驗世界之内的,乃至與人的全部生命活動是同一的。從形而上學的層面言,"易之體"既是"第一推動者",亦是創造萬物的"造物主",其隱藏在萬物的運行之中,規定著萬物運動的規律。雖一事物有一事物之具體規律,但這種具體規律都是"易之體"的下沉延伸,具體規律雖千差萬别,但最高的規律却是"一陰一陽之謂道":

> 陰陽者,乾坤也。乾坤出於太極,太極判而兩儀立焉。兩儀,天地也。不言天地,而言乾坤者,貴其用,不貴其體也。
>
> 天地即乾坤也,乾坤即陰陽也,陰陽一太極也,太極本無極也。以太極言之,則曰天地;以易言之,則曰乾坤;以道言之,則曰陰陽。若以人身言之,天地,形體也;乾坤,性情也;陰陽,神氣也。以法象言之,天龍地虎也,乾馬坤牛也,陽烏陰兔也。……散而言之,種種異名;合而言之,一陰一陽也。①

陰陽是道的顯現,以天地爲陰陽,則太極即是道;以乾坤爲陰陽,則"易"即是道。人之一身同樣具有陰陽,形體對應天地,性情對應乾坤,神氣對應陰陽……這看似多樣的對應關係表明,人身與天地具有同構性,但更表明,天地人都是陰陽的延伸,實質上指向同一個本體,没有一物能够超出此範圍。同時,萬物的作用更加顯示出易之體的存在。具體事物的存在是有限的,但是事物的整體是生生不息的,這種永不停歇的生成保證了規律的恒常與穩定,故而不論時空如何變化,陰陽規律永遠不會發生變化。

最後,李道純認爲"易之體""無思無爲"。"無思"表明"易之體"不具有思維與意志;"無爲"與"無思"相聯系,表明其活動流行不帶有主觀意願。《道德經》第三十七章寫道"道常無爲而無不爲"②,道之"無爲"表示對萬物活動的肯定與認可,而萬物之所爲皆可視爲本體之作用流行,表明本體並非絶對的静止,而是透過萬物的活動顯現其"無不爲"。"無爲"隱含著"無思","無思"意味著"無爲"。衹有不受到外部意志的干擾,萬物纔能够順應其本身的自然規律,以事物自身所稟賦的生生之意作爲生長的根本動力,以此動力展開自身,從而發展壯大,構成鳶飛魚躍的生命世界。

李道純認爲"易"有體有用,體乃"寂然不動",用乃"感而遂通"。故一方面在體的層面强調其高妙難測、不可捉摸,另一方面在用的層面强調其隨時變化、有

---

① (元)李道純:《中和集》卷三,《道藏》第4册,第494頁。

② (三國魏)王弼注,樓宇烈校釋:《老子道德經注校釋》,北京:中華書局,2008年,第90頁。

感而應。這種矛盾性與模糊性正體現出"易"作爲本體所具有的神聖性與永恒性。李道純以"易"稱呼本體的宇宙論向度,而本體貫通心性的向度則被稱爲"真常之道",如何在自家身心中把握矛盾而神聖的本體纔是最爲重要的:

> 道之可以道者,非真常之道也。夫真常之道,始於無始,名於無名,擬議即乖,開口即錯,設若可道,道是甚麼。既不可道,何以見道。可道又不是,不可道又不是,如何即是?若向這裏下得一轉語,參學事畢,其或未然。須索向二六時中,興居服食處,回頭轉腦處,校勘這令巍巍地、活撥撥地、不與諸緣作對底是箇甚麼。校勘來,校勘去,校勘到校勘不得處,忽然摸著鼻孔,通身汗下,方知道這箇元是自家有的,自歷劫以來,不曾變易。[①]

"真常之道"並非李道純的原創,而是出自《太上老君説常清静經》(後文簡稱《清静經》)。《清静經》中流露出"有無雙遣"的重玄學色彩,將精神操練作爲求取"真常之道"的主要方式,而李道純以内丹學"體知"的方式求取"真常之道",則打通了"真常之道"與人之自性,真正使"道"流行於人的日用之間:"真常之道果何難,只在如今日用間。"[②]以往對於修道者而言高妙難測的"真常之道",在内丹學的視閾下反而應當從世俗的日用常行中切入,由消除自我欲望而合道上升爲轉化自身性命以證道,修道者的主體能動性比以往任何時期都要更加凸顯。這種進入日常生活、强調"以身體之"的認識方式相較於對象化的認識更加具有真實性。所謂"真實性",一方面是指這種認識方法所得到的認識結果是直觀的,另一方面則表示認識結果與人的存在相聯繫。"直觀"源於内在的自我體知,體知内容當下呈現,這些内容是真實的、純粹的,亦是實在的、清晰的。而人則自覺運用體知之所知的内容轉化自身的身心性命,從而使自身的活動復歸於道。

體知之所以可行,在於人身與天地相通而非相隔,故而人與天地同爲"真常之道"的作用流行。在天人溝通的關係之下,身體仿佛一個"交換機",將人的内在精神與天地相聯通。内丹學將人身之中溝通天人的"門户"稱爲"玄關一竅",打開此"竅"即打開了通往真理的户牖。故"體知"的目的不僅是"知道是什麼",更是"知道怎麼做",内丹學中的體知就在於找到並打開此"竅",此即内丹學中最核心的煉養工夫。

---

① (元)李道純:《道德會元》,《道藏》第12册,第644頁。

② (元)李道純:《中和集》卷五,《道藏》第4册,第512頁。

三、“中”為玄關

李道純被尊爲内丹“中”派的創始人，他之所以被稱爲“中”派，主要是由於他主張“中”道。

李道純所言“中”道取自《中庸》，在詮釋中帶有明顯的宋代道學色彩，但不同之處在於，李道純將道家之“清静”與儒學之“中”相貫通，以“中”作爲内丹學的修煉宗旨：

《禮記》云：“喜怒哀樂未發謂之中，發而皆中節謂之和。”“未發”謂静定中謹其所存也，故曰“中”；存而無體，故謂“天下之大本”。“發而中節”謂動時謹其所發也，故曰“和”；發無不中，故謂“天下之達道”。誠能致中和於一身，則本然之體虚而靈、静而覺、動而正，故能應天下無窮之變也。老君曰：“人能常清静，天地悉皆歸。”即子思所謂“致中和，天地位，萬物育”同一意。中也、和也，感通之妙用也，應變之樞機也，《周易》“生育流行，一動一静”之全體也。①

“静定中謹其所存”“動時謹其所發”之“謹”或源於朱熹②，朱熹注《中庸》“致中和”曰：“自戒懼而約之，以至於至静之中，無少偏倚，而其守不失，則極其中而天地位矣。自謹獨而精之，以至於應物之處，無少差謬，而無適不然，則極其和而萬物育矣。”③李道純同樣强調謹獨在煉養工夫中的重要性與優先性：“欲造玄玄須謹獨”④，“學道之士，固當謹始。始若不謹，焉得有終？”⑤這與朱熹的觀點有相通之處。强調“謹”的工夫在於不使情欲干擾内心的清静，如若不然，則心猿意馬，心之靈知不見：

天下有道（情逐性），却走馬以糞（意馬閑，靈苗秀）。天下無道（性逐情），戎馬生於郊（意馬狂，心地荒）。罪莫大於可欲（取辱之由），禍莫大於不知足（陷身之端），咎莫大於欲得（殺身之本）。故知足之足常足（知足者，貧

① （元）李道純：《中和集》卷一，《道藏》第4册，第483頁。

② 根據學者考據，李道純卒於1299～1306年之間，且李道純鼎盛時期主要在湖北附近講學，此時《四書章句集注》已經流傳廣泛，故李道純有較大可能閱讀過該書。參見王彤江：《李道純籍貫及年譜考》，《中國道教》2013年第2期。

③ （宋）朱熹撰：《四書章句集注》，北京：中華書局，2016年，第18頁。

④ （元）李道純：《中和集》卷四，《道藏》第4册，第508頁。

⑤ （元）李道純：《太上老君説常清静經注》，《道藏》第17册，第142頁。

亦樂)。

> ……有道則清静,清静則天下正……無道則不清静,不清静則天下不正……以修身言之,清静則欲心止,欲心止則意大定……不清静欲心不止,欲心不止則意馬狂,故曰戎馬生於郊。①

“情逐性”表示“情”以“性”爲主宰,身心清静安定,此爲“有道”;“性逐情”則表示“性”被“情”役,從而致使情欲恣肆,此爲“無道”。李道純受到宋代道學的影響,以“性”爲人的本質屬性與存在基礎,其本然的狀態爲“静”,非本然的狀態爲“動”,内在體知唯有在一個穩定清静的場域中纔能實現,在紛亂中並不能體知到源自天道的真性。故使“性”不放失而流爲“情”即是實現體知的重點,李道純認爲這一工夫便是“清静”。

“清静”不僅是一種作用於心性層面的方法,同樣也是一種人的生存方式。“欲”是“性”的非本然狀態,源於對外物的過度追求,使清静之性受到遮蔽而不能朗現。李道純稱被“欲”充斥的心爲“欲心”,稱自然真性做主宰的心爲“歸心”,認爲衹有“以道制欲”纔能消除欲心妄念,使“性”復歸自然清静:

> 有道之士,常以道制欲,不以欲制道。以道制欲,神所以清,心所以静……苟以欲制道,失道者也。失道之士,欲心一萌,無所不至,權利牽於外,念慮煎於内,心爲物轉,神爲心役。心神既不清静,道安在哉?常能制欲,則歸心不動。歸心不動,則自然澄澄湛湛絶點翳,純清復其本然清静之大矣,何欲之有?②

“以道制欲”是李道純通過吸收宋代道學思想對内丹學的創新,雖然這種觀點有以歸心、妄心爲二心的傾向,但從思想内部而言,這種對心之活動狀態的劃分使得“清静”工夫更加有著力點,表明李道純對於心性的認知相較前人更加細密深入,這亦是其自身體知所得,而非對儒家概念的照貓畫虎。李道純藉用宋代道學的思想資源對内丹學的心性結構進行了優化改良,也對以往的“性功”(心靈操練)有所調整,以心性之“清静”通往作爲本體的“中”。

李道純所强調的“中”具有多層次的内涵,既可以作爲通貫儒、道、釋的本體概念,又可以作爲儒、道、釋共通的高明工夫:

> 中是儒宗,中爲道本,中是禪機。這三教家風,中爲捷徑;五常百行,中

① (元)李道純:《道德會元》,《道藏》第12册,第652頁。

② (元)李道純:《太上老君説常清静經注》,《道藏》第17册,第141頁。

立根基。動止得中，執中不易，更向中中認細微。其中趣，向詞中剖露，慎勿狐疑。

個中造化還知，却不在當中及四維。這日用平常，由中運用；興居服食，中裏施爲。透得此中，便明中體，中字元來物莫違。全中了，把中來劈破，方是男兒。①

雖然以“中”作爲儒、道、釋三教的共法與家風有化約主義傾向，但這表明在李道純的認知中，三教之間並不存在本質差別，衹是同一本體呈現出的三種不同面向。故雖直到黄宗羲纔點出“心無本體，工夫所至，即其本體”②，但“中”在李道純的思想中已經有即工夫即本體的傾向。“中”作爲本體性概念並非如“真常之道”一般能够自如地流行於日用之間，而是需要人以“中”爲根本工夫，於一身之内（“却不在當中及四維”）、日用常行中操持體知（“更向中中認細微”），於五常百行中運用施爲，方纔有所呈現。然此“中”之呈現却不可執著，雖“中”爲本體，但執著於本體則又偏而不“中”，此即離了“中”的工夫。故“中”不可不執，又不可偏執，唯有無執而執“中”（“把中來劈破”），方是“中”道的最高境界。

李道純以“中”爲“道本”，認爲修道之本即在於體知身中的“玄關一竅”。在李道純之前，許多道教學者將“玄關一竅”作爲身體中實際存在的一個隱性器官，修道的全部重點就在於找到這一位置並使之顯露。然而將“玄關一竅”實體化並没有使修道者更加容易實現超越，反而使修道者執著於這一實體，陷入偏頗不及的狀態而始終不能證道。以“中”爲“玄關一竅”是李道純在内丹學上的突破，一方面取消了實體化的傾向，另一方面則在煉養工夫中避免了執著與偏頗：

夫玄關一竅者，至玄至要之機關者。非印堂、非顖門、非肚臍、非膀胱、非兩腎、非腎前臍後、非兩腎中間，上至頂門，下至脚跟，四大一身，才著一處，便不是也。亦不可離了此身，向外尋之。所以聖人只以一“中”字示人，只此“中”字，便是也。③

“玄關一竅”是道教煉養體系中的一個重要節點，戈國龍認爲：“玄關一竅雖有多方面的意義，但其根本義是後天與先天之間相互交通的機關。”④“竅”的觀念

① (元)李道純:《中和集》卷六,《道藏》第4册,第516～517頁。
② 沈善洪主编:《黄宗羲全集・明儒學案》,杭州:浙江古籍出版社,1992年,“自序”第3頁。
③ (元)李道純:《中和集》卷二,《道藏》第4册,第490頁。
④ 戈國龍:《論道教内丹學的“玄關一竅”》,《世界宗教研究》2022年第5期。

由來已久,不獨爲道家道教所有,儒家亦有"通身是竅"[①]的觀念。"竅"從字義而言表示某種通孔、孔洞;延伸而言,可以表示連接内外兩個空間的通道;應用在哲學領域,"竅"也就具有了溝通天與人的"宇宙之軸"(axis mundi)[②]的含義。人通過"玄關一竅"可以與天道進行溝通,不僅可以"下載"關於天地萬物的"信息",甚至可以將自身的"信息"(性與命)"上傳"[③]到天道之中,進入天道的大化流行。但"玄關一竅"雖然在一身之中,却不在身中任何具體位置,這種處於"有無之間"的屬性決定了"玄關一竅"絶非一般方式能够認知,李道純認爲聖人以"中"字示人,便已經將其中奥秘全盤托出:

問:《書》云:"人心惟危,道心惟微,惟精惟一,允執厥中。"不知"中"如何執?

曰:執者,一定之辭。中者,正之中也。道心微而難見,人心危而不安。雖至人亦有人心,雖下愚亦有道心。苟能心常正得中,所以微妙而難見也。若心稍偏而不中,所以危殆而不安也。學仙之人,擇一而守之不易,常執其中,自然危者安而微者著矣。金丹用"中"爲玄關者,亦是這個道理。[④]

"執"不是執著、固執之義,而是一種方便用法,表示"使用"。若"中"須執著而可得,那麽就不符合其"正之中"的内涵,且其不僅不能調適身心内外,反而成爲求道的阻礙,從而導致道心不顯,人心用事。李道純藉鑒了朱熹對於道心人心的劃分與説明,但對其内涵有所調整,並未完全采用朱熹的解釋:

古云:"常滅動心,不滅照心。"一切不動之心皆照心也,一切不止之心皆妄心也。照心即道心也,妄心即人心也。"道心惟微"謂微妙而難見也。"人心惟危"謂危殆而不安也。雖人心亦有道心,雖道心亦有人心,係乎動静之間爾。惟"允執厥中"者,照心常存,妄心不動,危者安平,微者昭著,到此有妄之心復矣,無妄之道成矣,《易》曰:"復,其見天地之心乎?"[⑤]

"照心"、"妄心"(動心)的區分在唐代司馬承禎的《坐忘論》中就已經出現,而

① 陳立勝:《宋明儒學中的"身體"與"詮釋"之維》,北京:商務印書館,2019年,第37頁。

② [美]米爾恰·伊利亞德:《永恒回歸的神話》,晏可佳譯,上海:上海書店出版社,2022年,第9頁。

③ "玄關一竅"仿佛"交换機"/"路由器",人就仿佛是一台没有聯網的電腦,天道則是互聯網的全體。電腦通過交换機可以連接互聯網,下載互聯網内的全部信息,同時也能够上傳自己電腦中的信息;人亦能够通過"玄關一竅"而得知天道内的全部内容,且將自身性命合而爲一,進入天道的大化流行之中。但需注意的是,交换機外在於電腦,而"玄關一竅"内在於人身。

④ (元)李道純:《中和集》卷三,《道藏》第4册,第495頁。

⑤ (元)李道純:《中和集》卷一,《道藏》第4册,第483頁。

李道純將這一組概念與道心人心相貫通，目的在於通過動静之别區分道心人心，以實現“中”的工夫。

李道純以“不動”爲静、“不止”爲動並非物理學的劃分，而是以“中”爲標準，動止得宜即爲静，動止失常則爲動，以能動能静而不失其中爲煉養要點：“先賢云：‘静而動，動而静，神也。動無静，静無動，物也。’其斯之謂歟！是知保身心之要，無出乎動静也。”[①]故而李道純所言道心即持中之心，人心即失中之心。更進一步言，道心即先天之心、天地之心，人心即後天之心、情欲之心。故李道純結合理學、易學、内丹學三者的精華，以“中”爲“玄關一竅”，實則是以道心爲“玄關一竅”，打通了儒、道修身工夫，拓展了“體知”的内容。

通過“玄關一竅”，李道純説明了“中”的“執兩用中”内涵，即對於任何事物既不可執著，又不可放棄，而是要在這兩者之間維持平衡。《中庸》言“執其兩端，用其中於民”[②]，李道純以“中”爲體，即是希望能够用“中”把握“身”與“心”、“性”與“命”、“道”與“器”、“常”與“變”等兩端。李道純認爲人往往容易陷入某種極端無法自拔，或完全地沉迷於物，或徹底地拋棄形體，並没有認識到人自身所具有的形上與形下的二重性，多執著於其中之一。人受制於物，即“物之物”；人與物合一，即“物之人”。[③] 李道純追求的是人與世界相爲一的狀態，是道的境界，而“玄關一竅”就是“道”的門檻，李道純以“中”爲“玄關一竅”實際上是以玄關作爲“體知”的“邊界”。“邊界”表明“體知”之能知是有限的，正因爲“體知”的有限纔使其能够具體的作爲一種認識方法而進行自我認識。“玄關一竅”本身即代表著先天境界，故“中爲玄關”實際上便是以“中”爲先天境界，故體知到“中”便已進入先天，復歸到本源之内。在先天境界中，無分於身、心、性、命，體知之能與體知之所也融爲一體，體知的全部即是“中”。身處“中”之内便自然知“中”，因爲這是人之性最原初的存在之地，是人的本性之所在。當人復歸本性時自然會呈現出一種與日常不同的狀態，這一狀態下没有世俗事物的遮蔽，人能够真實地感受其自身，知曉“道”究竟爲何。

---

① (元)李道純：《中和集》卷四，《道藏》第 4 册，第 505 頁。

② (宋)朱熹撰：《四書章句集注》，第 20 頁。

③ 邵雍曾言：“能物物，則我爲物之人也；不能物物，則我爲物之物也。”(宋)程顥、程頤著，王孝魚點校：《二程集》，北京：中華書局，1981 年，第 9 頁。

結語

李道純内丹思想的獨到之處就在於吸收了宋代道學一系的思想資源，將道學注重内在轉化的修身工夫與内丹學的丹道煉養相結合，一方面拓展了内丹學的煉養方式，另一方面也爲儒家修身注入了新的内容。

李道純的内丹學與早期道教的煉養功法相比，不再過分地將身體視爲一個有待强化的對象，而是更傾向於將身體作爲認識與轉化的主體，即不是將心靈與身體分割後，使心靈純化後拋棄身體，而是將身體與心靈作爲整體，通過身心感知能力，體察與感知内在於自身的天道規律，並在認識此規律的同時以此規律轉化自身，使心靈與身體能够以整體圓融的狀態回歸天道。

體知視閾下的内丹煉養與儒家修身工夫有許多異同。相同之處在於，内丹煉養與修身工夫作爲一種轉化活動，都重視内在體驗的獲得，缺少這一内在體驗，轉化活動就不能有效展開。同時，内在體驗完全是個體性的，其内容難以用語言描述，但方法却能够傳授。從這一角度而言，不論是工夫論抑或煉養論，實則都可作爲一種認識方式而得到理解，而非以神秘主義對待。

修身與煉養的相異之處不在於二者追求的終極價值不同，而是對待身體的態度不同。楊儒賓教授認爲，儒家内的身體有四義，即意識的身體、形軀的身體、自然氣化的身體與社會的身體。[①] 這些含義下的身體都不是身體本身，而是將身體作爲某種活動的承載者。雖然楊儒賓教授也將修身意義下的身體稱爲“身體主體”，但是儒家的修身活動整體而言著重精神層面，身體衹是作爲精神活動的展開場域，其存在價值依附於精神的流行與貫通，衹有精神層面達到了較高的層次，身體作爲承載者纔得以有所光輝，此意義下的身體不具有獨立價值。内丹煉養雖然同樣重視精神層面的轉化，但是亦不捨棄身體。内丹煉養中的身體，最基礎的含義就是楊儒賓教授所輕視的“生理性”。“生理性”是身體的基礎，有此“生理性”纔有身體的其餘價值與作用，雖然這一價值看似包含在其餘價值内而不彰顯，但此價值的重要性高於一切價值。内丹學主張“性命雙修”，目的就在於使“性”的存在有所落實，而非憑空言“性”。從本體論層面而言，“性命雙修”“了全性命”等主張都極力表明身體與心靈皆爲同一本源中所流出，可謂“同出而異名”，雖然内丹學與宋代道學一脈同樣認爲心靈主宰身體，但並未是此非彼，而是

① 參見楊儒賓：《儒家身體觀》，臺北：文哲所，1996 年，第 9 頁。

十分講求二者的融合與貫通。李道純所主張的“中”派功法亦主張調和心靈與身體之間的割裂關係,以“持中”之道共同煉化身心,合而爲一,成就金丹大道。僅注重精神或身體一方的修煉永遠不能到達真理。

從轉化的終極目標而言,内丹煉養與儒家修身也略有不同。雖然内丹學與儒學都追求與本體(理、道)的合一,但儒家更加强調人對本體(理)的獲取(“下載”),以實現天理在人間的有序流行。而内丹煉養則是將身心性命打作一團“上傳”至本體(道),即便是注重内在轉化的内丹學最終目的也是“與道合一”,將與本體的合一作爲另一種形式的長生久視。

“體知”概念雖源於杜維明先生對儒學的提煉,但作爲中國哲學的“共法”却具有極强的獨特性,這一獨特性是構建中國哲學自身話語體系的一種嘗試。中國哲學同樣追求真理,祇是獲取真理的方式不同於其他文化傳統,這並不能否定中國哲學的哲學性。“體知”作爲中國哲學的傳統認知方式,有助於改善因分離主義而導致的靈肉/身心二分,尤其是内丹學身心一體的“體知”模式更有利於現代人理解身體與心靈的同一關係,内丹學身心調和的煉養理念也有助於緩解現代性焦慮所導致的身心不適。

(責任編輯:張琰)

明初高道劉淵然全真身份考辨

□王　崗(Richard G. Wang)

摘要:本文以現存明代史料,辨析明初高道劉淵然的所謂全真道士身份。劉淵然及其傳人邵以正、郭宗衡、李得晟有意識地將其自身的法派視爲有別於全真道派的傳統。陳銘珪《長春道教源流》首次將劉淵然的身份認定爲全真道士。這一看法無疑是事後的重構,而非史實。劉淵然及其法派與全真道了無關聯。他不是全真道士,他的法脈弟子也非制度上的全真道士。劉淵然的道教法派身份衹能是清微。

關鍵詞:劉淵然　全真道　法派　陳銘珪　清微派

作者簡介:王崗(Richard G. Wang),復旦大學中文系文學學士(1984 年)、碩士(1987 年),美國科羅拉多大學文學碩士(1993 年),芝加哥大學哲學博士(1999 年)。先後在上海社科院文學所、香港中文大學、美國索思摩大學(Swarthmore College)工作。現爲美國佛羅里達大學語言文學文化系、宗教系終身正教授,復旦大學古籍所兼職教授、復旦大學高等研究院終身資深研究員(Senior Fudan Fellow)。代表學術成果包括《嵌於廟宇網絡的法派/宗族:明代道教與地方社會》(*Lineages Embedded in Temple Networks: Daoism and Local Society in Ming China*)(哈佛大學出版社,2022 年英文版)、《明代藩王與道教:王朝精英的制度化護教》(*The Ming Prince and Daoism: The Institutional Patronage of an Elite*)(牛津大學出版社,2012 年英文版;上海古籍出版社 2019 年中譯本),點校整理《茅山志》(上海古籍出版社,2016 年),(與李天綱共同主編)《中國近世地方社會中的宗教與國家》(復旦大學出版社,2014 年)、《浪漫情感與宗教精神——晚明文學與文化思潮》(香港天地圖書公司,1999 年)。

劉淵然(1351～1432)是明代最重要的道教人物,也是明初洪武、建文、永樂、洪熙和宣德朝最受尊敬的高道。他擔任道録司最高長官左正一,掌道教事。道教清微派、净明道和全真道皆稱其爲宗師。劉淵然也在龍虎山逗留了一段時間，是四十三代天師張宇初(1361～1410)的老師，曾被流放雲南，也長期生活於兩京，他的法派也因此向這些地方傳播。他的上百弟子及其更多的徒孫在明代各地傳承他的教法及法派，組成了連接朝廷和遠近各地的網絡中心。在此意義上，劉淵然是塑造明代道教發展與特徵的關鍵性人物，也是我們理解明代道教總體以及主流法派的鑰匙。

施舟人(Kristofer Schipper)、許蔚等學者和筆者已在他處論證了劉淵然的清微派身份，並指出其净明道宗師的身份是其弟子邵以正(約 1427～1462)所建構的。[①] 這裏筆者想專門討論他的全真身份問題。楊榮(1371～1440)《長春劉真人傳略》這一劉淵然早期傳記，載劉淵然"盡得全真秘妙之術"。然而，陳璉(1370～1454)的《長春劉真人祠堂記》和胡儼(1361～1443)的《長春劉真人傳》(作於 1432 年)皆記載了劉淵然從其師趙宜真(？～1382)得授清微及其他非全真的道法、雷法和經書，却並未提及全真。陳璉、胡儼兩文約與楊榮文同時期，甚至極有可能早於楊榮文。[②] 楊榮文提到劉淵然從趙宜真處僅得授全真教法，但却没有提及任何其他道法。但所有現存明代和清初劉淵然傳記率皆描述了劉淵然從趙宜真處得授了非全真道的道法而絕無提及全真道。[③] 比較這些資料，楊榮文似乎是受到有關趙宜真的叙述的影響(下文會詳細討論這一點)，或他對全真道有個人偏好。所有明代和清初劉淵然傳記，從全國範圍來説——從這些傳記的産生地北京、昆明、江西、徐州到南京以及江南其他地區——率皆沿襲胡儼文，而絕無沿襲楊榮文者。[④] 楊榮和胡儼皆爲顯赫的朝臣：楊榮是明代最著名的政治家

---

① Kristofer Schipper and Franciscus Verellen, eds., *The Taoist Canon: A Historical Companion to the Daozang* 道藏通考, Chicago: University of Chicago Press, 2004, p.1106; Lowell Skar:《清微仙譜、雷法、神霊そして道原——中世の中国東南部における宗教的統合について》,[日]田中文雄、祁泰履(Terry F. Kleeman)編:《道教と共生思想:第 3 回日米道教研究会議論文集》,東京:大河書房,2009 年,第 150～151 頁;許蔚:《再造傳統:净明科儀的文獻研究》,香港:中文大學出版社,2023 年,第 3 章;許蔚:《净明忠孝全書的刊行與元明之際净明統緒的構建——以日本内閣文庫藏明景泰三年邵以正序刊本爲中心》,《古典文獻研究》第 17 輯上卷,2014 年,第 133～134 頁;Richard G. Wang, *Lineages Embedded in Temple Networks: Daoism and Local Society in Ming China*, Cambridge, Mass.: Harvard University Asia Center, 2022, chaps. 2, and 7; 王崗:《明代净明道與江西地方社會》,《華人宗教研究》2017 年第 10 期。

② 畑忍認爲楊榮《長春劉真人傳略》是基於胡儼《長春劉真人傳》而作的。參見[日]畑忍:《道士劉淵然初探——その事跡と道教史上における位置》,《中國文史論叢》第 5 號,2009 年,第 103、104～105、110 頁。

③ 除了上述劉淵然的傳記之外,王直(1379～1462)《紫霄觀碑》也涉及劉淵然生平。這裏同樣没有提供劉的全真道關聯。參見(明)王直:《紫霄觀碑》,《抑庵文集後集》卷二四,《景印文淵閣四庫全書》第 1242 册,臺北:臺灣商務印書館,1986 年,第 31b～32b 頁。

④ 詳情見拙著 *Lineages Embedded in Temple Networks*, chap. 2。

之一，而胡儼則爲淵博的學者和教育家；楊榮累遷至大學士，任首辅，拜少師，官從一品，胡儼拜國子監祭酒，任重修《明太祖實録》《永樂大典》和《天下圖志》的總裁官，進太子賓客，官正三品。從仕宦經歷來看，楊榮遠高於胡儼，也較胡儼更負盛名。所以這裏不存在名望的問題，他們各自的名望不太可能成爲明人和清初人忽視楊榮看法而接受胡儼觀點的原因。這種空間和時間上對胡儼文的普遍接受顯示，胡儼文被認爲可信，而楊榮文並不靠譜。2010 年南京西善橋劉淵然墓葬中出土的劉淵然墓志銘，也未提到劉淵然與全真道有任何交涉。①

施舟人先生在其對劉淵然之師趙宜真的研究中指出："對一個被認定爲全真道士而又行持雷法之類法術之人，這很奇怪。但事實的確如此。"儘管也受到全真教法的訓練，關於趙宜真與全真道的關係，施舟人先生得出結論："這種關聯，如果真有這種關聯的話，也應該是流於形式表面，是膚淺的。"②同樣，劉淵然也以自己的話否定了其全真關聯。在邵以正編的《冲虚至道長春劉真人語録》中，劉淵然全面肯定正一道，而且對之毫無微詞，並總結道："正一之教……陰翼皇家、濟顯度幽、禱雨祈晴、除邪輔正，教人積功以爲進道之階。"③隨後在他對全真道的討論中，除了對傳統内丹修煉的重視及其陳詞濫調的套話之外，他還尖鋭抨擊了形形色色的房中術。奇怪的是，他把這些房中術看作全真道所爲："或者但以全真爲名，不務本宗，不明大道，以戕生之術爲養生之方，以盲引盲，教人房中御女、三峰採戰，以女人爲鼎器、天癸爲藥物，鑄雌雄劍，閉尾閭關，種種邪術不可盡舉，悉非長生之道，乃促命之法也。"④對房中術的批判古已有之，某位全真道士也可能與之保持距離，但却無法想象一位全真道士會將臭名昭著的"邪"術與自己的道派等同起來。這一評價顯示出劉淵然不是全真道士，相反，他對正一道的評價

① 岳湧等：《南京西善橋明代長春真人劉淵然墓》，《文物》2012 年第 3 期；岳湧：《明長春真人劉淵然墓志考》，《中國道教》2012 年第 2 期。

② Kristofer Schipper, "Master Chao I-chen (? -1382) and the Ch'ing-wei School of Taoism"，[日]秋月觀暎編：《道教と宗教文化》，東京：平河出版社，1987 年，第 7、9 頁。

③ （明）邵以正編：《冲虚至道長春劉真人語録》[序於明正統八年(1443)和九年(1444)]，上海圖書館藏彭定求(1645～1719)清順治十八年(1661)鈔本，無頁碼，第 37 條。

④ （明）邵以正編：《冲虚至道長春劉真人語録》，無頁碼，第 38 條。

將他放入了正一道(具體來説清微派)的行列。[①] 没有從一位合法的全真師傳得授任何直接的全真教法訓練,劉淵然的全真道知識最多祇是通過趙宜真的二手了解,他的全真道關聯是薄弱的。

必須指出,明代有兩通有關劉淵然的碑文常被引用來指證其與全真道相關。邵以正《重建白雲觀長春殿碑略》(作於天順元年,1457)宣稱,對於北京白雲觀的祖師丘處機,"以正實嗣派之雲孫",理由是"念(丘處機)真人與先師劉真人偶同'長春'之號,而師祖趙(宜真)真人又受北派金丹之傳於(丘)真人"這些間接證據。[②] 與他的論證相反,在傳統中國社會,一個人(包括一位道士)總是視其血緣上或宗教上的祖先(祖師)的名字别號爲禁忌諱字,不會以重複祖先(祖師)的名字别號的方式來對之表示不敬。劉淵然與丘處機擁有相同的别號"長春",恰恰表明劉淵然不是丘處機的法孫。爲了合理化他在長春殿中在丘處機以及丘處機十八弟子之外增加一楹以供奉趙宜真、劉淵然的行爲,邵以正不得不將他自己的師祖和師父與丘處機這位白雲觀的開山祖師掛上鉤。[③] 祇有在這樣的光環下,邵以正纔能將自己與白雲觀聯繫起來。顯而易見,邵以正並不認爲他的師祖和師父屬於統一的全真教團;相反,他視從趙宜真、劉淵然到他的法派爲有别於丘處機的法派傳統,因此需要專立一楹以圖像趙宜真、劉淵然於壁。事實上,正如日本學者石田憲司所説,邵以正本人與全真道了無淵源。[④] 與此相關,邵以正建構追溯了趙宜真、劉淵然的净明道"五祖"和"六祖"身份,以抬高劉淵然和他自己在道教中的地位。[⑤] 可見,邵以正有這種行爲的先例。

---

① 需要注意的是,除了這裏引用的彭定求鈔本《冲虚至道長春劉真人語録》,另外還有一本《新刻長春劉真人語録》,收入上海圖書館藏萬曆三十一年(1603)刊明胡文焕(約 1593～1621)編《格致叢書》第 129 册。但胡文焕本是個大幅删節本,無法準確反映劉淵然的思想。更嚴重的問題是,胡文焕本删去了所有劉淵然對科儀和正一道評述的内容(幾乎是《長春劉真人語録》一半篇幅),顯示出典型的文人精英偏見。因此胡文焕本靠不住。胡文焕本也收入胡文焕編刊之《元宗博覽》卷二八。目前還有兩種對《長春劉真人語録》的研究,可惜僅依賴《元宗博覽》中的胡文焕本,因而對劉淵然思想全貌的掌握是不準確的。參見熊海明:《造精微於性理之中,忘荃蹄於言象之外——淺論〈長春劉真人語録〉的成書及其思想》,《中國道教》2020 年第 6 期;黄吉宏:《趙原陽劉淵然道脈研究》,北京:宗教文化出版社,2018 年,第 197～213 頁。

② (明)邵以正:《重建白雲觀長春殿碑略》,(清)于敏中(1714～1780)等:《日下舊聞考》,北京:北京古籍出版社,2000 年,第 1582 頁。

③ 對邵以正有意識地將趙宜真與丘處機掛鉤的努力的討論,見許蔚《再造傳統:净明科儀的文獻研究》第 3 章。許蔚在此指出:趙宜真"僅認同金野庵是自己的祖師,並没有再進一步追溯到白玉蟾或者丘長春"。

④ [日]石田憲司:《明代道教史上の全真と正一》,[日]酒井忠夫編:《台湾の宗教と中国文化》,東京:風響社,1992 年,第 158 頁。

⑤ 許蔚:《再造傳統:净明科儀的文獻研究》,第 3 章;許蔚:《净明忠孝全書的刊行與元明之際净明統緒的構建》,第 133～134 頁;Richard G. Wang, *Lineages Embedded in Temple Networks*, chap. 7。

正德四年(1509)邵以正第四代徒孫妙應真人李得晟(約 1503～1532)拜謁白雲觀長春殿。見殿堂簷窗脱落傾圮,"思繼先志",遂召集匠人修葺長春殿。他重申邵以正將趙宜真、劉淵然與全真道掛鉤的努力。隨後,他在撰寫於正德十一年(1516)的《長春殿增塑七真仙範記略》中加上如下陳述:"至如通妙邵(以正)真人、普毅杜(永祺)真人,下及得晟,濫厠妙應真人,皆嗣派雲孫蒙其(丘處機)餘澤者也。"①杜永祺 (約 1480～1504) 是李得晟之師,來自北京朝天宫這一國家正一道宫觀。② 顯然,杜永祺不可能是位全真道士。出於同樣的理由,藉用同樣的説辭,李得晟意識到需要一個將其自己的法派與丘處機法派連接起來的合理化依據。同樣,我們不能被李得晟的字面意思所迷惑,他其實强調的是其源自趙宜真、劉淵然、邵以正直至他自己的法派。

事實上,白雲觀後來的傳統不再有供奉趙宜真、劉淵然的殿堂或壁畫,也没有道士禮拜趙宜真、劉淵然。③ 鑒於劉淵然在明代崇高的地位和影響力,白雲觀突然停止供奉劉淵然是不可想象的,除非他在那裏不被認可爲全真宗師。趙宜真—劉淵然—邵以正法派不是全真道的一部分,邵以正和李得晟對白雲觀的護持正是高萬桑(Vincent Goossaert)所描述的護法方式:"全真宫觀……在清微靈寶道士的仁慈的監管之下得以生存,這些清微靈寶道士組成了由明廷提名的道

① (明)李得晟:《長春殿增塑七真仙範記略》,(清)于敏中等:《日下舊聞考》,第 1583 頁。據 Youmi Kim Efurd,李得晟碑記中所述白雲觀壁畫上的五位祖師是清微派宗師:趙宜真、劉淵然、邵以正、Efurd 未識别的無名氏(應該是杜永祺)以及李得晟。參見 Youmi Kim Efurd, "Baiyun guan: The Development and Evolution of a Quanzhen Daoist Temple", PhD diss., University of Kansas, 2012, p. 41n.77。

② 參見《明憲宗實録》卷二〇一,臺北:"中央研究院",1962 年,第 1 頁;《明憲宗實録》卷二四七,第 4 頁;《明孝宗實録》卷一五五,臺北:"中央研究院",1964 年,第 2 頁;《明孝宗實録》卷二〇四,第 9 頁;《明孝宗實録》卷二〇五,第 3 頁;《明孝宗實録》卷二〇八,第 8 頁;(明)沈德符:《萬曆野獲編》,北京:中華書局,1959 年,第 696 頁;曲爽、張煒:《清微派傳承考——以趙宜真、李得晟傳天津天后宫一系爲主》,《正一道教研究國際學術會議論文彙編》(下),上海:正一道教研究國際學術會議,2013 年,第 573 頁;董季群:《天津天后宫》,天津:天津人民出版社,2012 年,第 93、99 頁。

③ 無論是小柳司氣太《白雲觀志》(1939)、吉岡義豊《道教の実態》(1941)、吉岡義豊《道教の研究》(1952)、安世霖《白雲觀志稿》(1940～1946),還是李養正《新編北京白雲觀志》(2003),都没有提到白雲觀中有供奉趙宜真和劉淵然的殿堂。參見[日]小柳司氣太:《白雲觀志》(原刊於 1939 年),《中國道觀志叢刊》,南京:江蘇古籍出版社,2000 年;[日]吉岡義豊:《道教の実態》(原刊於 1941 年),《吉岡義豊著作集》第 5 卷,東京:五月書房,1990 年,第 1～359 頁;[日]吉岡義豊:《道教の研究》(原刊於 1952 年),《吉岡義豊著作集》第 1 卷,第 1～277 頁;李養正編著:《新編北京白雲觀志》,北京:宗教文化出版社,2003 年;安世霖:《白雲觀志稿》,撮略自李養正編著:《新編北京白雲觀志》,第 84～85 頁。

士官方領導層。"[①]清微靈寶(也稱清微或清微正一)道士指的就是主流正一派道士。[②] 正如筆者在他處所論證的,趙宜真—劉淵然—邵以正法派是清微法派,在天津天妃宮的個案中,他們就自稱"清微正一"。[③] 邵以正和李得晟對白雲觀的護持及其將法派與丘處機掛鉤的努力,正是這種"仁慈監管"的姿態。

蘇州福濟觀也有同樣的情況。徐有貞(1407～1472)在其《福濟觀新建祠宇記》中記載了道士郭宗衡(約 1420～1470)重建福濟觀及其法派的情況。據徐有貞,郭宗衡"初師朝天提舉陳淵默"。陳淵默是南京國家正一道宮觀朝天宫的提舉,也似乎是趙宜真的弟子。隨後,郭宗衡"繼師長春真人劉淵然,得清微靈寶、净明、神霄諸法之傳"。[④] 再次説明一下,清微靈寶或簡單説清微,指的是正一道的古典精緻的科儀傳統以及那些秉承這一傳統的道士。净明和神霄,就像清微,則是指兩個以地方神靈崇拜和雷法這樣的儀式傳統爲特徵的新興法派,這些法派初現於唐宋轉型期,紮根於宋代,興盛於宋至明代,儘管净明道在明初之後變成一個更分散化(diffused)的標簽。[⑤] 值得注意的是,《福濟觀新建祠宇記》中没有任何關於劉淵然向郭宗衡傳授全真道法的暗示。

在被任命爲福濟觀住持後,郭宗衡重建了該道觀,並新增了兩楹偏殿,"一以祠純陽及南五祖北七真",即一用以供奉吕洞賓及全真祖師;而另一楹則"祠(劉)長春諸師"。[⑥] 由於這一事件以及郭宗衡是劉淵然弟子的身份,按照某種誤解(筆

① Vincent Goossaert, *The Taoists of Peking*, 1800-1949: *A Social History of Urban Clerics*, Cambridge, Mass.: Harvard University Asia Center, 2007, p. 33, 40; Monica Esposito, *Facets of Qing Daoism*, Paris: University Media, 2014, p.64.

② Vincent Goossaert, "Counting the Monks: The 1736-1739 Census of the Chinese Clergy", *Late Imperial China* Vol.21, No.2, 2000, pp. 47-48, 50, 53, 56-57; Goossaert, *The Taoists of Peking*, pp. 29-30; Fabrizio Pregadio, ed., *The Encyclopedia of Taoism*, London: Routledge, 2008, p. 703. 乾隆元年(1736),乾隆批准並采納了禮部關於僧道度牒程序的建議,依此建議,龍虎山正一派道士稱爲"清微正一"道士,而其他在各省的正一派道士則稱爲"清微靈寶"道士。我們這裏姑且不去深究乾隆割斷龍虎山與其他地區正一道士聯繫的政治意圖,僅就"清微正一""清微靈寶""正一""清微"這些術語來説,它們無疑指向同一類道士,即非全真道士。見《清實録》(第二版),北京:中華書局,2008 年,第 9 册,第 8392 頁;(清)婁近垣(1689～1776):《龍虎山志》卷八,《藏外道書》第 19 册,成都:巴蜀書社,1992 年,第 37 頁。

③ Richard G. Wang, *Lineages Embedded in Temple Networks*, chap. 5.

④ (明)徐有貞:《福濟觀新建祠宇記》,(明)陳暐編:《吴中金石新編》卷六,《景印文淵閣四庫全書》第 683 册,第 30 頁。

⑤ 有關明代清微派和净明道的研究,參見 Richard G. Wang, *Lineages Embedded in Temple Networks*, chaps. 1, 2, 3, 5, 6, and 7。有關明代神霄派的研究,參見 Mark R. E. Meulenbeld, "Civilized Demons: Ming Thunder Gods from Ritual to Literature", PhD diss., Princeton University, 2007;李豐楙:《許遜與薩守堅:鄧志謨道教小説研究》,臺北:臺灣學生書局,1997 年,第 171～206 頁。

⑥ (明)徐有貞:《福濟觀新建祠宇記》,(明)陳暐編:《吴中金石新編》卷六,第 30 頁。

者會稍後剖析該誤解),郭宗衡被錯誤地認定爲全真道士。[①] 從徐有貞《福濟觀新建祠宇記》中,我們無法得出郭宗衡全真身份的結論。如同邵以正對待白雲觀那樣,郭宗衡把劉長春即劉淵然(以及該法派的其他宗師)看作有别於全真祖師的群體。那麽,郭宗衡爲何要增立兩楹供奉不同法派宗師的偏殿呢?其實,完全類似於北京白雲觀,福濟觀自從洪武二十四年(1391)後,就一直是個全真十方叢林。[②] 如果郭宗衡不是全真道士,那他怎麽會成爲福濟觀的住持呢?事實上,郭宗衡"學道冶城西山",即在南京朝天宫這一國家宫觀的西山道院中學道。徐有貞《福濟觀新建祠宇記》接著告訴我們:郭宗衡"遊居兩京,侍祠行宫久之"[③]。

"兩京"反映了明成祖從南京遷都北京過渡期的情況。但這裏,"侍祠"一詞是關鍵。作爲一名道士,郭宗衡以什麽身份在兩京的行宫侍奉皇帝呢?顯然,作爲行宫祭祀香火的道士,他向皇帝提供宗教服務。换言之,他是爲宫廷和國家祭典工作的官方神職人員。關於郭宗衡擔任福濟觀住持的情形,《福濟觀新建祠宇記》澄清,郭宗衡"領是觀"。[④] 從宋代到明代,對於國家宫觀寺廟的管理,國家通常會對這種與國家緊密聯繫的大的宫觀寺廟,直接任命住持,即直接任命官方僧道爲國家祭典服務,這稱之爲"敕差住持制"。[⑤] 鑒於郭宗衡宫廷道士的背景,他在福濟觀任職住持,顯然是"敕差住持制"的一個案例。就明代道教來説,這些官方道士幾乎没有例外都是正一派道士。現在我們來看,儘管郭宗衡是正一(或者説清微)道士,而福濟觀是全真叢林,任命郭宗衡爲福濟觀住持仍然符合這一制度上的通例,就像北京白雲觀的案例一樣,因爲白雲觀的住持職位在明代幾乎都是由正一道士充任。[⑥] 郭宗衡在福濟觀的住持任職,屬於另一個正一派精英道士

① 如吴亞魁:《江南全真道教》(修訂版),上海:上海古籍出版社,2012 年,第 135~138 頁。

② 有關福濟觀是全真道觀的情況,參見吴亞魁:《江南全真道教》(修訂版),第 133~136 頁。

③ (明)徐有貞:《福濟觀新建祠宇記》,(明)陳暐編:《吴中金石新編》卷六,第 30 頁。

④ (明)徐有貞:《福濟觀新建祠宇記》,(明)陳暐編:《吴中金石新編》卷六,第 30 頁。

⑤ 有關"敕差住持制"宋代先例的探討,見[日]高雄義堅:《宋代仏教史の研究》,京都:百華苑,1975 年,第 53~54、56、70~71 頁;[日]金井德幸:《宋代禅刹の形成過程——十方住持の法制化——》,《駒澤大學禪研究所年報》第 15 號,2003 年,第 225、237~238 頁;劉長東:《宋代佛教政策論稿》,成都:巴蜀書社,2005 年,第 275~348 頁。有關元代道教叢林"敕差住持制"的討論及其實例,參見[日]高橋文治:《モンゴル時代道教文書の研究》,東京:汲古書院,2011 年,第 246、344 頁;許蔚:《斷裂與建構:凈明道的歷史與文獻》,上海:上海書店出版社,2014 年,第 357~358 頁。

⑥ 比如李時中(約 1406 年前後在世)和倪正道(約 1417~1448)兩位白雲觀住持,就是典型的正一派道士。據傳,上述道士李得晟,在擔任天津天妃宫住持之前,就是北京白雲觀住持。參見[日]石田憲司:《明代道教史上の全真と正一》,第 154~156 頁; Monica Esposito, *Facets of Qing Daoism*, pp. 65-66n.28; Pierre Marsone, "Le Baiyun guan de Pékin: Épigraphie et histoire", *Sanjiao wenxian: Matériaux Pour L'étude de la Religion Chinoise*, Vol.3, 1999, p.83; 董季群:《天津天后宫》,第 93 頁。

“仁慈監管”全真宫觀的絶佳例子。郭宗衡在福濟觀增建兩楹偏殿,一以尊崇福濟觀既有的全真傳統,一以供奉包括劉淵然在内的他自己法派的宗師,這進一步坐實了劉淵然及其法派的非全真特性。

陳銘珪(1823～1881)在其刊行於光緒五年(1879)的《長春道教源流》中,第一次將劉淵然的身份認定爲全真道士。[①]《長春道教源流》中的劉淵然小傳襲自王鴻緒(1645～1723)《明史稿》,但《明史稿》的劉淵然傳却隻字未提劉淵然任何全真淵源。[②] 作爲全真道士,陳銘珪有意將趙宜真、劉淵然、邵以正以及這一法派的另兩位弟子吴守一、胡守法(1416～1491)這些著名的明代高道看作全真道士[③],不然他就無法彌補明初和明中期全真道斷裂這一尷尬事實。自陳銘珪以後,在全真中興以及對全真道的政治寵渥和文人褒舉的氛圍中,幾乎所有的學術著作皆沿襲陳銘珪之説。陳銘珪建構了我們今天對明代全真道的看法。這一對劉淵然和明代全真道的看法無疑是事後的重構,而非史實。由於陳銘珪對現代道教研究的影響,任何有關明代全真道的研究都始於劉淵然及其直接或非直接的弟子,因爲没有他們,明代前期和中期全真道無法給出令人滿意的回答。但事實是,劉淵然及其法派與全真道了無關聯。對劉淵然全真身份問題的否定和辨析,將澄清這一學術混亂,並提供更精確的道教法派内涵。因此,接下來的篇幅將辨析陳銘珪的觀點。

陳銘珪的論證和宣稱建立在三個支柱之上。第一,他試圖證明趙宜真的全真身份。[④] 如前所説,施舟人、許蔚和筆者已論證了,趙宜真不是全真道士。因此,這一立論就站不住脚了。第二,陳銘珪試圖通過斷章取義地引用王世貞(1526～1590)的《遊白雲觀記》的文字來證明劉淵然的全真身份。明代文豪王世貞遊賞白雲觀,寫下了《遊白雲觀記》。其相關文字原作:

> 當是時,全真之教偏天下……蓋與元相始終。明興,而其道始小屈,以劉淵然之見崇,焦奉真之爲幻,不能盡復其盛。[⑤]

這裏關鍵的句子是“焦奉真之爲幻”。焦奉真(約 1400～1448)是南京女冠,由於有大量信衆,明成祖將她召入宫中。永樂十八年(1420),明成祖封焦奉真爲“妙

---

① (清)陳教友:《長春道教源流》卷七,《藏外道書》第 31 册,成都:巴蜀書社,1994 年,第 20 頁。

② (清)陳教友:《長春道教源流》卷七,第 20 頁;(清)王鴻緒(1645～1723):《明史稿》卷一七六,臺北:文海出版社,1962 年,第 11～12 頁。

③ (清)陳教友:《長春道教源流》卷七,第 19～24 頁。

④ (清)陳教友:《長春道教源流》卷七,第 19～20、23～24 頁。

⑤ (明)王世貞:《遊白雲觀記》,《弇州山人續稿》卷六一,臺北:文海出版社,1970 年,第23 頁。

惠仙姑"並爲之建玄真堂。正統八年(1443),明英宗將玄真堂升格爲玄真觀,並御賜一套《道藏經》。焦奉真人稱焦姑,有仙術,能祈雨禱晴。[①] 其弟在南京神樂觀爲道士,而其舅馮仲彝則爲南京天地壇祠祭署奉祀,後升南京太常寺寺丞。[②] 我們知道,明代皇家陵墓和國家祭壇中的神職人員以及包括寺丞在内的太常寺官員,皆由神樂觀樂舞生來充當,而且,神樂觀這一國家禮儀機構中的樂舞生皆爲正一道士。[③] 因此,焦奉真的弟弟和舅舅馮仲彝也應該是正一道士。而且,馮仲彝之孫、焦奉真表侄馮必政原爲南京國家道廟北極真武廟的廟官。他隨後升爲南京太常寺贊禮郎、寺丞。[④] 北極真武廟隸屬於南京太常寺,並被列爲附屬於南京神樂觀的"中觀"即中型道廟。[⑤] 如前所述,太常寺的許多官員和禮儀屬員任命自神樂觀的樂舞生。鑒於神樂觀由正一道士管理,因此作爲其下院的北極真武廟自然也是正一道廟。因此,馮必政也是位正一道士。看來,焦奉真及其親屬似乎出自正一道士世家。焦奉真居住的玄真觀也被列爲隸屬太常寺、負責國家祭典的道廟。事實上,玄真觀是附屬於南京神樂觀的"小觀"即小型道觀。出於同樣的理由,作爲神樂觀的附屬下院,玄真觀也應是正一道觀,其中有三茅殿供奉三茅真君。三茅真君源自茅山上清派,到明代上清派早已融合進正一道作爲後者的一部分[⑥],但玄真觀中並没有供奉全真道祖師,焦奉真的正一道身份因此

---

① (明)葛寅亮(1570～1646):《金陵玄觀志》卷一三,《中國道觀志叢刊》第 11 册,南京:江蘇古籍出版社,2000 年,第 26 頁;(明)錢溥(1408～1488):《玄真觀興造記》,《金陵玄觀志》卷一三,第 327 頁;(明)周暉(1546～1627?):《金陵瑣事》,《金陵瑣事 續金陵瑣事 二續金陵瑣事》,南京:南京出版社,2007 年,第 138 頁;康熙《江寧府志》卷二七,第 24 頁;康熙《江寧府志》卷三二,第 6 頁;康熙《江南通志》卷五八,第 4～5 頁。

② 《明太宗實録》卷二一五,臺北:"中央研究院",1966 年,第 1 頁;《明仁宗實録》卷一下,臺北,"中央研究院",1966 年,第 6 頁;《明仁宗實録》卷二上,第 4 頁;《明英宗實録》卷一五三,臺北:"中央研究院",1962 年,第 6 頁;(明)沈德符:《萬曆野獲編》,第 704 頁;(明)周暉:《金陵瑣事》,第 138 頁;康熙《江寧府志》卷二七,第 24 頁;康熙《江南通志》卷五八,第 4～5 頁。有關焦奉真及其弟的簡述,參見 Victoria Cass, *Dangerous Women: Warriors, Grannies and Geishas of the Ming*, Lanham, MD: Rowman & Littlefield, 1999, p. 68。

③ [日]滋賀高義:《明初の神楽観と道教》,《大谷學報》第 43 卷第 2 號,1963 年,第 43 頁;[日]滋賀高義:《明代神楽観攷》,《大谷學報》第 57 卷第 2 號,1977 年,第 23 頁;劉永華:《明清時期的神樂觀與王朝禮儀:道教與王朝禮儀互動的一個側面》,《世界宗教研究》2008 年第 3 期。

④ 《明英宗實録》卷一五三,第 6 頁;《明英宗實録》卷一九四,第 5 頁;(明)沈德符:《萬曆野獲編》,第 704 頁。

⑤ (明)葛寅亮:《金陵玄觀志》卷一三,第 16 頁。

⑥ (明)葛寅亮:《金陵玄觀志》卷一三,第 1、26 頁。有關近現代江南(包括南京)道教和民間宗教對三茅真君崇拜及朝聖的動態關係的研究,參見 Rostislav Berezkin and Vincent Goossaert, "The Three Mao Lords in Modern Jiangnan: Cult and Pilgrimage between Daoism and *Baojuan* Recitation", *Bulletin de l'École Française d'Extrême-Orient*, Vol. 99, 2012-2013, pp.295-326。

没有任何值得懷疑的地方。

必須注意的是,王世貞偏好全真道,也是茅山乾元觀全真龍門支派閻祖派的主要護法,在他的支持下,乾元觀成爲南方全真道的中心。[①] 無怪他會哀歎全真道在他那個時代“不能盡復其盛”即金元時期的鼎盛局面,並將全真道的衰落歸咎於像焦奉真這樣的非全真道士的競爭。焦奉真被皇帝召入宫中,被描述爲“爲幻”。在傳統中國的性别政治中,如果某故事中的一位女性被視爲企圖誘惑男人,那麽她的行爲就被解釋爲邪惡的影響即“幻惑”。正如勞格文(John Lagerwey)在討論中國宗教時所指出的:“女巫(或巫婆)的主題不斷地湧現……特别顯著地與‘惑於女色’(the female way of seduction)的案例相關,也被説成是‘幻惑’(perverse seduction)。”[②]事實上,王世貞將焦奉真視爲“爲幻”,因爲她運用其宗教(以及或許女色)的魅力去影響世間地位最高、權力最大之人永樂皇帝。結果,在王世貞看來,焦奉真之被召入宫,暗示了其以色相見寵,並且她的宗教道法也獲得明成祖的護持。王世貞的文字“爲幻”其實就是“惑於女色”(the female way of seduction)、“幻惑”。而這種“幻惑”當然經常被用來指稱異端邪説或異端邪説者,如勞格文所説的巫婆,或焦奉真作爲禍水紅顔,運用其女色去誘惑皇帝以支持其異端邪説。[③] 因此,王世貞將劉淵然和焦奉真歸入同一類,也即他們屬於導致全真道衰落的同一種力量。如同“焦奉真之爲幻”“劉淵然之見崇”的描述,並不是褒義而是貶義,意指名不副實的朝廷優寵。

陳銘珪在引用王世貞文字時,故意删去了有關焦奉真的關鍵句子:

> 全真之教徧天下,蓋與元相始終。明興,而其道始小屈。以劉淵然之見崇,不能盡復其盛也。[④]

這裏,“以”字是理解的關鍵。介詞“以”字,或引進動作行爲的原因,作“因爲”“由於”解,如同王世貞《遊白雲觀記》原本的文字,意思是由於劉淵然尊崇的地位和

---

① 王崗:《明代江南士紳精英與茅山全真道的興起》,(元)劉大彬(約 1317~1328)編,(明)江永年(約 1506~1551)增補,王崗點校:《茅山志》,上海:上海古籍出版社,2016 年,第 706~750 頁。此外,王世貞還説道:“世貞舊嘗供奉三教聖容,朝夕參禮。近慕鍾、吕、七真之事。”鍾、吕、七真當然指全真道祖師。參見(明)王世貞:《弇州山人續稿》卷三,第 3 頁。

② John Lagerwey, *Paradigm Shifts in Early and Modern Chinese Religion: A History*, Leiden: Brill, 2019, p.12.引用林富士的説法。

③ 明代保守的儒家正統士大夫譴責和打壓廣東女巫金花夫人,並視金花夫人崇拜爲“淫祀”,也是由於金花夫人崇拜有與焦奉真類似的色欲成分。有關對此的研究,見科大衛(David Faure):《皇帝和祖宗:華南的國家與宗族》,卜永堅譯,南京:江蘇人民出版社,2009 年,第 103 頁。

④ (清)陳教友:《長春道教源流》卷七,第 19 頁。

焦奉真的誘惑,全真道無法恢復其盛;或引進動作行爲憑藉的事物、資格、地位等,作“憑藉的身份”“按照”解,如同陳銘珪《長春道教源流》所表達的文字,意思是(儘管)憑藉劉淵然尊崇的地位,全真道還是無法恢復其盛。如果没有具有明顯貶義的句子“焦奉真之爲幻”,讀者無從判斷“劉淵然之見崇”這句話是褒義還是貶義。現在,無論是讀作“由於”還是“憑藉的身份”,語法上都説得通。讀者因此無法否認陳銘珪對劉淵然的褒義解讀。這一讀法揭示出,儘管以在朝廷中擁有崇高地位的劉淵然(“劉淵然之見崇”)的努力,全真道仍不能恢復其往日之盛。這一讀法就自然將劉淵然放到全真道陣營。自陳銘珪之後,所有對王世貞《遊白雲觀記》的解讀,皆沿襲了陳銘珪的詮釋,因爲這些後來的學者既未花時間去查王世貞《遊白雲觀記》原文,也對焦奉真一無所知。

陳銘珪論證策略的第三個也是最後一個支柱是對徐有貞《福濟觀新建祠宇記》的依賴。他宣稱,據此碑記,因爲劉淵然弟子郭宗衡在蘇州爲福濟觀住持而重建福濟觀,同時建有二偏殿,“一祠純陽及南五祖、北七真,一祠長春諸師”。所以,他得出結論,郭宗衡是全真道士,其師劉淵然也應該是全真道士。但筆者上面已經充分論證了,郭宗衡立此二偏殿,無法得出他及其師劉淵然是全真道士的結論。恰恰相反,這一行爲證實了他們不是全真道士。而且,這也正如同邵以正、李得晟護持白雲觀一樣,是正一道士對福濟觀這一全真道觀的“仁慈的監管”。因此,陳銘珪的第三項證據也不攻自破。[①]

我們可以由此總結:如果如施舟人先生所説,趙宜真不是全真道法脈的傳承者,那麽,劉淵然更不可能:雖然他可能對全真道有間接的了解,但他不是全真道士。更重要的是,他的法脈弟子也非制度上的全真道士。任何有關劉淵然與全真道有實質傳承的觀點應該被拋棄[②],但晚近有關明代全真道的研究中,往往就用與劉淵然的淵源關係來證明某道士的全真身份,許多正一道士也因此被誤認全真身份。我們需要以正視聽。鑒於劉淵然的凈明道“六祖”的身份也是建構追溯出來的,劉淵然的道教法派身份衹能是清微。

(責任編輯:趙衛東)

① 有關較早的對陳銘珪將劉淵然與全真道相聯繫以及對劉淵然全真身份的質疑,見[日]窪德忠:《老子八十一化圖説について——陳致虚本の存在をめぐつて——》,《東洋文化研究所紀要》第46號,1968年,第31～33頁;許蔚:《再造傳統:凈明科儀的文獻研究》,第3章。

② 畑忍也對劉淵然所謂的全真身份持懷疑態度。參見[日]畑忍:《道士劉淵然初探》,第111、114頁。

明清民國崆峒山全真教派系考述

□劉永明　吴華鋒

摘要:明以來的崆峒山全真教分布有華山、龍門二派,兩派的發展受到隴東區域史的直接影響:華山派在清初王輔臣之亂後逐漸式微,龍門派則在此之後成爲全山全真教的主流派系。同治年間的回民反清起義促使龍門派成爲崆峒山全真教的唯一派系,其中又以苗清陽一系爲盛,發展的總趨勢也與明以來西北全真教宗派以龍門派居主要地位的特點高度契合。同時,通過對崆峒山全真教派系歷史發展的梳理,也可看出崆峒山佛道格局的歷史轉變。

關鍵詞:明清民國　崆峒山　全真教　華山派　龍門派

作者簡介:劉永明,男,1966 年生,甘肅秦安人,蘭州大學歷史文化學院、敦煌學研究所教授,博士生導師,主要從事敦煌道教与民间信仰、丝绸之路道教、道教醫學研究。吴華鋒,男,1995 年生,福建寧德人,蘭州大學歷史文化學院博士研究生,主要從事甘肅区域道教史研究。

崆峒山,位於甘肅平凉市城區以西 12 公里,相傳自古爲黄帝問道廣成子的所在地,留下了豐富多彩的道教文化遺産,被視爲“道源聖地”。金元時期,全真教風行北方,高道宋德方、姜公先後主持重修崆峒山問道宫,使其一時成爲遠近聞名的全真教大什方。明初,受到官方宗教管理政策變化等的影響,各地全真教發展一度陷入低潮。明中後期,全真教“衰而復興”,華山派、龍門派先後出現於崆峒山。清初王輔臣之亂、同治回民反清起義是隴東區域史上的重大事件,尤其是後者,不僅直接改變了崆峒山全真教各派系的歷史走向,並且深刻影響了此後崆峒山的佛道格局。關於明以來崆峒山的全真教派系,學界已有一定研究成果,但尚需深入推進。[①] 本文以碑刻資料爲核心，結合地方史和全真教的發展歷史，對明清民國時期崆峒山全真教派系的基本狀況予以梳理。

一、王道成一系華山派

(一)明成化至清乾隆中期問道宮的華山派傳承

據今存史料，崆峒山最早的全真道士爲王道成。平凉文人趙時春(1509～1567)曾撰嘉靖《平凉府志》，對王道成有詳細記載。

王道成，號全真，陝西岐人，弘治年間(1487～1505)任問道宫住持。他"善飲酒至石，餐食數升"，自稱八九十歲，面貌却如六十許人。王道成擅養生，不少體弱多病者隨其學習静坐之術。其静坐術分爲上中下三乘："閉息呼吸爲上乘；以轉降血氣爲中乘；採童男女精血，首生男乳，合砂服之，或注鼻爲下乘，或雜用補益之藥。"他另有醫術，對人體精血百骸用特殊的"方語"稱呼，如黄芽、鉛汞、黄婆、玉樓之類，實屬道教内丹術語，再如稱藥物枸杞根爲仙人杖之類，也是出自道教，可見王道成是一位道教醫家。趙時春身爲學優而仕的名儒，對王道成的記載有明顯的譏諷色彩，但也可以看出他的醫術是有效的："貪色者尊爲聖書，病既次骨，少從其説，疾良愈，遂奔走奉之。"王道成还得到了都察院右副都御史總制三邊軍務張泰的信奉[②]，張泰爲王道成"大修宫宇，廣布施以千金，衣以純帛"。然而這種富有最後給其帶來殺身之禍，某日半夜，王道成遭搶劫被殺。[③]

關於王道成在崆峒山的時間，趙時春另文載曰："正德間，有道流王翁，自號全真。"[④]嘉慶《崆峒山志》載其"成化年間遊居問道宫"[⑤]。總制張泰"正德初以都察院右副都御史巡撫陝西，正德六年以右都御史總制陝西三邊軍務，卒于固原"，

---

① 樊光春在《西北道教史》(北京：商務印書館，2010年，第517～518頁)中曾簡略提及王道成、霍真祥、苗清陽三系的傳承。吴通也曾對明代問道宫、雷聲峰與清初隍城的全真教派系傳承予以簡介，詳見《明代韓王與隴東地區宗教的發展》，博士學位論文，蘭州大學，2015年，第88、99、104頁。牛利利對明至民國崆峒山全真教派系傳承進行過簡單的梳理，詳見《甘肅天水玉泉觀全真道研究》，碩士學位論文，蘭州大學，2018年，第29～32頁。

② 總制三邊軍務，又稱三邊總制、三邊總督，始設於弘治年間，是總攬明代延綏、寧夏和甘肅三邊軍政大權的高官。詳見(清)張廷玉等撰：《明史》卷七三，北京：中華書局，1974年，第1775頁。

③ (明)趙時春纂修：《平凉府志》卷三，《中國西北文獻叢書・西北稀見方志文獻》第四十一卷，蘭州：蘭州古籍書店，1990年，第358頁。

④ (明)趙時春：《遊崆峒記》，(清)許容等監修，李迪等撰，劉光華等點校：《甘肅通志》卷四七，蘭州：蘭州大學出版社，2018年，第1672頁。

⑤ (清)張伯魁纂修：《崆峒山志》上卷，《中國方志叢書・華北地方・第三五二號》，臺北：成文出版社，1970年，第77～78頁。

兩年後彭澤接任,則張泰應於正德六年(1511)至八年(1513)在任①,王道成遇害時間也應在此時。如按王道成成化年間始居崆峒山問道宫計②,他任問道宫住持至少有 30 年。

王道成住持問道宫期間曾收徒傳道。今存問道宫的元至正十七年(1357)《重修崆峒山問道宫碑》碑陰存有明代刻文,爲"嘉靖三年四月吉日重立。本宫住持道士賈崇慶、韓崇峰"③。據全真華山派字輩譜④,王道成與賈、韓二人構成連續的全真華山派傳續譜系。清光緒年間,全真龍門派道士陳教友所撰的《長春道教源流》以嘉慶《崆峒山志》爲底本,將王道成的事跡進一步改編,將其歸爲龍門派道士,顯誤。此書又載盗賊劫掠問道宫之前王道成已預先得知,令"賈、徐二弟子匿林中"⑤。賈姓弟子很可能即賈崇慶,可見王道成所收弟子可考者至少有 3 人。不過,王道成作爲三邊總制張泰所崇奉的高道,門下徒衆必不止 3 人。

此後直至明亡,問道宫全真道士均無考。崆峒山隍城獻殿南墻鑲嵌有一通署名爲"閔莆林毓俊"的詩碑,其中有一首詩爲《贈問道宫濯虚道人》,未載時間。⑥林爲福建人,順治興化府(今福建莆田)拔貢。⑦ 乾隆《涇州志》載有署名"閩人尔千氏林毓俊"所撰的《回中山賦》一首,其序載"己亥初春,予爲郭瑞旭年父母邀入涇治"⑧。查清代己亥年,符合林毓俊生活年代的有兩年:順治十六年(1659)、康熙五十八年(1719)。考慮到林毓俊爲順治年拔貢,他取得拔貢功名時應已成年,如若林在康熙五十八年方獲邀遊涇州,當時他最年輕也已年過古稀,顯然可能性不大。因此,林毓俊應在順治十六年遊涇州,而他登崆峒、贈詩問道宫濯虚道人一事大致在順治或康熙初年,這位道人應爲清初順、康間問道宫的全真華山派道士。

---

① (明)趙廷瑞等修:《陝西通志》卷一九,黄秀文、吴平主編:《華東師範大學圖書館藏稀見方志叢刊》第 3 册,北京:北京圖書館出版社,2005 年,第 7 頁。

② 問道宫舊址在崆峒山南麓蒼松嶺尾部涇河大轉彎處,今已被水庫淹没。新建的問道宫今位於崆峒山東臺東麓玄鶴洞崖下的龍鬚溝口。詳見曹建奎:《崆峒山道教志》,内部出版物,2009 年,第 33～34 頁。

③ 王科社、趙亞莉:《新發現崆峒山問道宫碑碑陰元明刻文及相關問題探討》,《隴右文博》2016 年第 4 期。

④ 華山派第一至三十代字輩依次爲"至一無上道,崇教演全真;冲和德正本,仁義禮智信;嘉祥宗泰寧,萬里復元亨"。下文不再出注,特此説明。詳見李養正編著:《新編北京白雲觀志》,北京:宗教文化出版社,2003 年,第 440 頁。

⑤ (清)陳教友:《長春道教源流》卷七,《藏外道書》第 31 册,成都:巴蜀書社,1994 年,第 131 頁。

⑥ 吴景山編著:《崆峒山金石校釋》,蘭州:甘肅文化出版社,2014 年,第 158 頁。

⑦ (清)宫兆麟等修:《興化府莆田縣志》卷一四,民國十五年(1926)吴輔再補刻本。

⑧ (清)張延福等修:《涇州志》卷下,《中國地方志集成·甘肅府縣志輯》第 20 册,南京:鳳凰出版社,2008 年,第 517～518 頁。

崆峒雷聲峰門洞北墻立有康熙四十六年(1707)《香燈會等置地記碑》,碑中有“問道宫全真道人何□□”[①]題名。隍城白虎殿乾隆三十一年(1766)《重修大頂白虎殿記碑》載有“問道宫住持藍仁志”[②],屬華山派第16代,結合上文嘉靖三年(1524)問道宫出現華山派第6代道士,242年間問道宫共傳續10代,平均代際傳承時間爲24.2年,比較合理。可見,自明成化年間至清乾隆中期,問道宫道士應始終屬王道成一系。

(二)明嘉靖至清初王輔臣之亂前隍城華山派的傳承

隍城位於崆峒山主峰馬鬃山,今存一刻於嘉靖二十二年(1543)的明代鐵椿,上有“道士張教玄;徒:□□主、張演福”[③]的題名。張演福還出現在兩年後的《建三天門鐵索碑記》中,爲修建崆峒山三天門鐵索的倡議人、組織者之一。[④] 張教玄與其徒爲華山派第7、8代弟子,身份爲隍城住持道士。[⑤]

王道成在世時,曾受三邊總制張泰崇奉,爲其派系在崆峒山的進一步發展提供了良好的機遇,故有理由認爲隍城華山派是問道宫王道成一系勢力擴張的結果。此後直至康熙初年王輔臣之亂,隍城均由華山派住持。順治八年(1651)隍城《重修玄帝殿並新建香亭記碑》中有“大頂住持道人張和中、胡和玄;徒:王得(德)隱、徐德慶、路得(德)澄、王正明、楊正東”華山派第12至14代道士題名。[⑥]

可見,王道成是崆峒華山派的開山祖師。直至清乾隆年間,問道宫住持均屬王道成一系,並未因戰亂等中斷道脈的傳承。同時此系道脈也向崆峒山其他宫觀擴張,一度成爲此後崆峒山最重要的道教宫觀群——隍城的住持。因此,王輔臣之亂前,王道成一系華山派是崆峒山全真教的主要派别。

(三)王輔臣之亂後隍城華山派的衰微

康熙十三年(1674)十二月,駐守平凉的陝西提督王輔臣起兵反清,與三藩之亂相呼應,一時間陝甘大震。[⑦] 王輔臣據守平凉,與清軍展開拉鋸戰,後清軍逐漸

---

① 吴景山編著:《崆峒山金石校釋》,第74頁。

② 吴景山編著:《崆峒山金石校釋》,第101頁。

③ 吴通:《明代韓王與隴東地區宗教的發展》,第76頁。

④ 吴景山編著:《崆峒山金石校釋》,第17頁。

⑤ 同一時期,崆峒山南天門鐵索爲雲遊道士郭教成與衆信士倡議修建,得到了平凉韓王家族的大力支持。郭亦爲華山派第7代道士無疑,然囿於資料,無法確定其師承。考慮到郭能够在崆峒山號召包括平凉韓王在内的各界力量捐助修建南天門鐵索,他很可能已安身於此。詳見嘉靖二十四年(1545)《新建南天門鐵索記》,吴景山編著:《崆峒山金石校釋》,第15頁。

⑥ 吴景山編著:《崆峒山金石校釋》,第17頁。

⑦ 參見《清聖祖實録》卷四四至卷六三,北京:中華書局,1985年,第4册,第579～819頁;陳文俊:《王輔臣從叛吴三桂事略考》,《甘肅民族研究》2013年第4期。

將其圍困於平凉城。康熙十五年(1676),康熙帝命大學士圖海爲撫遠大將軍,負責與王輔臣的戰事。當年五月,清軍力戰奪取位於平凉城北的軍事要地虎山墩,斷絶城内守軍糧道的同時,又用火炮轟城。内外交困之下,王輔臣不得不投降,持續近兩年之久的王輔臣之亂遂定。[①]

王輔臣之亂對陝甘社會正常生産生活秩序造成了嚴重破壞,也對崆峒山佛、道教打擊甚巨。康熙二十二年(1683)《重修崆峒山大頂金城寶殿碑記》載:

> 不幸甲寅、乙卯歲(康熙十三、十四年)兵燹頻仍,金城坍塌,寶殿傾頽。太和樓、黄籙殿爲之崩裂,關聖廟、藥王殿蕩然無存……至丙辰歲,師旋大定,民生安堵。有會衆信善李天禄……張自友等發心捐資重修……倏聞龍門洞有一全真道人苗清陽者,素諳修真,勳崇行著,衆趨求請,陽以虚談,固辭弗就。於是,上白本府太守楊公,歷訴其由,親給帖書,衆持復往,再三敦請。陽念官衆出於虔誠,選率門徒范一聖、潘和真、范一祥、楊一光……任厥住持。[②]

此次戰亂使崆峒山各宫觀遭到嚴重破壞,道士或死於戰亂,或四散逃離。叛亂平息後,在平凉知府的支持下,當地民衆禮請隴州龍門洞高道、重修龍門洞的龍門派第10代道人——"龍門四公"之一苗清陽任隍城住持。[③] 苗清陽赴崆峒後,爲募資重修隍城而"化行十方",在今寧夏等地屢顯"神通",各地信衆"頗深敬服,多助布施。以故得於康熙丁巳(1677)初春望日興工,鑿石立址,煉磚作基。金城較昔堅固,寶殿輝煌;黄籙、太和樓皎然耀彩;關聖、藥王殿麗然壯觀。更兼玉階、鐘鼓二樓復新創建,其下青龍、白虎殿悉皆補飾重振矣。迄今辛酉(1681),功程告竣"[④]。在苗清陽的主持下,隍城得以重修,苗清陽一系龍門派從此成爲隍城新的主人。

王輔臣之亂使隍城王道成一系華山派傳承被打亂。戰亂後,此系華山派遷至位於隍城太和宫以北、規模較小的子孫宫。順治八年(1651)《重修玄帝殿並新建香亭記碑》中出現華山派"德"字輩道士,康熙四十六年(1707)隍城《香燈會等置地記碑》有"子孫殿(宫)住持全真道人朱德重"[⑤]題名,距順治八年(1651)隍城

---

① 趙爾巽等撰:《清史稿》卷二五一,北京:中華書局,1977年,第9712~9713頁。

② 吴景山編著:《崆峒山金石校釋》,第52頁。

③ 張文主編:《丘處機與龍門洞》,西安:陝西人民出版社,1999年,第269~271頁。

④ 吴景山編著:《崆峒山金石校釋》,第52頁。

⑤ 吴景山編著:《崆峒山金石校釋》,第74頁。

出現的同輩道士 56 年。乾隆四年(1739),子孫宫(殿)出現"本"字輩道士。[①] 13 年後,子孫宫住持馮本林、周本恒將本宫香火地轉讓給三教洞,碑中還載有"仁"字輩華山派道士姚仁惠。[②] 乾隆三十一年(1766),子孫宫住持爲楊仁忠。[③] 從子孫宫的規模、歷代華山派道士的人數可看出,王輔臣之亂是此系華山派由盛而衰的轉折點。

香山混元頂位於崆峒翠屏山東端,原建有軒轅宫,嘉慶《崆峒山志》載:"(軒轅宫)唐建,今移天仙宫(子孫宫)西。"[④]康熙四十六年(1707)《香燈會等置地記碑》載有軒轅宫住持、華山派第 14 代道士盧正倫[⑤],其後軒轅宫弟子始終爲華山派,直至移入子孫宫。兩宫道士同屬王道成一系華山派,這應爲軒轅宫選擇與子孫宫合併的潛在原因。兩宫的合併,又可視爲王道成一系華山派逐漸式微的表現。

晚清時,子孫宫王道成一系華山派一度轉移至三教洞。三教洞爲自隍城下行的第一處宫觀,今存一通某次醮會參與信士的題名碑,已殘,年月不詳,有"住持郭祥瑞、孟祥來;徒馬宗路(下闕)"[⑥]的題名。此碑刻碑人與咸豐十一年(1861)《重修三教洞、帥神殿、雷聲峰玉皇樓工竣記碑》相同,均爲王泰[⑦],大致也應爲晚清時所立。乾隆三十一年(1766),子孫宫道士爲華山派"仁"字輩,如若此碑立於同治回民反清起義後,一百餘年時間下傳 6 代弟子,平均代際傳承時間不超過 20 年;若立於同治之前,平均每代傳承約爲 15 年,也較爲合理。可見此碑中出現的華山派第 22、23 代道士應屬原子孫宫王道成一系,出於某些原因成爲三教洞住持(詳見下文)。之後此系華山派的傳承不詳,很可能已斷絶。

二、霍真祥一系龍門派

崆峒山龍門派最早可追溯至明萬曆年間雷聲峰住持霍真祥。今存於崆峒山博物館的乾隆三年(1738)重刻明永樂、天順二帝尋訪張三丰詔書碑中有"萬曆四

① 吴景山編著:《崆峒山金石校釋》,第 88 頁。
② 乾隆十七年(1752)《施捨三教洞香火田地契約記碑》,吴景山編著:《崆峒山金石校釋》,第 99 頁。
③ 乾隆三十一年(1766)《重修大頂白虎殿記碑》,吴景山編著:《崆峒山金石校釋》,第 102 頁。
④ (清)張伯魁纂修:《崆峒山志》卷上,《中國方志叢書·華北地方·第三五二號》,第 65 頁。
⑤ 吴景山編著:《崆峒山金石校釋》,第 74 頁。
⑥ 清代《三教洞建醮記碑》,吴景山編著:《崆峒山金石校釋》,第 162 頁。
⑦ 吴景山編著:《崆峒山金石校釋》,第 119 頁。

十三年六月吉日，住持道人霍真祥、徒張常明立”[①]的題名。兩位道士字輩正與龍門派第6、7代相吻合。[②] 作爲雷聲峰住持，霍真祥在萬曆四十三年(1615)及次年獲得包括韓王家族在内平凉各地民衆的支持，爲重修雷聲峰募集了大量資金。[③]

清初，隍城住持道士除華山派外，也開始出現龍門派的身影。順治八年(1651)《重修玄帝殿並新建香亭記碑》中有“大頂住持道人朱守貞”[④]題名，今存隍城獻殿的順治十五年(1658)《崆峒山玄帝祠置田碑記》中也有道士楊守真[⑤]，均屬龍門派第8代。可見順治間華山、龍門二派共存於隍城，前者占主導。考慮到字輩的代際傳續，隍城龍門派應源自雷聲峰霍真祥一系。

王輔臣之亂後，隍城由苗清陽一系住持，不過原霍真祥一系的傳承並未就此斷絶。康熙四十六年(1707)雷聲峰《香燈會等置地記碑》有東華庵住持全真道人王清霧的題名[⑥]，屬龍門派第10代。東華庵位於子孫宫以北，位置較偏僻。1651年及1658年，隍城出現龍門派第8代道士，若以1651年爲始，與1707年相隔56年，傳續兩代，平均代際傳承時間爲28年，較爲合理。霍真祥一系在隍城的勢力本就較爲單薄，王輔臣之亂後苗清陽一系在平凉地方官員及信衆的支持下進駐隍城，使此系衹能遷居於規模較小、位置較爲偏僻的東華庵。囿於資料，霍真祥一系龍門派的具體傳承情况不明，很可能已斷絶。

三、苗清陽一系龍門派

(一)王輔臣之亂後苗清陽一系與黄本善一系短暫共存於隍城

王輔臣之亂後，龍門洞苗清陽一系龍門派勢力進駐隍城，隨苗同赴崆峒山的還有其門徒范一聖、潘和真、范一祥和楊一光。

---

① 吴景山編著:《崆峒山金石校釋》，第86頁。

② 龍門派第一至三十代字輩依次爲“道德通玄静，真常守太清；一陽來復本，合教永圓明；至理宗誠信，崇高嗣法興”。下文不再出注，特此説明。詳見李養正編著:《新編北京白雲觀志》，第438頁。

③ 相關史實可參考張鵬:《崆峒山道教研究——以營建爲中心的考察》，碩士學位論文，蘭州大學，2013年，第39～41頁。

④ 吴景山編著:《崆峒山金石校釋》，第37頁。

⑤ 吴景山編著:《崆峒山金石校釋》，第40頁。

⑥ 吴景山編著:《崆峒山金石校釋》，第74頁。

依龍門派字輩，范、楊三人均爲苗之徒，潘和(合)真却屬龍門派第16代。[①]從字輩傳續角度而言，潘應爲龍門洞黄本善之徒。追隨苗清陽至崆峒山的黄本善一系徒衆似乎並非衹有潘和真，康熙三十二年(1693)《重修崆峒山大頂金殿聖父聖母後樓黄籙兩廊功德碑記》有“住持：范一聖、□和□、黄和夏、劉和秋”[②]四道士題名，黄和(合)夏屬龍門洞黄本善一系，劉和秋、□和□亦同。此次重修聖父聖母宫由潘和真和盧教静發起，依龍門派字輩，二人應爲師徒。潘自康熙二十二年(1683)隨苗清陽赴崆峒山，已傳道收徒。十年後出現的另三位“和(合)”字輩同代道士並没有徒衆，且他們不是苗清陽初至崆峒時的追隨者，而是在其之後赴崆峒山。[③] 另外，康熙三十二年碑碑陰還列有黄本善的題名，説明潘和真主持的重修還得到過其師的支持。

可見，苗清陽住持崆峒隍城，改變了王輔臣之亂前隍城以華山派爲主的局面，然而此後隍城龍門派並非僅苗清陽一系，而一度出現黄本善一系與前者共同住持隍城的情形。這一現象並未長久持續，黄本善一系的傳承自康熙三十二年起再未見諸史料。龍門洞今存一通康熙三十五年(1696)《地畝碑記》，碑後有潘合真、黄合夏兩位道士的題名[④]，可見此時兩位道士已從崆峒山返回龍門洞。囿於資料，個中原因今已無法查考，很可能與兩系之間的利益争奪有關，實力較弱的黄本善一系隨即被排擠出崆峒山。

(二)隍城苗清陽一系的歷史傳承

隨苗清陽赴崆峒的“一”字輩弟子共3人，范一祥後赴雷聲峰任住持(見下文)，范一聖與楊一光留住隍城。康熙四十六年(1707)《香燈會等置地記碑》又載有“大頂住持全真道人劉一誠”[⑤]，應爲苗任隍城住持後所收弟子。康熙二十二年(1683)《重修崆峒山大頂金城寶殿碑記》中已出現“陽”字輩弟子張陽融、劉陽景，另有白陽訓在乾隆四年(1739)與張陽融同時出現，兩人同爲“大頂住持”。同年，

---

① 之所以是“潘和真”而非“潘合真”，這是全真派字譜在各地傳播過程中因同音異字而出現的誤用。這一現象在各地均有出現，如山西介休后土廟龍門派“合”字輩道士均爲“和”。詳見張方：《碑刻所見介休后土廟龍門派傳承》，趙衛東主編：《全真道研究》第三輯，濟南：齊魯書社，2014年，第253～254頁；趙衛東：《博山鳳凰山道教考》，趙衛東主編：《全真道研究》第六輯，濟南：齊魯書社，2017年，第101～120頁。下文出現相同的現象不再出注，特此説明。

② 《龍門文史資料彙編》編纂組編：《龍門文史資料彙編·龍門宗法》，内部出版物，1991年，第4頁。此書所載分别爲“潘合真”“黄合夏”。

③ 曹建奎將潘和真歸爲正一派道士，且認爲隍城太和宫中的天師院、天師祠均爲潘所建。此觀點於史無證，不知所出何本。詳見《崆峒山道教志》，第7頁。

④ 吴受琚編著：《賚雞道教碑石記》，北京：中國社會科學出版社，2021年，第330頁。

⑤ 吴景山編著：《崆峒山金石校釋》，第74頁。

“來”(王來祐、趙來佩)、“復”(馬復動、馬復榮)、“本”(趙本聰、王本□)字輩弟子也都出現[①],馬復動是當年營建隍城後樓工程的主持者。兩年後的《重修真武殿記》碑碑後題名爲“住持道人馬復洞”,與馬復動爲同一人,爲崆峒山碑刻中常見的人名同音異形現象。同時,此碑另載有“復”字輩道人王復元。[②] 在隨後的重修白虎殿工程中,馬復動與王復元同爲住持募化道人,且爲紀念此次重修所立碑中分別載有5位“本”字輩與4位“合”字輩道人。[③]

嘉慶年間,“合”字輩馬合長(常)曾任住持,並重修正殿等建築。[④] 其後“教”字輩道士爲段教文,他“于嘉慶辛未入山修道,詣大頂束髮受冠”[⑤],時僅6歲,咸豐辛酉(1861)時已年近花甲。段教文下傳“永”字輩弟子4人,“元(圓)”字輩徒孫1人。[⑥]

段教文任住持時適逢同治動蕩,“擾亂數年……以後住持日無度用……由是各處逃散。……金城坍塌,寶殿傾頹,太和宫、太白殿亦然崩裂,聖父聖母樓、太上黄籙殿、天師、關聖、藥王殿並南官廳、北道院毫然無存,即階石亦無完處”[⑦]。同治十二年(1873),戰亂平息後,主持重修隍城的是蘇元(圓)祥及“明”字輩道人楊明堃。據楊自傳碑,他在光緒四年(1878)入道。[⑧] 除楊之外,“明”字輩另有仲明亮與楊明真。[⑨] 以楊爲首,“明”字輩道士爲重修隍城四處奔波、廣收徒衆,使“至”字輩弟子數量達至兩位數。[⑩] “理”字輩弟子首次出現於光緒二十六年

---

① 乾隆四年(1739)《重修後樓皇城記碑》,吴景山編著:《崆峒山金石校釋》,第88頁。

② 吴景山編著:《崆峒山金石校釋》,第91頁。

③ 這兩輩道士分別爲“本”字輩馬本臣、楊本義、張本翠、白本玉、□本寅與“合”字輩董合華、馬合常、趙合年、卜合學。詳見乾隆三十一年(1766)《重修大頂白虎殿記碑》,吴景山編著:《崆峒山金石校釋》,第101頁。

④ 此碑載馬合長於嘉慶十二年(1807)主持重修。詳見咸豐十一年(1861)《重修大頂正殿獻殿暨皇城並金妝聖像記碑》,吴景山編著:《崆峒山金石校釋》,第118頁。

⑤ 咸豐十一年(1861)《遊崆峒記碑》,吴景山編著:《崆峒山金石校釋》,第122頁。

⑥ “永”字輩爲陳永壽、朱永福、陳永禄與陳永年,“元(圓)”字輩爲蘇元祥。詳見吴景山編著:《崆峒山金石校釋》,第118頁。

⑦ 光緒十五年(1889)《重修崆峒山大頂金城寶殿記碑》,吴景山編著:《崆峒山金石校釋》,第134頁。

⑧ 光緒十五年(1889)《天人感應碑》,吴景山編著:《崆峒山金石校釋》,第137頁。

⑨ 光緒十五年(1889)《重修崆峒山大頂無量正殿獻殿並太白樓等工捐輸花名各方化主姓氏碑》,此碑爲筆者實地抄録,今存崆峒山隍城獻殿右側。另見光緒二十五年(1899)《重修崆峒山藏經閣記碑》,吴景山編著:《崆峒山金石校釋》,第148～149頁。

⑩ “至”字輩弟子分別爲杜至誠、張至遂、王至慧、張至達、同至安、孫至覺、趙至濬、梅至寧、張至叡(睿)與張至馗。詳見吴景山編著:《崆峒山金石校釋》,第151～152、169～170、173頁;光緒十五年(1889)《重修崆峒山大頂無量正殿獻殿並太白樓等工捐輸花名各方化主姓氏碑》。

(1900),爲史理得與楊理海[1],民國五年(1916)更有多達 11 位同輩道士出現[2],民國二十五年(1936)《重修飛昇宫祖師上殿記碑》載有此前創修飛昇宫的太和宫道士,包括以往未曾出現的安理中與白理箕。[3] 由此,"理"字輩道士共 15 人,是隍城同一字輩中道士最多者。

"宗"字輩最早出現於民國五年,史宗義參與了真武殿的重修。[4] 民國二十五年重修飛昇宫時,出現 4 位"宗"字輩道士:杜宗靄、李宗讓、周宗考與趙宗陽。[5] 民國三十八年(1949)《創修十王朝參太乙真人救苦殿記碑》有"師祖:趙至睿(濬);師父:陳理好(浩);子孫:張宗源、□□□"[6]的題名。此外,還有道人李宗慧。民國三十六年(1947)《創修太極山斗姥宫記碑》載:"昔趙至濬重修本宫(太和宫),以至後續張公,杜宗靄引進投拜陳理浩,收爲俗徒,取名宗源。行至於今,度師羽化,敬請李宗慧代理傳巾自授。"[7]初時,杜、張二道士拜陳理浩爲師,未及冠巾,陳理浩已羽化,兩人的冠巾禮爲李宗慧代理主持。杜、張雖與李宗慧屬同一字輩,李宗慧有資格代理冠巾,説明李的年資與道行均高於兩人。按常理,代理冠巾一事應優先選擇本系道士,故可認爲李也屬於隍城一系,故"宗"字輩道士當有 8 位。杜宗靄後任隍城住持,直至 1957 年。[8] "宗"字輩下傳"誠""信"字輩弟子各 6 人。[9]

可見,自苗清陽任隍城住持,直至 1957 年,此系隍城龍門派始終保持完整、連續的傳承,代有其人。依碑刻資料,同治動蕩之前"本"字輩弟子最多,達到 7 位,其餘字輩人數基本維持在 2～4 位,而"教""元(圓)"字輩又分别僅 1 人,可見此時各輩弟子人數起伏較大。同治變亂以後,在"元(圓)""明"字輩道人主持

---

① 光緒二十六年(1900)《重修太上黄籙殿碑記》,吴景山編著:《崆峒山金石校釋》,第 151 頁。

② 這 11 位"理"字輩道士分别爲陳理浩、梁理凝、王理聚、鄭理寬、王理馥、郭理馨、朱理亨、段理銀、石理潮、趙理箴與安理馨。詳見民國五年(1916)《重修崆峒山大頂真武殿記碑》,政協甘肅省平凉市崆峒區委員會編:《崆峒金石》,蘭州:甘肅人民美術出版社,2014 年,第 297 頁。

③ 民國二十五年(1936)《重修飛昇宫祖師上殿記碑》,吴景山編著:《崆峒山金石校釋》,第 185 頁。

④ 民國五年(1916)《重修崆峒山大頂真武殿記碑》,政協甘肅省平凉市崆峒區委員會編:《崆峒金石》,第 297 頁。

⑤ 民國二十五年(1936)《重修飛昇宫祖師上殿記碑》,吴景山編著:《崆峒山金石校釋》,第 185 頁。

⑥ 1949 年《創修十王朝參太乙真人救苦殿記碑》,吴景山編著:《崆峒山金石校釋》,第213 頁。

⑦ 吴景山編著:《崆峒山金石校釋》,第 208 頁。

⑧ 1957 年《重修崆峒山太和宫禁地記碑》,吴景山編著:《崆峒山金石校釋》,第 221 頁。

⑨ "誠"字輩弟子分别爲李誠□、張誠琳、馮誠中、張誠岐、石誠雲與馬誠恕,"信"字輩爲曹信全、馬信仁、杜信和、朱信法、李信然與郭信圓。詳見民國二十五年(1936)《重修飛昇宫祖師上殿記》、1954 年《崆峒山大頂黄籙會歷代建醮碑記》、1957 年《重修崆峒山太和宫禁地記碑》、1954 年《創修雷聲峰龍君殿棋盤嶺大雄殿記碑》,吴景山編著:《崆峒山金石校釋》,第 185、218、221、219 頁。

下，隍城不僅得以修復，且廣收徒衆，“至”“理”字輩道士人數都超過 10 人，“宗”字輩也有 8 人。由此，同治之前，隍城苗清陽一系的發展平穩中略有波折，之後不僅没有走向衰落，反而在短暫的積累後迎來興盛發展的局面，牢牢掌握隍城居住、管理權的同時，勢力還向崆峒山其他宮觀擴展。

值得注意的是，同治動蕩使隍城自明代興起的黄籙會一度廢弛。黄籙會重啓後，會衆逐漸增多，會事日益興盛，且“每年誦經理懺者爲天師派”。天師派所指實爲華山派，平凉崇信人王義通爲第 17 代，同治十一年（1872）至涇源住廟收徒，新中國成立初傳至第 22 代。[①] 華山派並非隍城住觀道士，僅每年按時赴隍城主持黄籙醮事，故民間又將其視爲正一派道士（陰陽）。黄籙會在同治以後的興盛可能是隍城苗清陽一系道人一度衆多的原因之一。

（三）三教洞、子孫宫：楊陽和一系的發展與擴張

三教洞爲自隍城下行的首個宫觀，今可見最早的道士爲康熙四十六年（1707）“住持全真道人楊陽和”[②]，屬隍城苗清陽一系。楊陽和之徒爲張來存，乾隆四年（1739）任住持。[③] 乾隆十七年（1752），子孫殿轉讓給三教洞香火地一事所立碑中有此洞道士張來存、陳復□、徐合元、李教成 4 人題名，缺“本”字輩。[④] 這表明三教洞從楊陽和起每代傳 1 人，是典型的子孫廟。

此後相當長一段時期，三教洞並無碑刻等資料存世。雷聲峰三官殿北墻的咸豐十一年（1861）《重修三教洞、帥神殿、雷聲峰玉皇樓工竣記碑》載有住持道人趙至誠、徒朱理順[⑤]，兩位道士與信士合作，重修三教洞與雷聲峰玉皇樓。康乾時期，雷聲峰與三教洞的龍門派均爲單獨傳承，各宫觀道士負責己方宫觀的營建等事宜，而咸豐年間却出現趙、朱二道人同時負責兩處宫觀營建的現象。兩處宫觀

---

① 1954 年《崆峒山大頂黄籙會歷代建醮碑記》，吴景山編著：《崆峒山金石校釋》，第 218 頁；曹建奎：《崆峒山道教志》，第 8 頁。關於平凉的華山派陰陽家，參見梁受百：《平凉的陰陽家》，政協甘肅省平凉市委員會編：《平凉文史資料》第 2 輯，内部出版物，1991 年，第 158～160 頁。梁受百生於 1915 年，此文爲其根據回憶所寫，較爲客觀。文中提到，王義通來平凉後，在離崆峒不遠的涇源縣（當時爲化平直隸廳）下寺村修玉皇廟，住廟收徒，並不是在隍城任住持。另外，隍城的黄籙殿也並非正一道（陰陽）的道場。若果真如此，隍城應有正一派道士活動的痕跡。一方面，明代至民國年間崆峒山現存碑刻並未有關於正一派道士的任何綫索；另一方面，1949 年 3 月，經平凉縣政府批准，平凉縣陰陽（正一派道士）學會成立，其會員名册中並没有任何一位正一派道士的住地在崆峒山。如若崆峒山確有正一派道士常年住山，難以想象他們會缺席如此重要的事件。因此，崆峒山無常住正一派道士。詳見《甘肅平凉地方法院關於成立陰陽學會的章程》，1949 年 3 月 24 日，平凉市檔案館藏，甘肅省平凉地方法院檔案 004-001-057-005。

② 康熙四十六年（1707）《香燈會等置地記碑》，吴景山編著：《崆峒山金石校釋》，第 74 頁。

③ 乾隆四年（1739）《重修後樓皇城記碑》，吴景山編著：《崆峒山金石校釋》，第 88 頁。

④ 乾隆十七年（1752）《施捨三教洞香火田地契約記碑》，吴景山編著：《崆峒山金石校釋》，第 99 頁。

⑤ 吴景山編著：《崆峒山金石校釋》，第 120 頁。

龍門派均在乾隆早期時傳至“教”字輩(雷聲峰見下文),隍城龍門派在嘉慶時方出現同輩道士,“至”字輩則於光緒十五年(1889)得見,可知隍城龍門派代際傳承速度慢於前兩處,趙、朱二道人並不來自隍城。三教洞院内今存一通《香火田地記碑》殘碑,年月不詳,爲同治變亂後所立,所述爲三教洞住持與信士共同購買香火地一事。碑後殘留有道人題名“(上缺)□理順、□理□;徒:□□□;孫:陳誠福、□誠□”[①]。“□理順”爲朱理順無疑,且三教洞“教”字輩道人李教成出現於1752年,與趙至誠相隔4代,110年,平均傳承一代的時間爲27.5年,較爲合理。由此,趙至誠與朱理順均爲三教洞道士。同治年間的變亂不僅没有使本洞道脈斷絶,相反,本洞道衆頗有增多的態勢,“理”字輩與“誠”字輩道士各有2人,打破了康乾時每代僅1人的舊規。

據民國二十六年(1937)《映雪山人塔志銘碑》,李信和,秦安人,“弱冠應童子試,未售,遂棄去。聞空同多逸人,則負笈往遊。時住持空同子孫宫者爲時誠法,山人師事之而冠巾焉”[②]。李信和生於光緒九年(1883),羽化於民國二十三年(1934),則其在清末(20世紀初)赴崆峒。在此之前,子孫宫原王道成一系華山派已轉移至三教洞任住持,此時的子孫宫住持爲龍門派時誠法。前述三教洞晚清《香火田地記碑》中已有“誠”字輩道士,時誠法應來自三教洞,屬隍城苗清陽一系。考慮到乾隆年間子孫宫曾無償轉讓給三教洞香火地,兩處宫觀道派關係較爲緊密,這也有可能是同治之後兩宫觀道派交换場所的原因。

民國十三年(1924),三教洞重修工程完成。重修碑記中的道士爲“監修住持段誠貴;徒:趙信學、李信和、宋信公;徒孫:莫崇□、陳崇□、朱崇雲、馮崇漢”,“子孫宫住持秦安李信和”[③]撰文。值得注意的是,碑中再未出現王道成一系華山派的身影,此系傳承斷絶,三教洞與子孫宫已完全爲楊陽和一系所有。李信和羽化後,馮崇漢繼任子孫宫住持。馮曾參與修建登山石道(1938)、相助營建紫霄宫(1944),並在創修斗姆宫救苦殿工程中負責供給用水(40年代末)。[④] 民國二十八年(1939),文人張觀雪重繪的《崆峒全圖》完成,馮崇漢主持將此圖刻於石上,

① 吴景山編著:《崆峒山金石校釋》,第160頁。

② 吴景山編著:《崆峒山金石校釋》,第188頁。

③ 民國十三年(1924)《重修三教洞記碑》,吴景山編著:《崆峒山金石校釋》,第178頁。

④ 吴景山編著:《崆峒山金石校釋》,第190、198、213頁。

存於子孫宫。[1] 民國三十一年(1942),闔山僧道同立的“萬代道宗”匾中有馮的題名。[2] 另外,鳳凰嶺太清宫於40年代創建,民國三十六年(1947)碑中有“主持:馮崇漢、郭高樞、康嗣建”[3]題名。郭爲馮的弟子,“萬代道宗”匾也有“太清宫郭高樞”的題名。據此,太清宫作爲新建宫觀,郭高樞爲首任住持,馮崇漢應爲協助創建者。

可見,子孫宫直至同治之前始終由王道成一系華山派住持,之後此系華山派轉移至三教洞,傳至第23代,後道脈斷絶。三教洞龍門派屬隍城苗清陽一系中的楊陽和一脈,歷代均有傳承,代際傳承速度快於隍城。其勢力曾在咸豐年間一度擴張至雷聲峰,又在同治年間的變亂後占據了原屬王道成一系的子孫宫。此後,三教洞與子孫宫同歸楊陽和一脈管理,20世紀40年代其勢力又延伸至鳳凰嶺太清宫。

(四)雷聲峰:范一祥一系的歷史傳承

王輔臣之亂後,雷聲峰原霍真祥一系龍門派的傳承斷絶。康熙二十七年(1688)《重修雷聲峰石牌坊》碑有“焚修弟子范一聖、高來智”[4]題名。范一聖爲隍城住持道士,與高來智一同參與重修,表明苗清陽一系龍門派開始向雷聲峰擴張。康熙三十二年(1693)《重修崆峒山大頂金殿聖父聖母後樓黄籙兩廊功德碑記》碑陰載有“雷聲峰全真范一祥”與徒孫高來智,范爲苗清陽之徒,與苗同赴崆峒山,説明雷聲峰的居住權與管理權已歸苗清陽一系所有。康熙三十六年(1697)雷聲峰鐵鐘又載“本峰住持發心鑄造鳴鐘、香爐,虔獻聖前。全真道人范一聖、范一祥、高來智、高來慧、劉復從”。[5] 據此,范一祥當爲雷聲峰首任住持,他又與隍城范一聖保持著緊密的合作關係,兩地宫觀等的營建均互相參與。范一祥應曾收過徒弟,然不知何故,今存資料未載“陽”字輩弟子,而直接載其有高姓“來”字輩徒孫2人。此時雷聲峰龍門派已傳至“復”字輩,10年後,雷聲峰已改由“復”字輩道士劉復存、蒲復志住持。[6]

雷聲峰在“本”字輩道人談本玉任住持期間迎來發展高潮。談本玉首次出現

---

① 政協甘肅省平凉市崆峒區委員會編:《崆峒金石》,第339～340頁。

② 仇非主編:《新修崆峒山志》,蘭州:甘肅人民出版社,1996年,第65頁;李學純:《崆峒山道教》,政協甘肅省平凉市委員會編:《平凉文史資料》第2輯,第149頁;曹建奎:《崆峒山道教志》,第6頁。筆者未親見此匾,考慮到三書的出版時間,本文以前兩書所載爲準。

③ 民國三十六年(1947)《創修崆峒山鳳凰嶺太清宫記碑》,吴景山編著:《崆峒山金石校釋》,第207頁。

④ 碑鑲嵌於雷聲峰九光殿右側,由筆者2020年7月22日於實地抄録。

⑤ 康熙三十六年(1697)雷聲峰鐵鐘,吴景山編著:《崆峒山金石校釋》,第67頁。

⑥ 康熙四十六年(1707)《香燈會等置地記碑》,吴景山編著:《崆峒山金石校釋》,第74頁。

於雍正九年(1731)《慶陽會衆建醮記碑》中,署名"雷神(聲)峰住□道人談本玉",最後一次出現於乾隆十七年(1752)子孫殿與三教洞香火地交易的契約碑中,爲交易中間人,任本峰住持時間至少 21 年。在此期間,他持續營建雷聲峰宫觀,並得到信士捐資購得 52 畝香火地,又收"合"字輩弟子 5 人,還有一位徒孫陶教如。[①] 乾隆三十一年(1766)時,雷聲峰住持已爲談本玉之徒李合乾。[②]

咸豐年間,雷聲峰玉皇樓的重修由三教洞道士負責,未見本峰道士。20 世紀 40 年代,信衆在雷聲峰新修龍君殿、棋盤嶺大雄殿,1954 年所立碑中的道士題名爲"住持杜宗靄;徒石誠雲、馬誠恕;孫郭信圓"[③],爲隍城一系。晚清、民國兩次營建均未見本峰道士身影。不過,光緒二十八年(1902)購買道士墳地活動中,雷聲峰宫觀爲一單位,捐資 1 兩。[④] 民國三十一年(1942)七真觀"萬代道宗"匾中,"雷聲峰諸處"洪宗遠題名其中。[⑤] 雷聲峰自乾隆以來應始終保持本峰范一祥一脈道士的傳承,"教"字輩弟子(陶教如)出現於 1751 年,與洪宗遠相隔 6 代,190 餘年,平均約 32 年傳承一代,比較合理。然在晚清、民國的兩次營建碑刻中都未見本峰道士的署名,且營建工程也不由本峰道士負責,而是分别歸三教洞、隍城道士管理,民國時的營建内容又由信衆決定,也可看出晚清以來雷聲峰一系道士影響力的弱化。

(五)同治回民反清起義後隍城苗清陽一系龍門派勢力的擴張

同治年間的變亂,對崆峒山全真教派系的發展具有重要影響。光緒十八年(1892),陝甘平慶涇固化兵備道何維楷與當地多位官員捐資重修崆峒山東臺,奉祀關帝與龍神。次年所立碑中的道士題名爲"督工住持道人楊明堃;率徒杜至誠、趙至濬、張至達、萬圓生"[⑥],屬隍城一系。按字輩,萬圓生屬第 19 代,身份則爲第 20 代楊明堃弟子,可能早年在别處出家,後赴隍城,在楊門下受冠巾禮,由此正式成爲隍城一系龍門派弟子。民國二十五年(1936),道士安理忠住持東臺,並繼續重修大殿等建築。[⑦] 民國三十一年(1942)"萬代道宗"匾中,東臺代表亦爲

---

① 乾隆三年(1738)《太宗文皇帝御制香書碑》載談本玉弟子有徐合□、李合乾、趙合泰 3 人,乾隆七年(1742)《重修雷聲峰三元殿金妝聖像功德記碑》載合乾、合泰、合謙、合聚與合臨 5 人,另有陶教如,乾隆十六年(1751)《雷聲峰重修南雲堂功德記碑》載 4 位弟子李合乾、李合臨、徐合謙、趙合泰及一位徒孫陶教如。乾隆三年(1738)碑中的缺字應爲"謙"。詳見吴景山編著:《崆峒山金石校釋》,第 83～99 頁。

② 乾隆三十一年(1766)《重修大頂白虎殿記碑》,吴景山編著:《崆峒山金石校釋》,第 101 頁。

③ 1954 年《創修雷聲峰龍君殿棋盤嶺大雄殿記碑》,吴景山編著:《崆峒山金石校釋》,第 219 頁。

④ 光緒二十八年(1902)《捐置十方道德墳地文契並序記碑》,吴景山編著:《崆峒山金石校釋》,第 152 頁。

⑤ 仇非主編:《新修崆峒山志》,第 65 頁。

⑥ 光緒十九年(1893)《重修東臺關帝龍神廟功德碑》,吴景山編著:《崆峒山金石校釋》,第 146 頁。

⑦ 曹建奎:《崆峒山道教志》,第 30 頁。

隍城趙至濬之徒安理忠。可見雖遭同治變亂,隍城苗清陽一系反而在官方的支持下擴張至東臺。

藏經閣,古爲真乘寺藏經庫房,原址在今中臺停車場東側。藏經閣毁於同治變亂,"道院客堂坍塌無存,前殿山門傾頽大半",光緒間重修。重修道士分爲三類群體,分别爲真乘寺住持何宗亨及其弟子,幫工道人馬永誠、安興元等 6 人,太和宫督工道人楊明真及徒王至慧、杜至誠等 8 人。[①] 除幫工道人外,藏經閣的重修主要由鄰近真乘寺一系及隍城一系負責,後者身份爲"督工"。同治以前的藏經閣爲道士住持,由"道院客堂坍塌無存"可見當時修建有供道士居住之所。藏經閣重修後,未見有道士住持,但不可否認其重修與隍城一系的支持關聯甚密。

飛昇宫位於中臺東端,宣統、民國年間迭經修建。民國二十五年(1936)《重修飛昇宫祖師上殿記碑》載有"創修住持:趙至濬,徒:安理中、陳理浩、王理馥、石理潮、白理箕;重修住持:杜宗靄、李宗讓、周宗考、趙宗陽;徒:李誠□,孫:薛信□"[②]。可見太和宫一系多代道士都曾參與飛昇宫的創建與重修,且李宗讓後成爲飛昇宫住持[其名載於民國三十一年(1942)"萬代道宗"匾中,爲"飛昇宫李宗讓"]。李宗讓也支持重修紫霄宫[③],參與創修斗姆宫、救苦殿[④],並留名於 1954 年《崆峒山大頂黄籙會歷代建醮碑記》中。值得注意的是,飛昇宫的香火地"三頃二十畝,東至大溝……北至大梁。地内銀子一兩,每年租子與東臺兩家公用"[⑤],可見同屬隍城苗清陽一系的東臺與飛昇宫有著共同的經濟來源。

飛仙閣位於上天梯的咽喉路段。民國四年(1915),飛仙閣住持爲龍門派第 18 代王永慧[⑥],其所屬派系與傳承情况均不明,可能是同治變亂後從外地赴崆峒的道人。民國三十一年(1942)"萬代道宗"匾中載飛仙樓(閣)與磨針觀住持爲張誠琳。據 1954 年《崆峒山大頂黄籙會歷代建醮碑記》,張爲隍城住持杜宗靄弟子。可見 40 年代左右,飛仙閣原王永慧一系的傳承已斷絶,隍城一系遂取而代之。

斗姆宫,位於笄頭山坳懸崖之畔,與隍城隔淵相望。民國年間進行過大規模

---

① 光緒二十五年(1899)《重修崆峒山藏經閣記碑》,吴景山編著:《崆峒山金石校釋》,第 148～149 頁。

② 吴景山編著:《崆峒山金石校釋》,第 185 頁。

③ 吴景山編著:《崆峒山金石校釋》,第 198 頁。

④ 前碑中李的角色爲"原量開工",後碑爲"幫助興工"。詳見民國三十六年(1947)《創修太極山斗姥宫記碑》、1949 年《創修十王朝參太乙真人救苦殿記碑》,吴景山編著:《崆峒山金石校釋》,第 209、213 頁。

⑤ 吴景山編著:《崆峒山金石校釋》,第 185 頁。

⑥ 民國四年(1915)《善士吴海、吴英兄弟施捨田地碑》,吴景山編著:《崆峒山金石校釋》,第 163 頁。

的營建，住持爲張宗源[①]，屬隍城一系，他也曾支持紫霄宫的重修[②]，作爲斗姆宫住持名列民國三十一年(1942)“萬代道宗”匾中。張宗源還爲民國年間莊浪縣柳梁鄉牛家溝村卧龍山寺的重修捐地兩垧，然身份則爲“崆峒山王母宫住持”[③]。斗姆宫建築群中包含王母宫[④]，故張宗源的王母宫住持身份實爲斗姆宫住持，而非位於崆峒南麓的王母宫。

王母宫，位於崆峒山南麓，創建年代不詳。乾隆三十一年(1766)，龍門派第13代道人、王母宫住持王來英曾主持重修大頂白虎殿[⑤]，其派系歸屬不詳。王母宫毁於同治年間的變亂，後經重修，今存一重修殘碑：“庚午秋七□□十九□□系法諱元象回來崆峒□□□遊到以見各廟兵火□□維心想……”[⑥]兵燹過後，一龍門派道人□元象返回崆峒山重修王母宫。據《崆峒山道教志》，此人爲蘇元象。[⑦]蘇元象的派系歸屬不明，但顯然在同治之前已是王母宫住持道人。清末購買道士墳地的行動中，王母宫捐資1兩，此時住持可能仍然爲蘇元象。[⑧] 宣統元年(1909)，又有王母宫住持趙慄庵與信士商議重修飛昇宫，趙可能同屬蘇元象一系。[⑨] 民國三十一年“萬代道宗”匾載李宗慧爲靈龜臺與王母宫住持。李宗慧屬隍城一系，後任兩宫住持。然而民國三十三年(1944)的紫霄宫題名碑中李宗慧之名與王母宫却各單獨列名其中[⑩]，這似乎反映出此時李宗慧與王母宫之間的些許糾葛，不過這一糾葛並未持續多長時間，新中國成立初期李宗慧仍擔任王母宫住持。[⑪]

問道宫在同治年間被毁。光緒二十八年(1902)，在購買道士墳地捐資活動中，問道宫爲一捐資單位，捐資1兩。[⑫] 民國三十一年，闔山道衆同立的“萬代道宗”匾中，安理忠作爲東臺與問道宫住持名列其中。[⑬] 安爲隍城道人趙至濬之徒，

---

① 民國三十六年(1947)《創修太極山斗姥宫記碑》，吴景山編著：《崆峒山金石校釋》，第209頁。

② 吴景山編著：《崆峒山金石校釋》，第198頁。

③ 民國三十七年(1948)《建修卧龍山碑記》，王克生、劉繼濤：《莊浪金石》，北京：中國文史出版社，2015年，第133～136頁。

④ 民國三十六年(1947)《創修太極山斗姥宫記碑》，吴景山編著：《崆峒山金石校釋》，第209頁。

⑤ 乾隆三十一年(1766)《重修大頂白虎殿記碑》，吴景山編著：《崆峒山金石校釋》，第102頁。

⑥ 潘延川編録：《崆峒山道教歷代碑銘録》，内部出版物，1998年，第94頁。

⑦ 曹建奎：《崆峒山道教志》，第32頁。

⑧ 吴景山編著：《崆峒山金石校釋》，第152頁。

⑨ 吴景山編著：《崆峒山金石校釋》，第185頁。

⑩ 民國三十三年(1944)《紫霄宫助緣人芳名碑之二》，吴景山編著：《崆峒山金石校釋》，第198頁。

⑪ 曹建奎：《崆峒山道教志》，第32～33頁。

⑫ 光緒二十八年(1902)《捐置十方道德墳地文契並序記碑》，吴景山編著：《崆峒山金石校釋》，第152頁。

⑬ 仇非主編：《新修崆峒山志》，第65頁。

故此時問道宫歸屬隍城一系。兩年後所立的紫霄宫題名碑中，安理中(忠)與問道宫却單獨列名，這似乎表明此時安已非問道宫住持。[1] 東臺與問道宫相距較遠，前者在崆峒東峰，後者則地處崆峒南麓，距離可能是安無法兼顧兩處宫觀的原因之一。王母宫與問道宫均位於崆峒南麓，相距很近。新中國成立初期，問道宫住持爲王誠福。[2] 考慮到字輩與距離，王應爲李宗慧之徒。由此，同治之後問道宫住持幾經變易，然始終歸屬隍城一系，明清時曾傳承兩百餘年的問道宫王道成一系華山派已斷絶。

四、清以來崆峒山其他派系的龍門派傳承

(一)周一□、孫教成兩系龍門派先後住持真乘寺

真乘寺，“舊名滹沱寺，内有金大安鐵鐘一，銘曰‘崆峒明慧禪院開山祖師諱仁智于大唐創建叢林，歷代六朝’云”[3]，始建於唐代，天啓年間重修後稱真乘寺，習稱大寺[4]，位於崆峒中臺，今已廢，爲旅遊停車場。清初，真乘寺主要由佛教臨濟宗僧人住持，最著名者爲第 35 代懷睿和尚，涇源人，邢氏後裔，雍正六年(1728)逝世，生前任真乘寺住持多年，“募化重修數十餘年”，在崆峒山乃至平凉府佛教界都頗有令名。[5]

清代，真乘寺也出現了道士的身影。據乾隆十三年(1748)《重修崆峒山真乘寺水陸殿碑記》：

> 真乘寺之右，有水陸殿者，乃創建于大明萬曆四十九年……至我(朝)順治四年，坍塌頹圮，重爲補葺。……迄於今九十有餘歲矣，殿宇荒凉……幸有住持道人陽安者，乃涇源邢氏之裔，自總角異俗，成立厭世，□□於真乘寺□禮周老道人爲師，得戒天仙……目擊此院，心切重修……自雍正乙卯歲以至乾隆丁巳年，工始告竣，□□□殿□□觀音殿三楹，兩廊道舍以及山門樓閣焕然一新。[6]

---

① 吴景山編著:《崆峒山金石校釋》,第 198 頁。

② 曹建奎:《崆峒山道教志》,第 33 頁。

③ (清)張伯魁纂修:《崆峒山志》卷上,《中國方志叢書・華北地方・第三五二號》,第 62 頁。

④ 仇非主編:《新修崆峒山志》,第 92 頁。

⑤ 參見雍正六年(1728)《預建懷睿慧和尚塔銘並序》等碑,吴景山編著:《崆峒山金石校釋》,第 81～82 頁。

⑥ 乾隆十三年(1748)《重修崆峒山真乘寺水陸殿碑記》,吴景山編著:《崆峒山金石校釋》,第 95 頁。

碑文所述水陸殿創建時間顯然有誤，萬曆無四十九年，應大致建於萬曆末葉。雍正十三年(1735)至乾隆二年(1737)，住持道士邢陽安主持重修水陸殿。邢受戒於周道人，在此碑碑文後還有"本院住持道人周來乾；徒：周復泰、周復性；孫：□本典誠沐手謹識"的記載，係龍門派，周道人屬"一"字輩。此系龍門派不屬於隍城一系，師祖周一□自外地而來，而邢陽安又與原住持懷睿和尚同屬涇源邢氏，同宗關係有助於龍門派在真乘寺紮根。由此碑，"此院""本院"所指爲水陸殿，而懷睿和尚的受戒弟子衆多，其歿後真乘寺仍有僧人普慧等任住持[①]，說明雍乾時期的真乘寺佛道並存，龍門派住持寺内的水陸殿。

光緒二十五年(1899)《重修崆峒山藏經閣記碑》碑後題名已成爲"真乘寺住持道人何宗亨；徒陳誠富、武誠倉、李誠忠、王誠義"[②]，同時還有大頂(隍城)督工道人楊明真及8位"至"字輩道人題名。真乘寺在乾隆十三年(1748)出現"本"字輩道士，151年後出現"誠"字輩道士，相隔8代，平均約17年傳承一代，可確定周一□一系龍門派延續至19世紀末，傳承速度快於隍城一系。從乾隆時的"本院(水陸殿)住持"到光緒時的"真乘寺住持"，說明真乘寺已完全爲此系龍門派所有，佛教僧人已不見蹤影。

民國三十年(1941)《元鶴歌碑》爲"大寺住持王永恒"[③]書丹，次年"萬代道宗"匾也有"大寺王永恒"的題名。王永恒師從孫教成，考孫教成，民國十八年(1929)，寶雞金臺觀道士楊某將本觀讓與甘肅人李永熙接住，而李幼年在崆峒山大寺拜孫教成出家。[④] 據今存紫霄宮民國三十年《新鑄銅鼓記碑》，銅鼓鑄成之後，由"住持孫教成、弟子王永和負荷上山，置之佛座"[⑤]。由此，民國時期真乘寺原周一□一系已不見，原因不明，孫教成成爲真乘寺住持，並下傳王永和、王永恒、李永熙，李永熙後至寶雞金臺觀任住持。

（二）楊至寶一系龍門派住持紫霄宮

紫霄宮位於中臺南側，據光緒十六年(1890)《妝修祖師金身記碑》"崆峒紫霄宮，萬曆十八載金鑄祖師神像"[⑥]，可知明萬曆間已存在，嘉慶《崆峒山志》有載[⑦]，

① 雍正六年(1728)《懷睿慧和尚塔名石碑》，吴景山編著：《崆峒山金石校釋》，第82頁。

② 吴景山編著：《崆峒山金石校釋》，第149頁。

③ 吴景山編著：《崆峒山金石校釋》，第196頁。

④ 閻成章：《寶雞道教四大廟點滴》，政協寶雞市委員會文史資料研究委員會編：《寶雞文史資料選輯》第2輯，内部出版物，1985年，第117～118頁。

⑤ 吴景山編著：《崆峒山金石校釋》，第195頁。

⑥ 吴景山編著：《崆峒山金石校釋》，第141頁。

⑦ (清)張伯魁纂修：《崆峒山志》上卷，《中國方志叢書・華北地方・第三五二號》，第62頁。

毁於同治兵燹。光緒初，道人李至寶“登崆峒，慨紫霄宫在荒煙蔓草中，乃從事經營，築垣墉，易朽腐，重修客堂神廚等”，並留任紫霄宫住持。李至寶（1857～1910），固原人，幼年赴徽縣鐵山，拜趙道人爲師，受冠巾禮，後又受戒於陝西漢中留侯廟。光緒初，李曾短暫住持平凉火神廟，隨即赴紫霄宫。李至寶又收徒楊理和、徒孫姚宗唐、張宗和。此次重修還將萬曆間所鑄的無量祖師像重新裝飾，姚宗堂（唐）、張宗和又爲此事而立碑紀念。據民國三十三年（1944）《紫霄宫助緣人芳名碑》，李還有徒曾孫 8 人，玄孫 1 人。[①] 李至寶並不源於隍城一系，而是同治以後新見於崆峒山的一系龍門派，而且徒衆甚多。民國三十一年（1942）“萬代道宗”匾中，紫霄宫的代表爲孫誠慤，此時應爲住持。

自李至寶住持紫霄宫，紫霄宫始終由此系道士住持、管理。中臺真乘寺與紫霄宫相隔較近，民國三十年（1941）《新鑄銅鼓記碑》中“住持孫教成、弟子王永和負荷（銅鼓）上山，置之（紫霄宫）佛座”的記載不能視爲真乘寺一系勢力的擴張，而應爲前者對紫霄宫營建的支持，是兩系龍門派友好往來的表現。

（三）七真觀：隍城一系龍門派始創，劉至清一系龍門派住持

七真觀位於中臺西側，今廢，爲崆峒山管理局。據民國《重修崆峒山七真觀記碑》：

> 清季，太和宫住持趙至濬糾合山羽流捐資財，即於其地創建（中缺）建正殿三楹，已塗塈茨，未施丹雘，旋以化去。事無專主，歷年既久（中缺）爺海法嗣也，民國乙卯來自陝，掛褡城隍廟。又六年，朝空同，睹祖（中缺）也。山之人以其久棲此邦，且知其能吃苦耐勞也，遂以此付之。……殿五楹，過殿如之，又修南北客堂各五楹……歷九寒暑，始克告竣，改今名曰七真觀。[②]

此碑所載與民國三十一年“萬代道宗”匾所述相抵牾。據此匾所載：“民國三年本山太和宫住持趙至濬經理……民國廿二年劉志（至）清經理……民國三十一年望九……衆議懸‘萬代道宗’以示不忘。”[③]按碑記，七真觀始創於清末，碑中所述“來自陝”者爲道人劉至清，民國四年（1915）赴平凉城隍廟，六年後赴崆峒任七真觀住持，持續營建達九年之久。匾中則記載趙至濬於民國初創修七真觀，劉於民國二十二年（1933）繼修。值得注意的是，在光緒二十八年（1902）全山僧道捐資購

---

① “誠”字輩爲孫誠慤、張誠志、柴誠賢、段誠敬、趙誠願、賈誠懋，“信”字輩爲周信存。同年所立的《紫霄宫助緣人芳名碑之二》中，除上述諸人外，另有趙誠善、閻誠恕兩人。詳見民國三十三年（1944）《守三先生塔志銘碑》，吴景山編著：《崆峒山金石校釋》，第 197～198 頁。

② 吴景山編著：《崆峒山金石校釋》，第 191 頁。

③ 曹建奎：《崆峒山道教志》，第 5～6 頁。

買道士墳地行動中，七真觀捐資 2 兩。[①] 此時劉至清還不是七真觀住持，聯繫到上文碑記中所述清末趙至濬主持修建，此時七真觀應爲隍城一系道士住持，也可從側面表明碑刻所述始建時間屬實。

因此，七真觀始創於清末民初，由隍城一系趙至濬主持，闔山宫觀道士捐資助力。然僅修建正殿，未及粉飾，趙已羽化，創修一事半途而止。繼修者並非隍城一系道人，而是來自陝西的劉至清。據民國《重修崆峒山七真觀記碑》，劉至清共收徒 6 人，徒孫 2 人。劉至清與其徒葉理禄都題名於民國三十三年(1944)紫霄宫助緣人碑記中[②]，葉理禄又與同輩郭理成共同留名於 1954 年《崆峒山大頂黄籙會歷代建醮碑記》。[③]

(四)楊永齡一系龍門派住持招鶴堂

招鶴堂，位於中臺凌空塔北百餘米，“康熙年遼左李公建。住傳庵老人，老人善草書，名僧也。内有浴鶴泉，今湮”[④]，曾有僧人住持。“經清同治兵燹，住持逃散，此堂摧頽，無人過問。”[⑤]戰亂平息後，有“道衲彭圓發來兹，立意培修”，但僅僅重修文昌宫。[⑥]

招鶴堂的重興，始於清末民初的楊永齡。楊永齡(1874～1945)，天水甘谷人。童年出家於敦煌火神廟，隨師苦修數十年。其師羽化後，楊遊歷多地，後至十方叢林南陽玄妙觀，受戒於姚方丈(姚靄雲)。[⑦] 宣統三年(1911)，楊永齡離開南陽玄妙觀，赴崆峒任招鶴堂住持，從此致力於重修招鶴堂，購置香火地[⑧]，直至仙去。楊永齡同時支持重修紫霄宫[⑨]、登山步道[⑩]，並留名於“萬代道宗”匾。住持招鶴堂期間，楊永齡還收徒傳道，共有 8 位“圓”字輩弟子，4 位徒孫，民國二十六年(1937)時已有“至”字輩徒曾孫。[⑪] 1949 年，招鶴堂住持爲文明心，其名也同時出現在 1954 年《崆峒山大頂黄籙會歷代建醮碑記》中。

彭圓發主持的重修規模並不大。光緒二十八年(1902)闔山僧道購買道士墳

① 吴景山編著:《崆峒山金石校釋》，第 152 頁。
② 吴景山編著:《崆峒山金石校釋》，第 198 頁。
③ 吴景山編著:《崆峒山金石校釋》，第 218 頁。
④ (清)張伯魁纂修:《崆峒山志》卷上，《中國方志叢書・華北地方・第 352 號》，第 62 頁。
⑤ 民國二十六年(1937)《重修招鶴堂記碑》，吴景山編著:《崆峒山金石校釋》，第 187 頁。
⑥ 光緒十八年(1892)《重修崆峒山招鶴堂文昌殿碑序》，吴景山編著:《崆峒山金石校釋》，第 143 頁。
⑦ 劉迅:《清末南陽玄妙觀傳戒考略》，《宗教學研究》2013 年第 3 期。
⑧ 民國十五年(1926)《招鶴堂地畝記碑》，吴景山編著:《崆峒山金石校釋》，第 180 頁。
⑨ 吴景山編著:《崆峒山金石校釋》，第 198 頁。
⑩ 吴景山編著:《崆峒山金石校釋》，第 190 頁。
⑪ 民國二十六年(1937)《重修招鶴堂記碑》，吴景山編著:《崆峒山金石校釋》，第 187 頁。

地時，招鶴堂僅捐資5錢①，在全山所有捐資道觀中數額最少，這體現出彭圓發一系經濟實力的弱小。彭一系後下落不詳，繼彭而至的楊永齡不屬於隍城一系，由其主導的招鶴堂重建耗時20餘年，不僅使招鶴堂重現輝煌，也促成了本系龍門派的傳承與發展。此外，楊永齡一弟子王元(圓)慶出現於民國二十七年(1938)《重修崆峒石磴記碑》中，作爲“道長”之一，與其師並列。② 王元慶此時可能任某一處宫觀的住持，這也是楊永齡一系龍門派日益壯大的表現。

(五)雍元興一系龍門派住持塔院

塔院，古稱舒花寺，位於中臺高阜西側，今已成爲法輪寺的一部分。③ 塔院歷史上長期爲佛教僧人住持，同治年間僧人逃散，廟宇傾頹，長期無人修復。宣統元年(1909)，道人雍元興至塔院任住持。雍元興，四川南部縣人，出家於三臺縣潼川土中廟。至崆峒塔院後，雍“重修廟宇，裝潢金身，歷廿年經營，大工始蕆”④，民國二十三年(1934)羽化。

重修塔院的同時，雍元興也注重收徒，雍元興墓碑共載有王明揚、李明善、曾明和與魏明誠四位弟子。民國三十一年(1942)“萬代道宗”匾中有魏明誠題名，可能此時爲塔院住持。民國三十六年(1947)太極山斗姆宫的創建碑記也爲魏明誠所撰，身份則爲“平凉縣崆峒山糾察”⑤。這一職務類似古代官制中專掌監察的官員，主要職責應爲監督崆峒山道衆的日常行爲是否符合規範等。這一職位的出現，是崆峒山道教組織化、規範化的表現。

曾明和(1881～1944)，平凉東鄉二十里鋪人。少好道，50歲時拜雍元興爲師，“見夫梵宇琳宫將傾者，募資十方而重新之”⑥，未收弟子。作爲塔院的代表，曾明和也曾助力紫霄宫的重修。⑦

(六)任永忠一系龍門派住持藥王洞

藥王洞，位於上天梯下端，從隍城順天梯下行路的右側。藥王洞始建年代不詳，早年由張至貞之師——太祖任永忠、師祖李圓成、師傅康明慧，以上三代於光緒三年住持此山，均苦修而羽化登仙，此其所由來也。又於光緒二十九年，道衲張至貞來山受學。其徒王理和、甯理慧承先啓後，重修藥王洞。自民國四年起，

① 吴景山編著:《崆峒山金石校釋》，第152頁。

② 吴景山編著:《崆峒山金石校釋》，第190頁

③ 仇非主編:《崆峒佛教志》，蘭州:甘肅文化出版社，2007年，第19頁。

④ 民國二十六年(1937)《雍公墓碑》，吴景山編著:《崆峒山金石校釋》，第189頁。

⑤ 民國三十六年(1947)《創修太極山斗姥宫記碑》，吴景山編著:《崆峒山金石校釋》，第209頁。

⑥ 民國三十六年(1947)《曾明和墓志銘碑》，吴景山編著:《崆峒山金石校釋》，第210頁。

⑦ 吴景山編著:《崆峒山金石校釋》，第198頁。

至三十七年止，歷三十餘年之苦心，陸續增修真武殿三間、藥王洞、獻殿三間等建築。可見，藥王洞可考的最早歷史始於光緒三年(1877)，龍門派任永忠與其弟子、徒孫到此地修行，同時營建廟宇。任永忠之徒李圓成曾與隍城張至馗等道士聯合促成全山、府城僧道共同捐資購買道士墳地的行動，可見任永忠一系龍門派頗有威望。[①] 光緒二十九年(1903)，張至貞赴藥王洞拜康明慧爲師，並收徒王理和與甯理慧，從民國四年(1915)起繼續營建，直至民國三十七年(1948)。其間，理字輩道士又收吴宗靖爲徒。[②] 張至貞任住持期間也曾支持紫霄宫的營建與登山步道的修理[③]，又列名於民國三十一年(1942)"萬代道宗"匾中，率徒子徒孫爲任永忠立墓碑[④]。

任永忠一系又與時任陜甘總督左宗棠有較深的關聯。民國二十九年(1940)《崆峒山南臺建築始末記碑》載：

> 清光緒初，左文襄公命主持任永忠在慶□□□□續修左公當時分配全山各廟宇，俾隴東各縣人民建築者，意在使名山風景永久於不墜耳。嗣□□□□李圓成、康明慧、張至貞、張太林、張理順，並慶邑齊占蒼……諸人，勤懇勸募，竭力□□□民國十四年大工告竣，廟貌巍然。[⑤]

同治動亂平息後，爲重修崆峒，左宗棠將各宫觀廟宇的修建任務分配給隴東各縣，南臺爲慶陽府五縣籌建，任永忠一系配合營建。自任永忠至張至貞，此系 4 代道人都參與營建南臺。任永忠一系僅爲奉命修建南臺，並非南臺的住持。張太林身份不明，張理順屬南臺一系(見下文)。

(七)劉明忠一系龍門派住持南臺

南臺原建有峥嶸寺，雍正、乾隆、道光年間均有修建。因同治兵燹，南臺"廟宇盡毁，經董少保星五將軍部下慶屬官兵捐資募化興工，□□□□□寺爲通天觀，永爲慶陽五屬士民遊山禮禪住居之所"[⑥]。光緒初，陜甘總督左宗棠託藥王洞道人任永忠一系修建南臺，民國十四年(1925)始告竣。

與任永忠一系共建南臺者另有張理順，他也曾籌建南臺聖母殿。據民國十三年(1924)《亢君建聖母殿等記碑》："先是，本山住持張理順謀建百(上闕)爲施

① 吴景山編著：《崆峒山金石校釋》，第 152 頁。

② 民國三十七年(1948)《重修崆峒山藥王洞碑記》，吴景山編著：《崆峒山金石校釋》，第 211 頁。

③ 吴景山編著：《崆峒山金石校釋》，第 198、190 頁。

④ 民國三十七年(1948)《任公永忠墓碑》，吴景山編著：《崆峒山金石校釋》，第 211 頁。

⑤ 吴景山編著：《崆峒山金石校釋》，第 193 頁。

⑥ 吴景山編著：《崆峒山金石校釋》，第 193 頁。

主亢君，又謀諸衆檀信，經始於己未間，迄今凡六越星霜，而内(上闕)賀焉，除建聖母殿五楹。"[①]張理順在碑中的身份爲"本山住持"，且另有"住持：劉明忠、王至宗、張理順、張宗興"的記載，爲連續的龍門派傳承譜系。可見，南臺一系龍門派以劉明忠爲師祖，劉在同治之後赴此，與任永忠一系共同營建南臺。民國十三年時，南臺住持爲劉明忠徒孫張理順。

民國二十九年(1940)《崆峒山南臺建築始末記碑》撰文者爲"主持吕理昶"。吕理昶主要活躍於20世纪40年代，曾支持重修紫霄宫[②]，又列名於"萬代道宗"匾。在撰寫南臺建築始末碑的同年，吕理昶還出面創修位於中臺以西蠟燭峰的八仙庵[③]，八仙庵住持爲孫宗廉，爲吕理昶弟子[④]。吕理昶應屬劉明忠一系，20世纪20年代時南臺住持爲張理順，後可能因張理順去世等，20世纪40年代時吕理昶成爲住持。需注意的是，南臺主要宫觀爲通天觀，這也是《新修崆峒山志》等書中特意標明吕理昶爲通天觀住持的原因。[⑤]

(八)李誠順一系龍門派住持静樂宫、香山寺

静樂宫，位於笄頭山東端的高地，嘉慶《崆峒山志》有載[⑥]，同治年間被毁。民國二年(1913)，陝西督軍兼省長陳樹藩捐資並迎請隍城太和宫無量祖師金像至静樂宫原址，託趙至濬重修。工程進行過程中趙至濬羽化，又因資金用盡，重修工程被迫暫停。民國二十一年(1932)秋，道人李誠順赴静樂宫任住持，募集資金，重修廟宇，至民國三十五年(1946)告竣。[⑦]

香山寺位於崆峒主峰後的翠屏山，傳爲宋時始建，經歷代補葺，毁於同治年間。[⑧] 隍城一系道人陳理浩曾與會首馮得喜等人一同重修，僅修復後殿三楹陳理浩就去世，工程暫止。民國二十九年(1940)，静樂宫住持李誠順繼修香山寺，修復前殿等建築。[⑨] 李誠順同時還支持紫霄宫的重修[⑩]，且留名於民國三十一年(1942)"萬代道宗"匾中。

---

① 吴景山編著：《崆峒山金石校釋》，第179頁。

② 吴景山編著：《崆峒山金石校釋》，第198頁。

③ 民國三十四年(1945)《創修八仙庵記碑》，吴景山編著：《崆峒山金石校釋》，第201頁。

④ 民國三十一年(1942)"萬代道宗"匾，仇非主編：《新修崆峒山志》，第65頁。

⑤ 曹建奎：《崆峒山道教志》，第6頁。

⑥ (清)張伯魁纂修：《崆峒山志》卷上，《中國方志叢書·華北地方·第352號》，第65頁。

⑦ 民國三十五年(1946)《創修静樂宫落成碑》，吴景山編著：《崆峒山金石校釋》，第205頁。

⑧ 曹建奎：《崆峒山道教志》，第9頁。

⑨ 民國三十五年(1946)《創建静樂宫落成並香山寺雞頭山興工碑》，吴景山編著：《崆峒山金石校釋》，第204頁。

⑩ 吴景山編著：《崆峒山金石校釋》，第198頁。

李誠順任住持期間，收徒7人，另有4位俗家弟子與1位徒孫。[①] 静樂宫與香山寺在同治以後都由隍城一系道人首先發起重修，但都半途而廢，最終主持完成重修者爲李誠順一系。李誠順並不屬於崆峒已有的全真派系，而是如同治以後諸多宫觀的首任住持一般，從外地而來。李誠順弟子徐信常後成爲香山寺住持，他名列民國三十一年(1942)“萬代道宗”匾中，也曾支持紫霄宫的重建。[②]

（九）王誠芳、楊宗興兩系龍門派

彌陀寺位於鳳凰嶺，據稱建於初唐，明清兩代均有修建，爲一佛教名刹[③]，同治時遭毁。光緒年間，當地信士發起重修，持續數十年，修成佛祖殿、菩薩殿等建築。民國九年(1920)，《重修崆峒山鳳凰嶺殿宇記碑》刻立，有“住持：道衲王誠芳，徒：王信忠”[④]題名。然22年後的“萬代道宗”匾中，彌陀寺住持已成爲楊宗興，王信忠在此匾中則爲老營宫住持。[⑤] 老營宫位於大腰峴，西望朝天門，東接中臺，也稱海覺寺。[⑥] 光緒二十八年(1902)，在闔山僧道共同參與的購買道士墳地行動中，老營宫捐資5錢[⑦]，可見在清末老營宫應有僧道住持。楊宗興情況不明，就字輩而言，應不屬於王誠芳一系。囿於資料，40年代後，彌陀寺住持王誠芳之徒爲何赴老營宫任住持，彌陀寺住持爲何成爲來歷不明的楊宗興，已難以考證。

（十）派系歸屬不明的崆峒山全真道士

崆峒山今存碑刻等資料中還有一些派系歸屬不明的全真道士，今列表統計如下：

崆峒山派系歸屬不明的全真道士情況表

道士名	出現時間	出　處	所在宫觀	備　注
不　明	1707	《香燈會等置地記碑》	寒泉無量殿	此殿今不詳爲何處
梁正通	1752	《施捨三教洞香火田地契約記碑》		疑屬華山派
李教訓	1766	《重修大頂白虎殿記碑》	南崖宫	

① 民國三十五年(1946)《創建静樂宫落成並香山寺雞頭山興工碑》，吴景山編著：《崆峒山金石校釋》，第204頁。

② 吴景山編著：《崆峒山金石校釋》，第198頁。

③ 仇非主編：《崆峒佛教志》，第18頁。

④ 吴景山編著：《崆峒山金石校釋》，第176頁。

⑤ 曹建奎：《崆峒山道教志》，第6頁。

⑥ 仇非主編：《崆峒佛教志》，第22頁。

⑦ 吴景山編著：《崆峒山金石校釋》，第152頁。

續表

道士名	出現時間	出　處	所在宮觀	備　注
劉合青	1889	《重修崆峒山大頂金城寶殿記碑》		幫工道人
王教燮	1894 1911	《精選左旗左哨幫工碑》 《中峰鎖鑰碑》		
馬永誠 安興元 史至得 王誠意 蔡至得 周明桂	1899	《重修崆峒山藏經閣記碑》		幫工道人
不　明	1902	《捐置十方道德墳地文契並序記碑》	南崖宮	捐資5錢
不　明	1902	同上	遇真宮	捐資1兩
不　明	1902	同上	法輪寺	捐資1兩
時誠清	1902	同上		
宋信□	1916	《重修崆峒山大頂真武殿記碑》		幫工道人
吕明珍	1938 1944	《重修崆峒石磴記碑》 《紫霄宮助緣人芳名碑》		
賀信義	1942	"萬代道宗"匾	南崖宮	
韓明俊	1942	同上	遇真宮	
韓元覺	1942 1954	"萬代道宗"匾 《崆峒山大頂黄籙會歷代建醮碑記》	五龍宮	
車宗哲	1942	"萬代道宗"匾	法輪寺	
王理真 楊隆和 楊崇性 袁理真 柳宗壹	1944	《紫霄宮助緣人芳名碑》		
康理然 張理謙	1944	民國《重修崆峒山七真觀記碑》 《紫霄宮助緣人芳名碑》		兩人在七真觀碑中爲幫工道人
宋宗芳	1949	《創修太極山斗姥宮記碑》		

續表

道士名	出現時間	出 處	所在宫觀	備 注
張嗣真 吴元桂 郭宗堯	1954	《崆峒山大頂黄籙會歷代建醮碑記》		

囿於資料,清初至建國初還有相當數量的全真道士情况不明。這些道士絶大多數屬龍門派,僅乾隆十七年(1752)出現的梁正通應屬華山派第 14 代。就道士出現的時間而言,絶大多數都在同治以後,同治之前僅 3 人。依據字輩,同治之後出現的道士甚至有早在光緒二十五年(1899)已傳至第 24 代(王誠意)乃至第 30 代(安興元)者,也有遲至 1954 年方傳至第 19 代者(吴元桂),同時還存在無法辨别派别者(楊隆和),這反映出同治之後崆峒山全真派系傳承的多源性與複雜性。以崆峒山爲例,也能看出晚清民國時期各地龍門派字輩傳承的多樣性。

結語

明以來,崆峒山全真教派系的發展總體上呈現出明至清初以華山派爲主、王輔臣之亂後龍門派占據主流的特點。明成化至清初王輔臣之亂前,王道成一系華山派爲崆峒山全真教的主要派别。在此期間,王道成一系持續經營問道宫,勢力還擴展至主峰隍城。同時,霍真祥一系龍門派以雷聲峰爲基地緩慢發展,順治年間曾與王道成一系共同住持隍城,但勢力較弱小。經清初王輔臣之亂,兩系勢力遭受打擊,喪失了住持隍城的權利,隍城王道成一系轉而經營子孫宫,並仍住持問道宫。雷聲峰霍真祥一系則安身於規模小、位置偏僻的東華庵。王輔臣之亂後,原隴縣龍門洞苗清陽一系龍門派進駐隍城,隨苗同赴崆峒的還有龍門洞黄本善一系弟子。兩系曾短暫共同住持隍城十餘年,黄本善一系自康熙三十二年(1693)以後再未見諸記載,從此苗清陽一系掌握隍城住持權,同時向鄰近的三教洞、雷聲峰等宫觀擴張勢力。

同治回民反清起義是崆峒全真教發展的又一轉折點。在此之前,崆峒全真教以苗清陽一系龍門派爲主,勢力最盛。其中,隍城苗清陽一系的發展平穩中略顯波折。同治之後,一方面,王道成一系華山派的傳承不久後即斷絶,隍城苗清陽一系反而在歷經短暫間歇期後迎來興盛的局面,主要表現在道士人數增多、營建其他寺觀、本系道士赴他處任住持並收徒等方面。另一方面,衆多無主寺觀被從外地而來的龍門派道士接管,並傳承本系道脈。由此,同治以後崆峒山全真教已完全爲龍門派,其中又以苗清陽一系勢力最盛,同時衆多其他派系的龍門派共存。① 可見,崆峒山全真教派系的歷史演變受到了隴東區域史的直接影響,且發展的總趨勢也與明以來西北全真教宗派以龍門派居主要地位的特點高度契合。②

通過對全真教派系歷史發展的梳理,我們也可看出崆峒山佛道格局的歷史轉變。崆峒山在歷史上雖長期被視爲道教名山,但就佛寺道觀、佛道人士的分布而言,明以來的崆峒山却長期呈現出佛盛於道的特點。明代,崆峒山道教主要分布於問道宫、隍城與雷聲峰;清初王輔臣之亂後,在苗清陽及其弟子的經營下,崆峒山道教以隍城爲中心,逐漸向鄰近的宫觀,諸如雷聲峰、三教洞、子孫宫等處擴張。與此同時,崆峒中臺、塔院、招鶴堂以及東西南北四臺等處基本均爲佛教場所。③ 同治變亂後,崆峒道教方逐漸成爲主流。一方面,佛教遭此次變亂而一蹶不振;另一方面,衆多外地其他派系的龍門派道士紛紛在此之後入住崆峒。民國二十一年(1932),平凉當地名士鄭濬欲重興佛教,但並没有選擇佛教傳統濃厚的崆峒山,而是平凉城④,這極可能與此時道教已在崆峒確立主導地位有關聯。在某種程度上,崆峒全真教派系的歷史發展,也是明以來崆峒佛道格局發生轉變的表現之一。

[本文爲國家社科基金一般項目"甘肅道教碑刻的調查與整理研究"(項目編號:18BZJ041);2019年度蘭州大學中央高校基本科研業務費專項資金優秀研究生創新項目"甘肅隴東地區民間信仰碑刻調查、整理與研究"(項目編號:2019jbkyxs032)]

(責任編輯:秦國帥)

① 以民國三十一年(1942)"萬代道宗"匾爲例,此匾共載全山25處宫觀,除4處宫觀派系不明外(南崖宫、遇真宫、五龍宫、法輪寺),餘21處共8處屬苗清陽一系:隍城、飛昇宫、子孫宫、東臺和問道宫、靈龜臺和王母宫、斗姆宫、飛仙樓和磨針觀、雷聲峰諸處。

② 樊光春:《明清時期西北地方全真道主要宗派梳理》,趙衛東主編:《全真道研究》第一輯,濟南:齊魯書社,2011年,第218~236頁。

③ 參見吴景山編著:《崆峒山金石校釋》中各處現存的碑刻資料。

④ 仇非主編:《崆峒佛教志》,第10頁。

清代全真道發展特點芻議

□田茂泉

摘要:本文在此前有關清代全真道研究的基礎上,嘗試從時間、空間和類型三個維度對其發展特點進行初步分析,並對與清代全真道發展特點有關的問題做初步探討。清代全真道的發展,在時間上表現爲一定地域内的跌宕起伏,在空間上表現爲一定時間段内的不均衡性,在類型上則因時因地而有不同,大致可劃分爲一枝獨秀型、並存共生型和曇花一現型。然而,這一對清代全真道發展特點的分析仍然是初步的、粗淺的,因爲完整繪製清代全真道發展的宏偉藍圖仍然有待新的研究資料的挖掘和研究成果的發表,與清代全真道發展相關的諸多問題仍然有待進一步分析和討論。

關鍵詞:清代　全真道　特點

作者簡介:田茂泉,男,1978年生,哲學博士,魯東大學歷史文化學院副教授,碩士生導師。

儘管清代全真道研究已經成爲當前道教學界的一大熱點,但對清代全真道發展的研究仍然是綫條式、輪廓式、區塊式的,對清代全真道發展特點的總體説明尚待時日。[①] 在此,筆者擬在此前學界研究成果的基礎上,初步討論有關清代全真道發展特點的幾個方面,以便拋磚引玉,爲未來清代道教研究特點的全方位探究提供有益的建議。

從總體而言,清代全真道發展在時間、地域和類型三個維度上,呈現出一定的歷史特點。時間上,全真道的發展因地域而異,表現出跌宕起伏、一波三折的特點;地域上,在不同的省份和地區,全真道的發展狀況差異很大,有的地方衰退

① 意大利學者莫尼卡(Monica Esposito,1962～2011)在《清代的道教》中,已經嘗試對清代道教的總體特點做出概括,其中多有對全真道發展情況的介紹,參見 Monica Esposito, *Facets of Qing Daoism*, Wil/Paris: University Media, 2016, pp.5-53。此文的中譯文,參見[意]莫尼卡:《清代的道教》,田茂泉譯,《弘道》2019年第1、2期。

了,有的地方却剛興起;類型上,全真道在處理與道教其他派系以及佛教之間的關係時,采取了靈活的手法和策略,形成了不同的關係格局。

一、時間特徵:跌宕起伏的發展軌跡

清代全真道在時間維度上的特徵表現爲曲折性或起伏性。

先以武當山龍門派的發展爲例。康熙元年(1662),龍門派弟子白玄福受官府邀請修復太子坡復真觀,歷六年方始完工,後又修復明真庵。然而好景不長,康熙十三年(1674),復真觀遭吴三桂之亂毁於兵燹,山中道士四散。康熙二十三年(1684),在襄陽總兵蔡元等官員的捐助和白玄福弟子徒孫的努力募化下,復真觀再次動工修復,至康熙二十九年(1690)工程告竣。[①] 康熙年間(1662～1722)元和觀、復真觀開闢爲道教十方叢林之後,武當山道教迅速發展。咸豐六年(1856),高二先農民軍與清軍鏖戰武當山,宫觀再次被毁,道士四散。同治(1862～1874)初,楊來旺發願修復諸宫,重興武當道脈。[②] 由此可見,武當山全真道的發展也是起落有時,一波三折。

陜西西安八仙庵的發展也是曲折跌宕的。康熙初,任天然重修、擴建八仙庵[③],據傳他還曾在此開壇傳戒,八仙庵興盛一時。乾隆(1736～1795)末年,八仙庵墮爲子孫廟,發展遭到挫折。嘉慶十一年(1806),董清奇任八仙庵住持,重新將子孫廟轉變爲全真道十方叢林,八仙庵迎來另一個發展的高峰。

陜西漢中留壩縣紫柏山張良廟的發展也是有起有落。乾隆(1736～1795)中期,河南道士潘一良住持紫柏山張良廟,張良廟得到了很大的發展。此後留侯廟的六七任住持皆"柔弱不能任廟事"[④]。道光年間(1821～1850),任永真接管張良廟,並將張良廟開闢爲全真道十方叢林[⑤],此後留壩縣張良廟開始崛起。

再以青城山天師洞的發展爲例。明末清初,青城山上宫觀破敗,荒蕪不治。清順治(1644～1661)、康熙(1662～1722)間,陳清覺整飭青城山天師洞,李太浩、

---

① 尹志華:《清初全真道新探》,趙衛東主編:《全真道研究》第二輯,濟南:齊魯書社,2011年,第168～170頁;梅莉:《清代武當山全真龍門派的中興與武當山宫觀的復修》,熊鐵基、麥子飛主編:《全真道與老莊學國際學術研討會論文集》上册,武漢:華中師範大學出版社,2009年,第307～312頁。

② 卿希泰主編:《中國道教史》(修訂本)第四卷,成都:四川人民出版社,1996年,第131頁。

③ 張建新、陳月琴編著:《西安八仙宫》,西安:三秦出版社,1993年,第32～34頁。

④ 王宗昱:《清代漢中地區的全真道》,劉鳳鳴主編:《丘處機與全真道——丘處機與全真道國際學術研討會論文集》,北京:中國文史出版社,2008年,第450頁。

⑤ 樊光春:《陜西留壩張良廟十方叢林志》,趙衛東主編:《全真道研究》第二輯,第257～260頁。

謝清元師徒培修上皇觀,朱成亮、何先達、邱元光一系在老君岩拓廟產、增產業等,青城山出現了興盛發展的局面。清中葉[約在嘉慶(1796～1820)、道光(1821～1850)],青城山上的諸多宫觀,又一次出現了“題識皆渺不可得,上清宫僅存小室二楹”[①]的悲慘境況,青城山道教的發展遭遇困難。此後丹臺碧洞宗道士萬本圓募化重修常道觀,駱小尹在 20 年的時間裏大肆培修圓明宫,王居士、盧静虚在咸豐年間(1851～1861)修繕丈人觀等,青城山道教又一次出現復興。

江南的情況也是如此。吴亞魁在《江南全真道教》中認爲,江南六府一州(蘇州府、松江府、常州府、杭州府、嘉興府、湖州府和太倉州)全真道教的發展,大致分爲兩個階段:前期以周明陽(1628～1711)貢獻卓著,後期以閔一得建樹最多。[②]按,若以周明陽康熙五十年(1711)逝世爲前期的結束,以閔一得嘉慶三年(1798)振興金蓋山爲後期的開始,那麽中間 1712～1797 年 80 多年的時間,就可視爲江南全真道教發展相對低沉的時期。由此可知,江南全真道的發展也是有高潮、有低谷的。

二、地域特徵:極不均衡的區域差異

高萬桑根據 1736～1739 年乾隆時期所做的宗教人口普查估計,北京白雲觀和瀋陽太清宫地區(包括山東、直隸和東三省在内的北部大區)全真道士的數量占全國全真道士數量的三分之一。[③] 秦國帥的研究表明,清代山東境内的全真道分支岔派竟達 17 支之多,占白雲觀《諸真宗派總簿》所列 86 派的近五分之一。[④]又,據已有有關清代公開傳戒情況的研究[⑤]可知,傳戒地點多在北京白雲觀、陝西八仙庵、瀋陽太清宫等北方地區,江浙一帶衹是從光緒八年(1882)開始纔出現一定的公開傳戒活動。這就間接印證了高萬桑在《1700～1950 年的全真教》中認爲全真道教的重心在北方的説法。

---

① 王夢庚:《重修天師洞常道觀記》,《重刊道藏輯要》翼集十《續刊青城山記》卷下,成都二仙庵清光緒三十二年(1906)刻本,第 30 頁。

② 吴亞魁:《江南全真道教》(修訂版),上海:上海古籍出版社,2012 年,第 352 頁。

③ [法]高萬桑:《1700～1950 年的全真教》,張廣保編:《多重視野下的西方全真教研究》,宋學立譯,濟南:齊魯書社,2012 年,第 386 頁。

④ 秦國帥:《山東全真道的教團規模、分枝岔派與地域分布(1368～1949)》,趙衛東主編:《全真道研究》第三輯,濟南:齊魯書社,2014 年,第 211～215 頁。

⑤ 尹志華:《清代全真道傳戒初探》,趙衛東主編:《全真道研究》第一輯,濟南:齊魯書社,2011 年,第 237～283 頁。

鑒此,有關《金蓋心燈》對全真道"興盛"於南方的描繪以及所謂"昆陽興,明陽立"[①]的説法,我們應當慎重對待,不宜過分誇大江南全真道教在道教"龍門中興"中的歷史地位。閔一得以金蓋山吕祖宗壇爲中心,創立了所謂"金蓋山網絡",在宣導儒釋道三教同修、開闢南方全真道世俗化發展新格局的同時,也將全真道的特色逐漸淡化了。加之中國經濟、文化重心的南移在明清時期已經全面完成[②],江南全真道領袖人物(與江南總體的人文環境有關)的文化素養較高,且長於著述,因此他們創制的《金蓋心燈》反而擁有正統的"話語權",這是他們尋求全真道宗派認同的强烈意願使然。正因如此,北部和西部全真道士人數多、發展更盛的地方反而顯得默默無聞,人數相對並不那麽多、繁盛程度亦不高的江南地區,反而顯得"如火如荼"。

就某一地域而言,全真道的發展情況也是不均衡的。以山東爲例,清初全真道在山東馬山、嶗山、沂山等地皆有發展,尤其李常明(1572～1681)開闢馬山十方叢林,于一泰在嶗山上清宫傳承金山派影響甚大。然就膠東的崑嵛山地區而言,情况却非如此。崑嵛山太平觀在清初雖有傳承,但影響甚微,至清代同治年間(1862～1874)在受戒於北京白雲觀的道士王從政主持下方有較大發展,"與北京白雲觀、青島天后宫、嶗山上清宫、煙臺毓璜頂、崑嵛山麻姑殿、神清觀、九龍池、顯異觀、東華宫、聖水宫等處宫觀,來往密切"[③]。崑嵛山之東華宫、神清觀儘管各有華山派、龍門派道士在傳承,但影響甚微。[④]

三、類型特徵:多種因素的因緣際會

全真道在清代的發展持續時間長,波及的地域也廣,除了新疆、西藏、外蒙古等邊疆地區之外,清帝國境内幾乎都有全真道的傳播。然而,龍門派的發展過程並不是一帆風順的,而是面對著來自其他宗教(如佛教)和其他道教傳統(如正一道、净明道)的挑戰。全真道在發展過程中,善於因地制宜,將不同地域的文化傳統與全真教義相結合,進而實現自身的生存和發展。全真道在與不同地域的宗

---

① (清)閔一得:《金蓋心燈》卷二,《藏外道書》第31册,成都:巴蜀書社,1994年,第197頁。

② 有關中國經濟、文化中心南移的歷史軌跡,參見王會昌:《中國文化中心的南移與東南沿海的機遇》,高銘群主編:《石獅商工文化研究》,廈門:廈門大學出版社,1995年,第31～36頁。

③ 崑嵛山志編纂委員會編:《崑嵛山志》,濟南:山東省地圖出版社,2012年,第415頁。

④ 對清代崑嵛山道教的研究,已有初步的成果,如盧嘉瑶:《明清時期崑嵛山地區道教研究》,碩士學位論文,雲南大學,2020年;强志偉:《清代膠東全真道研究》,碩士學位論文,魯東大學,2021年。

教傳統實現共融發展的過程中,形成了不同的關係類型。筆者以爲,大致可以分爲以下三種類别,即一枝獨秀型、並存共生型和曇花一現型。

1.一枝獨秀型

這種類型又可分爲兩種情況:一種情況是龍門派從無到有,設宫立觀,從而一枝獨秀發展下去;另一種情況是培修傾圮的道教宫觀或佛教寺廟而爲龍門派道士居止之所。前者如陳清覺在康熙三十四年(1695)修建二仙庵,開創龍門派"丹臺碧洞宗"①;東北龍門派之祖郭守真入主瀋陽三教堂,以此爲基礎的太清宫成爲東北全真道傳播中心②;郭守真十四大弟子之一的劉太華在玄羊山建靈佑宫、混元閣、伏魔殿等③。第二種情況,如青城山李太浩、謝清元師徒接收明代天臺寺,在其基礎上創建上元宫;李常明是在山上舊有但已荒蕪的玉皇、天成諸殿的基礎上修成新的殿宇④;乾隆(1736～1795)初年,由邑侯高太尹主持,經地方士庶公議,漢中略陽縣靈崖寺最終歸屬全真道龍門派⑤。

2.並存共生型

這種情況是指全真道龍門派道士與正一、净明道或其他傳統的道士並存共生於一處。如在傳統"符籙三山"之一的茅山,有全真道龍門派"復"字岔派閻祖派與正一上清派共處一山;在净明道的祖庭西山萬壽宫,有全真道龍門派和净明道的融合;在廣東羅浮山,有龍門派和金丹派南宗法嗣的和平共處⑥;平凉崆峒山、西寧土樓觀則是全真道與佛教的共處;等等。下面僅以茅山和西山爲例作一説明。

茅山是傳統的"符籙三山"之一,宋元以來一直爲正一道所主持。明代後期閻希言的"復"字岔派在以王世貞爲首的江南士紳精英的鼎力護教之下,確立了

---

① 卿希泰主編:《中國道教史》(修訂本)第三卷,成都:四川人民出版社,1996年,第135～136頁。

② 汪桂平:《東北全真道研究》,北京:中國社會科學出版社,2014年,第210頁。

③ (清)哈達清格:《塔子溝紀略》,何建明主編:《中國地方志佛道教文獻匯纂·詩文碑刻卷》第63册,北京:國家圖書館出版社,2012年,第211～212頁。

④ (清)李寅賓:《馬山志》,即墨市文化局馬山管理處,1996年,第77頁。

⑤ 詳見王宗昱:《清代漢中地區的全真道》,劉鳳鳴主編:《丘處機與全真道——丘處機與全真道國際學術研討會論文集》,第442～443頁。

⑥ 黎志添:《廣東道教歷史要述——以正一派、全真教及吕祖道壇爲中心,兼論三者之間的互動關係》,趙衛東主編:《全真道研究》第一輯,第110頁。

茅山乾元觀作爲全真道十方叢林的地位,成爲江南乃至南方最重要的全真道派[①]。據黎遇航道長《茅山道教今昔》,明清以來茅山的三宫(九霄萬福宫、元符萬寧宫、崇禧萬壽宫)五觀(德祐觀、仁祐觀、玉晨觀、白雲觀、乾元觀),三宫傳習正一上清法籙,五觀皆屬全真,其中乾元觀和仁祐觀傳閻祖派,玉晨觀、白雲觀和德祐觀則傳全真龍門正宗。兩派三家和平相處至今。

江西西山是净明道祖山,但在清初也有龍門派傳入。全真道龍門派的領袖人物是徐守誠。徐守誠(1633～1692),字明真,號野谷,龍門派第八代弟子,康熙二年(1663)住持玉隆萬壽宫,後募資修復正殿、玉皇閣、三清殿等西山殿宇,康熙三十一年(1692)升遐。徐守誠能够"調和宫觀内部的兩派勢力,盡力促成全真、净明道士和諧共處的局面"[②]。郭武認爲,徐守誠及其弟子譚太智、張太玄、熊太岸等"都可謂是一群特殊的道士,他們一方面深信净明道的學説,另一方面又不願放棄全真道的傳承字譜,故可謂是當時全真道與净明道融合的一種特殊模式"[③]。他將這一模式稱爲"逍遥山模式"。

3.曇花一現型

這一類型包括那些在龍門中興大潮中興起,但又很快消逝的龍門派系。如乾隆年間(1736～1795)劉陽春、何來誠師徒曾住持過青城山天真觀[④],但此系之後漸湮没無聞;朱成亮→何先達→邱元光一系全真道士曾住持青城山老君岩[⑤],但後來亦無聞;甘肅徽縣有龐瀛虚一系在鐵山修行,但後來也不見傳承[⑥]。

江南也有此種類型的全真派系,如杭州的宗陽宫一系。杭州宗陽宫可謂歷史悠久。清初,王常月曾在康熙三年(1664)三月駐止於此[⑦],而且黄守正律師也

① 關於閻希言龍門"復"字岔派的介紹,參見卿希泰主編:《中國道教史》(修訂本)第三卷,第100～103頁;何春生:《明清全真道在茅山傳播略識》,劉鳳鳴主編:《丘處機與全真道——丘處機與全真道國際學術研討會論文集》,第494～497頁。對於閻希言"復"字岔派譜系的爬梳與考證,以及江南士紳對此派系的支持,參見王崗:《明代江南士紳精英與茅山全真道的興起》,趙衛東主編:《全真道研究》第二輯,第26～71頁。

② 郭武:《明清净明道與全真道關係略論——以人物交往和師承關係爲中心》,趙衛東主編:《全真道研究》第一輯,第163頁。

③ 郭武:《明清净明道與全真道關係略論——以人物交往和師承關係爲中心》,趙衛東主編:《全真道研究》第一輯,第161頁。

④ 葉大鏘等修,羅駿聲纂:《灌縣志》,民國二十二年(1933)鉛印本,何建明主編:《中國地方志佛道教文獻匯纂・人物卷》第114册,第156頁。

⑤ 葉大鏘等修,羅駿聲纂:《灌縣志》,民國二十二年(1933)鉛印本,何建明主編:《中國地方志佛道教文獻匯纂・人物卷》第114册,第158頁。

⑥ (清)張伯魁纂修:《徽縣志》,清嘉慶十四年(1809)刻本,何建明主編:《中國地方志佛道教文獻匯纂・人物卷》第131册,第239～240頁。

⑦ (清)閔一得:《金蓋心燈》,《藏外道書》第31册,第187頁。

在此處晋受中級戒和天仙戒[①],周太朗也曾“掛單於宗陽宫”[②]。但此後宗陽宫却未再見有傳承,而衹是作爲江南“龍門中興”的起點被人追憶。蘇州無錫的長春宫也是一例。按《金蓋心燈》,龍門律宗第九代錢函陽“啓無錫長春宫支派”[③],然而在錢函陽之後,文獻中却再也不見該派傳續的記載。

餘論

儘管上文對清代全真道的發展特點做了一定的分析,然而我們應當看到,仍然有相當多的複雜問題需要慎重對待。如有關清初正一道和全真道的關係問題,陳耀庭《一件清代道教的重要史料》提醒我們,據江西崇義縣發現的清代康熙年間的天師府照票抄件,天師府在康熙晚期仍然設有知事廳,行使其掌管天下道教的事務,而且仍然代替朝廷祭祀五嶽,與朝廷的禮部關係密切[④];若此,則清初道教這兩大派系的輕重關係仍然需要進一步深入探究。又如,有關清代全真道發展的時間階段尚待繼續探究,以帝王世系作爲劃分依據仍然值得進一步商榷;而用太平天國、廟産興學等所謂重大事件作爲劃分標準,在中國各地全真道發展的巨大差異下,仍然顯得不够有説服力。[⑤] 再如,儘管區域性的道教研究論著多有出現,然而對於清代道教研究在不同空間地域上的發展情況,仍然有相當大的空白有待填補,比如對清代包括崑嵛山在内的膠東道教的進一步研究,對山西純陽萬壽宫道教情況的梳理等等;而這些研究對於整個清代全真道發展圖景的繪製,也是不可或缺的。此外,如何釐定清代全真道與正一道、净明道和民間信仰的關係,如何確定清代全真道“興盛”的標準(傳戒很重要,但香會、出版、《道藏》類出版物究竟扮演了怎樣的角色);如何看待居士信衆團體在全真道發展過程中的作用;等等。

綜而論之,清代全真道在清代長達近三百年的歷史長河中走完了自己的歷史軌跡,而中華大地的廣袤多變又讓不同地域的全真道發展打上了自身的印記,全真道的在地化發展往往是與地方社會、民間信仰高度融合的結果,同時也充滿

① (清)閔一得:《金蓋心燈》,《藏外道書》第31册,第187頁。

② (清)朱文藻撰:《金鼓洞志》,《中國道觀志叢刊》第18册,南京:江蘇古籍出版社,2000年,第262~263頁。

③ (清)閔一得:《金蓋心燈·道譜源流圖》,《藏外道書》第31册,第168頁。

④ 陳耀庭:《一件清代道教的重要史料》,《陳耀庭道教研究文集》上卷,上海:上海書店出版社,2015年,第336~339頁。

⑤ 劉文星:《評尹志華〈清代全真道歷史新探〉》,《漢學研究》第33卷第3期,2015年,第389頁。

了全真道總部所在地[①]與區域全真道發展中心的矛盾、衝突和調和。如此一來，全面總結清代全真道發展的狀況並分析其特點，尚有待更多更深入的研究成果問世。

（責任編輯：秦國帥）

---

① 即白雲觀。按照莫尼卡的解構性研究，《金蓋心燈》實際上是一種後來人的歷史書寫，是一種類似於禪宗"燈史"的歷史創作，參見 Monica，"The Longmen School and Its Controversial History during the Qing Dynasty"，*Facets of Qing Daoism*，pp.126-129。有關全真道的"區域中心"（很大程度上也是當時全真道事實上的發展中心），她在同一文章中提出了華山、青城山、武當山等。又，陳教友《長春道教源流》認爲南京隱仙庵是當時受戒弟子心目中的"祖庭"，參見（清）陳教友：《長春道教源流》，《藏外道書》第 31 册，第 134 頁。

清初蘇州全真道傳播原因考

□黄新華

摘要:清朝初年,在歷來以正一道爲主的蘇州湧現出了李樸、吕毖、鄧大臨、黄衮、吕雲隱和周明陽等一大批全真高道。考察這一現象出現的原因,可以發現,清初蘇州衆多全真高道的湧現,既是元明以來蘇州全真道發展的自然延續,也與清初王常月中興龍門對蘇州地區的影響,以及明清鼎革時代背景下,蘇州文人在儒家官方意識形態影響下,在隱逸避世過程中,選擇更契合心性修煉、符合儒家價值觀的全真道作爲托身之所,有著密不可分的聯繫。

關鍵詞:清初　蘇州　全真道　王常月

作者簡介:黄新華,山東大學儒學高等研究院 2023 級博士研究生,蘇州道教協會秘書長,主要從事道教研究。

地處長江三角洲的蘇州,道教源遠流長,高道名流代不乏人。然考蘇州歷代高道,如楊羲、顧歡、何中立、莫月鼎、張善淵、周元真等,均以正一道士爲主。特别是宋元以來,在歷代朝廷敕封龍虎山天師府"主掌天下道教事"的背景下,隨著莫月鼎等高道遷居蘇州,蘇州道教形成了以神霄派傳承爲主,並逐漸向龍虎山靠近的道脈傳承特點。蘇州道教自周元真擔任明初神樂觀首任提點以來,歷代道士如郭本中、李純一等都曾擔任樂舞生,擅於齋醮科儀,且與龍虎山天師府的齋醮科儀有著諸多相通之處。清初,蘇州道士的法名即在龍虎山原有的"守道明仁德,全真復太和;至誠宣玉典,中正演金科;冲漢通玄蘊,高宏鼎大羅;武當興愈振,福海起洪波"四十字基礎之上,"又增十字:穹窿揚妙法,寰宇證仙都,共五十字爲行次"。[①] 也因此,雍正十一年(1733)六月,在大光明殿修整完成後,雍正皇帝給婁近垣的上諭即稱:"大光明殿現在修整與你作子孫常住,上清宫去選些法官來,若上清宫人少,在蘇州選幾個來,你好好教他學法,將來光明殿你就是第一

① (清)顧沅:《元妙觀志》,《藏外道書》第 20 册,成都:巴蜀書社,1992 年,第 511 頁。

代開山的人了。"[①]因爲蘇州道士擅於齋醮，且與龍虎山多有淵源，所以自元而降，蘇州的道士如周静清、林復真、惠遠謨、徐石林等不乏有在龍虎山學道、擔任宫觀提點等經歷。就整體而言，蘇州道教歷來以正一派爲主。

但蘇州道教在以正一派傳承爲主的同時，歷代也不乏全真道士活動的記載，特别是清朝創立初期，蘇州道教湧現出了李樸、吕毖、鄧大臨、黄衮、吕雲隱、周明陽和施道淵等一大批入道全真或與全真有著重要淵源的道士。

據《吴郡甫里志》所收許虬《冲白先生傳》記載，李樸，字天木，别字紫中，"生秉夙慧，總角就傅，一覽成誦，塾師甚異之"，偶閲《黄庭經》等道教經典便能"心領神會"。因此有志於道教，年齡稍長，便厭棄塵囂，"屏葷血，屢思棄家求道"，於十三歲入道蘇州朝真觀，拜月蓬鄒真人弟子朱鳳源爲師。入道後，李樸在"禮誦之暇，殫精極慮，幾忘食之甘、寢之適也"，雖隨師學習齋醮科儀，但立志不群，究心大道，對道教内丹修煉念念不忘，"篤志金丹大藥，脅不貼席者三十年"，後"以修性養心爲主，直接七真金蓮宗派"。李樸還著有《還丹宗旨編》《火候宗源編》等内丹修煉論集，現康熙初年版《性命圭旨》中，還收有其所著《〈性命圭旨〉序》和《紫中道人答問》一節。[②]

吕毖字貞九，其出生時有異象，"幼即穎異，稍長讀書，一目數行下，爲文章超絶元爽，無煙火氣"，後逢明清鼎革，"蓦然省，遽斷五葷、遠房闈，號赤隱子，毁初服，逃於黄冠，衲衣草履，遍遊峨嵋黄岩諸名山"。[③] 又據《冲白先生傳》記載，吕毖爲李樸弟子，且爲其中最負盛名者。

吕雲隱名守璞，原名樹，字端虚，號雲隱，蘇州長洲人，爲吕毖次子，值世亂，"禮翁爲師，取名正合，號雲城。吕師年二十謁王真人於京師白雲觀，受初真戒，旋於武林，受中極戒。及壯，受天仙戒"[④]。吕毖、吕雲隱父子先後啓冠山來鶴道院、小桃源桴庵、木瀆女貞觀等，門下有吕全、鮑三陽、樊初陽、翁朝陽、金玉衡、徐艮陽、邱寅陽、錢函陽、孫則陽、歸南陽、邵悟真、徐鶴嶺、潘無盡等人。

黄衮，字山補，據彭寧求《黄虚堂律師傳》記載，黄衮"姓黄名守正，字得一，號虚堂子，江南長洲人，滸墅關太微律院之開山祖也。初無好尚，世業儒，讀書而

① (清)婁近垣:《重修龍虎山志》,《藏外道書》第 19 册,成都:巴蜀書社,1992 年,第 429 頁。

② (清)彭方周:《吴郡甫里志》,《中國地方志集成・鄉鎮志專輯》第 6 册,南京:江蘇古籍出版社,1992 年,第 128～129 頁。

③ 吴秀之等修,曹允源等纂:《吴縣志》,《中國方志叢書・華中地方・第一八號》,臺北:成文出版社,1960 年,第 1676 頁。

④ 莊嚴編輯,潘本暇、俞合達參訂:《道統源流》卷下,上海:民鐸報社,1929 年,第 4 頁上。

已，年少於貞九呂翁，翁心敬之，知其必成道器”[①]。先得内煉訣於鶴嶺山人，後迎從王崑陽律師，受丘長春真人戒法，持成精進。遂印證宗旨，道流高行之翕然向風。康熙癸亥年(1683)，黄衮住持滸墅關太微律院，遠方來受戒者甚衆。[②] 又據彭定求《重修悟真道院碑記》記載，康熙戊午(1678)前後，“虚堂黄君方受清凉山法派稱律師，四方多皈戒來者”，悟真道院“乃延之，設壇院中，凡若干日”。[③]

鄧大臨字起西，號丹邱，蘇州常熟人。據黄宗羲《鄧起西墓志銘》記載，鄧大臨清初參與反清鬥争，失敗後竄身爲黄冠。[④]

周明陽名太朗，字玄真，號明陽子，蘇州震澤人。早入郡庠，隨父仕至京師，謁白雲觀，禮七真前誓出家。後入茅山，遇玉陽孫師於乾元觀，從事宗教，遂得名。康熙三年甲辰(1664)，遇赤陽黄祖於大德觀，進受戒律。後待崑陽王祖至浙，多所授受。[⑤]

此外還有施道淵，《金蓋心燈》記載其“嘗受初真戒、中極戒於王崑陽律師。後精於法，改皈正一真人府，派啓姑蘇穹窿山一派”[⑥]。《金蓋心燈》對他先入全真再入正一的描述雖有不確之處，但他確受王常月影響，在他制定的宫觀儀範中，多吸收全真戒律的思想，彭寧求即將他與黄衮並稱，説黄衮“與鐵竹雖宗派不同，皆以戒行高嚴，誠孚後學”。

同時代湧現出如此多的全真高道，特别是在歷來以傳承正一道爲主的蘇州，實乃道教發展史上的異數。而考察其背後的原因，可以發現，清初蘇州衆多全真高道的湧現，既源自元明以來蘇州全真道發展所奠定的基礎，也與王常月中興龍門對蘇州地區的影響分不開，而明清鼎革這一時代背景下，蘇州文人在儒家官方意識形態下注重心性問題，在避世過程中選擇更符合儒家價值觀的全真道也是其中重要原因。

---

① (清)彭寧求:《黄虚堂律師傳》。碑文詳見賈凌雁:《明清之際的道教與黄虚堂棄儒從道》,《西部學刊》2019年第4期。

② 賈凌雁:《明清之際的道教與黄虚堂棄儒從道》,《西部學刊》2019年第4期。

③ 李楚石:《齊溪小志》,《中國地方志集成·鄉鎮志專輯》第8册,南京:江蘇古籍出版社,1992年,第16頁。

④ (清)黄宗羲:《南雷文定後集》卷二,《續修四庫全書》第1397册,上海:上海古籍出版社,2002年,第426頁。

⑤ (清)閔一得:《金蓋心燈》,《藏外道書》第31册,第214～215頁。

⑥ (清)閔一得:《金蓋心燈》,《藏外道書》第31册,第168頁。

一、元明以來蘇州全真派發展的延續

蘇州道教的道脈傳承雖然始終以正一爲主，但宋元以來，隨著全真道在北方的創立和傳播，大批全真道士南來，甚至形成了如《長春道教源流》中所言"當明之世，全真之顯著者多出南方，而北方無聞焉"①的局面。蘇州作爲南宋以來與杭州並稱"人間天堂"的福地，宋元以來即有大批全真道士雲遊並駐足於此，清初蘇州全真道的興盛也屬於元明以來蘇州全真道發展的延續。

蘇州是南方較早設立宫觀以方便北方全真道士留駐的地區之一，據陸世廉《重建穹窿山上真觀記》記載，"宋景定二年，特敕平江之西郊，拓地畝八百，創立叢林安給全真往來，是爲朝真道院"②。又據吴澂《普福宫記》記載，普福宫在"大德庚子，建書樓貯諸子百家之書，辛丑立東嶽岱宗祠，作正一全真二館以賓南北學道之士"③。可見，早在南宋末、元朝初年，蘇州就有朝真觀、普福宫等宫觀專門設立場所以供全真道士駐足。

元代以後，蘇州先後建有三茅觀、佑聖道院等多處全真宫觀。至明洪武"二十四年，朝廷清理道教。凡庵院宫觀，非唐宋以來創建及衆少者，悉除額並歸於一所"④。蘇州的全真道宫觀全部歸併於福濟觀，《續吴郡志》即記載："福濟觀在吴縣西北隅利字號虹橋西，始於元辛亥年間，祖師葉竹居梯已蓋造，在本朝洪武二十四年，爲全真叢林也。"⑤

元代以來，蘇州方志也不乏全真高道的記載。如元末全真高道倪玄素，"號無德，其先杭州人也。脱俗人衣，從楊古岩老仙習全真家風，深知明心見性之理，坐圜鍊丹之要。古岩之學出金蓬頭之派也，正前元至正間避苗寇亂，與同學俞心淵隨師至吴下，於府城西白蓮涇畔立棲止之所，住逾年，師化去，後於洪武年間，買地建佑聖道院，即今之南濠九天閣玄武殿。創造一新，以奉香火，於是守全真教，學正一宗，往來武當山中，遇至人教以禹步飛罡之法、五雷金晶之書，修持不怠。若民之札瘥，歲之淫暵，符到輒有神驗也。十七年，前副都紀楊守中故，被舉

① （清）陳教友：《長春道教源流》卷七，《藏外道書》第 31 册，第 119 頁。

② （清）孫嗚庵：《吴縣志》卷三七，南京博物院藏金閶劉汝潔梓本。

③ （明）錢穀：《吴都文粹續集》，《景印文淵閣四庫全書》第 1385 册，臺北：臺灣商務印書館，1986 年，第 724 頁。

④ （明）姚廣孝：《姚廣孝集》，北京：商務印書館，2016 年，第 170 頁。

⑤ （明）李詡：《續吴郡志》，《中國方志叢書・華中地方・第四四五號》，臺北：成文出版社，1983 年，第 131 頁。

赴總司考中選,吏部奏奉敕符,除授副都紀職事。在任遠年,遂羽化焉"①。又如徐有貞《福濟觀記》中記載,先後有王無僞、郭宗衡等道士修行於福濟觀中。據《丹陽祭煉内旨》文後署名張雨所作的序稱:"學全真道人王玄真,字無僞,號體玄,蘇人也。妙年忠慕清虛,辭親割愛,從大癡黄先生於錢唐西湖南山之曲。其奉師也謹,執侍杖屨,暑雨祁寒,不憚勞苦。十數年間,盡得先生之旨。"②大癡黄先生即黄公望。黄公望本常熟人,元末"黄冠野服,往來三吴間,開三教堂於蘇之文德橋,三教中人多執弟子禮"③。現正統《道藏》中收有《紙舟先生全真直指》《抱一函三秘訣》《抱一子三峰老人丹訣》等三篇闡述内丹修煉原理的著作,署名"嗣全真正宗金月岩編,嗣全真大癡黄公望傳",可見王無僞與倪玄素一樣,也爲金蓬頭一脈。

郭宗衡爲蘇州崑山人,爲長春真人劉淵然弟子。劉淵然身兼全真、清微、净明諸派之傳,郭宗衡受其影響,在住持福濟觀期間,曾專門修建兩座配殿,"一以祠純陽及南五祖、北七真,一以祠長春諸師"④。

此外,據蘇州方志記載,蘇州吴江有鄧羽和蘇蓬頭爲全真道士。鄧羽金丹内煉之功既成,雲遊物外。永樂中自武當往武夷,因過同里,隱者范伯彰延之家塾聽講。神清氣肅,見者竦然。嘗著《觀物吟》百篇,皆託物以喻性理之旨,後數年尸解而去。⑤ 全真蘇蓬頭修煉談玄,善吐納之術,住吴江洞真宫,在宫左建樓一所,又宫後建道房五間,編籬治圃供老君像一尊。⑥

綜上可見,元明以來,蘇州的全真派活動即已十分活躍,這也爲清初全真道的興盛奠定了基礎,清初蘇州全真道發展的兩位重要人物李樸、施道淵即是受此影響而與全真道發生聯繫的。

據民國《吴縣志》"朝真觀"條記載,"入清法師施道淵、李樸皆居此,相繼修葺"⑦。李樸"性恬静,居朝真觀静修三十年,得徐洞輝之傳,精治坎離之術"⑧。如前所述,朝真觀早在景定年間即"安給全真往來",洪武年間,歸併隸屬全真叢林

---

① (明)李詡:《續吴郡志》,《中國方志叢書·華中地方·第四四五號》,第 363～364 頁。

② 《道藏》第 30 册,北京:文物出版社、上海:上海書店、天津:天津古籍出版社,1988 年,第 321 頁。

③ (明)王鏊:《姑蘇志》,臺北:臺灣學生書局,1986 年,第 823 頁。

④ (明)錢穀:《吴都文粹續集》,《景印文淵閣四庫全書》第 1385 册,第 710 頁。

⑤ (清)倪師孟等纂:《吴江縣志》,《中國方志叢書·華中地方·第一六三號》,臺北:成文出版社,1975 年,第 1077 頁。

⑥ (清)仲沈洙:《盛湖志》卷上,《中國地方志集成·鄉鎮志專輯》第 11 册,南京,江蘇古籍出版社,1992 年,第 398 頁。

⑦ 吴秀之等修,曹允源等纂:《吴縣志》,《中國方志叢書·華中地方·第一八號》,第 570 頁。

⑧ 吴秀之等修,曹允源等纂:《吴縣志》,《中國方志叢書·華中地方·第一八號》,第 1677 頁。

的福濟觀。徐洞輝爲明正統間朝真觀道士，朝真觀觀額即是他赴京師奏請頒賜的，可見其爲朝真觀主要負責人。李樸和施道淵幼年入道朝真觀，後又雙雙與全真道發生關聯，即源於朝真觀的全真淵源。

此外，吕崧入道前"訪諸乩仙"，後"驀然省，斷五葷，遠房闥，號赤隱子"。[①] 黄衮在入道前曾在靈岩山"遇異人，謂其當出世作散人，領袖一山，不宜浮沉宦海"[②]。在他們入道的過程中，也都有類似全真道士在背後進行引導。

二、王常月中興龍門的影響

清初蘇州全真道的興盛與王常月中興龍門也有著密不可分的聯繫。

王常月(1594～1680)號崑陽，原名平，法名常月，山西潞安人，弱冠時棄家訪道，遍歷名山，後於王屋山遇全真龍門六祖趙復陽，得授戒律。王常月先於北京白雲觀開展闡教活動，先後爲一千多人傳戒，後於康熙二年(1663)率弟子詹守椿、邵守善等人南下，先後在南京、杭州、湖州等地開壇説戒，使得在明代已經傳遍大江南北、江南尤盛的全真龍門派在江南地區進一步傳播開來。

在中國傳統社會政主教從的政教環境中，如《元史・釋老志》所言，"釋、老之教，行乎中國也千數百年，而其盛衰每繫乎時君之好惡。是故佛於晋、宋、梁、陳，黄老於漢、魏、唐、宋，而其效可睹矣"[③]。道教的發展始終離不開國家政權的支持。然而清朝皇室歷來信仰的是薩滿教和藏傳佛教，對於道教則幾乎是陌生的，因此也是多加防範和限制的。順治八年(1651)，順治皇帝在頒給張應京天師的敕諭中，雖然認爲"國家繼天立極，光昭典禮，清静之教，亦所不廢"，正一道教"治民疾病，俾不惑神怪。子孫嗣教，代有崇封，兹特命爾襲職，掌理道籙，統率族屬"，但也明確提出："今朝綱整肅，百度惟貞，爾其申飭教規，遵行正道。其附山本教族屬，賢愚不同，悉聽糾察。此外不得干預。爾尤宜法祖奉道，謹德修行，身立模範，禁約該管員役，俾之一守法紀，毋致生事。"[④]要求正一教遵行正道，約束自身行爲，遵守法紀，不得干預其他事務。清初朝廷對於道教的態度由此可見一斑。但與此不同的是，王常月作爲入清以後的第一位高道，被稱爲"我朝高士第一流人物"，自順治年間入京並入駐白雲觀以後，得到了清皇室的認可。關於王

---

① (清)吕暘:《薪齋集》,《四庫全書存目叢書・集部》第200册,濟南:齊魯書社,1996年,第517頁。
② (清)閔一得:《金蓋心燈》,《藏外道書》第31册,第187頁。
③ (明)宋濂等撰:《元史・釋老志》,上海:上海古籍出版社、上海書店,1986年,第8609頁。
④ 《白雲觀志》卷七,《藏外道書》第20册,第640頁。

常月“奉旨”開戒壇以及被順治封爲國師的説法，有待進一步查考官方記載加以確認，但如康熙帝第十七子果親王允禮在白雲觀藏王常月畫像上“骨瘦神清，鸞舞鶴舉。紫衣峨峨，先帝賜予。霜縑之上，嘻然不語。斯人也，豈還丹自好之徒？乃抱道樂施之侶”[①]的題詞所證明的，康熙敕封王常月却是不争的事實。因爲有清廷政權的認可，如王常月所言，“上有皇上福庇，天下太平；朝多官宰善信，教中護法；又有檀越布施，衣斤冠鉢，製就現成。這便是千生難遇，歷世希逢”[②]。王常月的聲名在清初可謂“聲教四溢”，“一時授受弟子千有餘人”。[③] 在王常月的推動下，全真龍門派出現了“中興”局面，江浙地區更是成爲中興之地，在他的影響下，大批江南人士加入全真道，蘇州的諸多全真道士如黄袞、吕守璞等即是受他影響，先在北京受初真戒，後在其南下闡教時受中極戒和天仙大戒，並先後在蘇州地區開山立派。

據《滸墅關志》記載，黄袞“先得内煉訣於鶴嶺山人，後從王崑陽律師受邱長春真人戒法，持戒精進，遂印證宗旨”[④]。對於他的入道經歷，《黄虚堂律師傳》的記載則更爲曲折。黄袞於明末曾先後赴茅山、天台山等地尋訪名師，但始終未遇名師，未曾入道。直到後來受異人提示，黄袞下定决心遠赴北京，“果逢崑陽王祖説戒白雲觀，遂執弟子禮，受初真戒而出，旋開律院於滸關，歲甲辰（康熙三年）始晋受中極戒於武林宗陽宫，未幾，復受天仙戒”[⑤]。從遍尋名師不遇，一直未入道門，到先後從受初真戒、中極戒、天仙大戒，可見王常月對黄袞入道的重要影響。

吕守璞即吕雲隱，雖然受其父吕崧影響，少年時即入道全真，但據《滸墅關志》記載，他“生而穎異，年十四，既洗心道奥，持長齋行法，濟人不受餽。後從王崑陽律師受邱真人戒，遂開演鉢堂於管山，顔曰静真道院，戒子得道者甚衆”[⑥]。可見吕守璞也是在王常月的影響下，道行修煉纔得以進一步提高的。又據《金蓋心燈》記載，康熙七年，“姑蘇施法師亮生、吕律師守璞來迎，我真人（王常月）乃出山（金蓋山）之穹窿，詹某等從行”[⑦]。可見，王常月還曾在施道淵、吕守璞的迎請

---

① 尹志華：《清代全真道傳戒若干史實再考察》，趙衛東主編：《全真道研究》第五輯，濟南：齊魯書社，2016年，第131頁。

② （清）王常月：《碧苑壇經》，《藏外道書》第10册，成都：巴蜀書社，1992年，第168頁。

③ （清）龍起潛：《初真戒律序》，《重刊道藏輯要》張集七，成都二仙庵清光緒三十二年（1906）刻本，第27頁。

④ （清）凌壽祺：《滸墅關志》，《中國地方志集成・鄉鎮志專輯》第5册，南京，江蘇古籍出版社，1992年，第239頁。

⑤ （清）閔一得：《金蓋心燈》，《藏外道書》第31册，第187頁。

⑥ （清）凌壽祺：《滸墅關志》，《中國地方志集成・鄉鎮志專輯》第5册，第240頁。

⑦ （清）閔一得：《金蓋心燈》，《藏外道書》第31册，第187頁。

下，到蘇州穹窿山開展闡教活動。與吕守璞共同迎請王常月至蘇州穹窿山的施道淵，據蘇州史志記載，幼年出家朝真觀，是清初蘇州著名的高道，清初蘇州的重要宫觀如玄妙觀、上真觀等都請他爲住持，其在宫觀建設、組織傳承、科儀規範等諸多方面對後世蘇州道教影響深遠。施道淵請王常月來穹窿山，並接受他的戒律思想，對宫觀的執事規範進行改革，將全真戒律儀範吸納進蘇州正一道士的日常修行中，對蘇州道教的影響也極爲深遠。

此外，蘇州受王常月影響的著名全真道士還有周明陽律師。他曾一瓢一笠雲遊東南，“是歲秋，崑陽真人至武林，相依兩載，多所授受……遂開金鼓洞，即今之鶴林道院”[①]。

三、明遺民入道

在傳統中國“家天下”的政治格局中，奉天承運的皇帝是政治生活的核心，如梁漱溟所言：“舊日中國之政治構造，比國君爲大宗子，稱地方官爲父母，視一國如一大家庭……自古相傳，二三千年一直是這樣。這樣，就但知有君臣官民彼此間之倫理的義務，而不認識國民與國家之團體關係。”[②]明清之際的甲申國變，在導致山河板蕩、生靈塗炭的同時，也對士人的精神造成了巨大衝擊。原本在士大夫道德倫理中占據核心地位的忠君愛國變成了舊君、故國，原本屬於北方蠻夷的遊牧民族成了皇親國戚，面對這樣的心理落差，諸多文人對於清廷都有著强烈的抵觸情緒。所謂“邦有道，則仕；邦無道，則可卷而懷之”[③]，面對反清復明無望的現實，諸多文人紛紛蕭然逃世，或逃禪於佛門，或避世於黄冠。清初蘇州的全真道士中，如吕崧、鄧大臨、黄衮、李樸等都有明朝逸民的情結。

吕崧爲吕祖謙後人，自幼熟讀儒書，能够一目數行，所作文章英絶亢爽，弱冠即以“婁庠第一，走都會，名籍籍江左間”。其後裔吕陽在《家貞九道人傳》中稱他在“流氛擾擾，中原多故”的背景下“驀然省”而入道。[④] 李果《吕道人桴庵傳》則説他“崇禎甲申之變，悲號不食，棄妻子入道，自號赤隱子”[⑤]。吕崧的兒子吕雲隱“髫年補博士弟子員第一，餼於太倉庠，名傾吴會”，與吕崧一樣，也是“值世運滄

① （清）閔一得：《金蓋心燈》，《藏外道書》第31册，第214頁。
② 梁漱溟：《中國文化要義》，上海：上海人民出版社，2003年，第99頁。
③ （宋）朱熹撰：《四書章句集注》，北京：中華書局，1983年，第163頁。
④ （清）吕陽：《薪齋集》，《四庫全書存目叢書・集部》第200册，第517頁。
⑤ （清）李果：《在亭叢稿》，《四庫全書存目叢書補編》第9輯，濟南：齊魯書社，2001年，第208頁。

桑,脱青衫,衣羽服"。[1] 與吕崧、吕雲隱父子相類似的是,黄衮雖在明末先後赴茅山、天台山遍訪名師,但對於多次給他啓示的異人"王屋山人將出世矣,乙未當至京師"的告知,黄衮並未下定决心付諸實踐,直至"又值世運滄桑,遂决意出俗,不復進取。届時北上,果逢崑陽王祖説戒白雲觀"。[2] 可見,三人入全真道都與明清易代有著直接關係。

清初作爲明朝遺民入全真道的還有鄧大臨。鄧大臨字起西,號丹丘,蘇州常熟人。順治二年(1645),在清軍圍攻江陰城時,鄧大臨跟隨他的老師黄毓祺參加反清鬥争,並專門赴崇明募兵。後兵敗,黄毓祺也因用南明官印遭人告發被俘就義。鄧大臨在"師死之後,遍走江湖,欲得奇才劍客而友之"。據黄宗羲《鄧起西墓志銘》記載,順治十八年(1661),黄宗羲在雙瀑院見到他時,"視其所肩之行橐,累累有道士印數十顆"。鄧大臨同時告訴黄宗羲稱:"吾已竄身爲黄冠矣。"兩人分别時,鄧大臨去了杭州玉皇山。康熙三年(1664),黄宗羲去常熟虞山拜訪鄧大臨時,在鄧大臨的精舍裏見到的"張雪崖、顧石賓皆其道侣"。黄宗羲因之感歎:"桑海之交,士之不得志於時者,往往逃之二氏。"稱鄧大臨"在玄門苦身持力,無異於全真之教"。[3]

此外,《吴門表隱》"朝真方丈"條對李樸的記載,稱其"名樸,善書畫,明亡入道,不剃發,蓋勝國逸民也"[4]。李樸"明亡入道"的表述雖不準確,但從其清初與王弘撰、黄道周、歸莊等明朝遺民交往中"飄零懷故國,瀟灑見高風"的詩句,清代蘇州方志對於他這樣一位道術精湛、能隨機開示使之了悟的高道却模糊其辭,清初歸附朝廷且具有道教信仰或與施亮生等道教人物交往頻繁的彭定求、汪琬等蘇州士大夫鮮有與之交往的記載等,都可推斷出李樸明朝遺民的身份。[5]

四、儒家思想的影響

宋元以來,理學借助國家權力逐步成爲國家的政治意識形態,儒家思想也由此成爲傳統社會的主導思想。在儒學作爲官方意識形態的强勢現實面前,宋元

---

① (清)閔一得:《金蓋心燈》,《藏外道書》第31册,第198頁。

② (清)閔一得:《金蓋心燈》,《藏外道書》第31册,第187頁。

③ (清)黄宗羲:《南雷文定後集》卷二,《續修四庫全書》第1397册,上海:上海古籍出版社,2002年,第426頁。

④ (清)顧震濤:《吴門表隱》,南京:江蘇古籍出版社,1999年,第40頁。

⑤ 黄新華:《清初蘇州道士李樸事跡考》,《中國道教》2016年第1期。

以來的道教爲了自身發展,自然形成了援儒入道、以儒補道,圍繞儒家價值標準構建自身教義思想的趨勢。不僅道教的歷代高道往往都有幼讀儒書、熟諳四書五經的從學經歷,入道後也都極爲重視對儒家經典的學習和吸收。吴訥《道會林君剛伯墓志銘》中即有明初"清溪道士尚守謙領道會職,謂其徒曰:吾教際時休明,然匪資於儒,則何自而興哉?遂延剛伯以儒書訓其徒孫張仁静等"的記載,而自幼熟讀儒家經典的林剛伯提出要入道後,尚守謙更是"聞而喜曰:吾教得是人必興,吾當身仕之。遂録爲弟子"。[①] 可見當時道教中人士對於儒家思想之重視。

在儒學占據官方意識形態的背景下,道教與佛教往往被視爲外道,即便不被視爲外道,往往也是站在儒家的立場上,從儒道殊途而同歸的角度予以評價。也因此,明清文人爲道教宫觀撰寫碑記時對於宫觀利於道德教化的功能,在爲道士書寫墓志銘時對於自幼熟讀儒書、入道後孝於父母等,始終不吝筆墨。也正是因爲有儒家的思想把控,清初康熙帝面對御史請求沙汰僧道的奏請時,即以"今之僧道,實不比昔日之横恣,有賴於儒氏辭而闢之。蓋彼教已式微矣"[②],否定了御史的請求。在康熙看來,有儒家"辭而闢之",不管是道教還是佛教早已被歸化在儒家的治世思想之下,都已不成威脅。

就儒家思想而言,雖然宋明以來周敦頤、張載、程顥、程頤、朱熹、陸九淵、王守仁等名家輩出,但如譚丕謨所言,宋元明時代的思想家,其思想的總體趨勢都是從心性問題的研究出發,心性問題始終是核心問題:"講中和,講義利,固屬從心性上去説明;講王霸,講理氣,也是從心性上去説明;即講飛潛動植,做詩作文,也拿所謂'此心之全體大用'去兼括。"[③]就此而言,與擅長齋醮科儀的正一教相比,全真道自創立之初即以全儒、道、釋三教之真爲宗旨,注重個人的心性修煉,無疑更符合以儒家思想爲價值判斷的社會價值觀的要求。

蘇州自宋代以來,崇文尊禮之風日濃,並成爲名副其實的狀元之鄉。明清易代之際,大批蘇州文人隱逸山林,在選擇遁入道門的過程中,更符合自身價值觀的全真道自然成爲首選。也因此,在蘇州所見的因爲甲申國變遁入道門的明遺民,選擇的往往都是全真道而非正一道。對於這樣的選擇,彭寧求《虚堂黄先生像》即給予了很好的説明。彭寧求在像記中認爲黄衮與施道淵"雖宗派不同,皆以戒行高嚴,誠乎後學,所謂外暢元風,内崧儒行者也。竊惟二氏之説吾儒所不

① (明)程敏政編:《明文衡》,任繼愈主編:《中華傳世文選》第 8 册,長春:吉林人民出版社,1998 年,第 813 頁。

② (清)阮葵生:《茶餘客話》,上海:上海古籍出版社,2012 年,第 338 頁。

③ 譚丕謨:《宋元明清思想史綱》,武漢:崇文書局,2015 年,第 10 頁。

講，然其中有未可説論者，即以道教言之。夫拜懺科儀，愚俗淺陋，而符籙矯誣，金丹誤世，此三者其不足尚，宜也。乃若常清常静，納鉤煉形，此山林寂寞之士所以放乎無爲，即朱子亦嘗注《參同契》，此其用意固無惡於天下。而修真之輩，其爲教雖主乎冲舉，要必以積功累行爲根本。又其精者，則扶植綱常，反求心性，於是有净明忠孝之説，其人類皆能自刻苦濟度"[1]。在彭寧求等儒生看來，齋醮科儀爲愚俗陋習，符籙矯誣，金丹誤世，衹有注重清净、放乎無爲的心性修煉纔是正道。彭寧求的看法雖失之偏頗，但恰恰可以説是明朝遺民入道全真的最好注脚。

清朝初年，蘇州湧現出了李樸、吕崧、鄧大臨、黄衮、吕雲隱和周明陽等一大批全真道士，以及施道淵等深受全真道影響的正一道士。梳理歷史可以發現，蘇州這一時期全真道的大發展，既是元明以來北方全真道士南遷並在蘇州駐足發展的延續，也是王常月中興龍門在蘇州的體現，還與明清鼎革這一特定的歷史背景和宋元以來儒家價值觀影響下文人對於道教的認識息息相關。在上述多重因素影響下，蘇州出現了全真道興盛的局面，並對蘇州道教的後期發展影響深遠。

（責任編輯：胡常春）

① 賈凌雁：《明清之際的道教與黄虚堂棄儒從道》，《西部學刊》2019年第4期。

言道與行道：李西月道論研究

□劉嘉欣

摘要：李西月一生著述頗多，他的道論思想即散落在這些文字裏。在諸多著作本中，尤以《道德經注釋》（下文簡稱《注釋》）一書最爲重要，其丹道著作《道竅談》亦不容忽視。通過梳理李西月著述中對"道"的論述，我們可以發現李西月道論的兩個面向：一是言道，一是行道。李西月認爲"道"是可以言説的，衹是需要注意言説的方式。李西月對道的言説具體表現在道之體與道之用兩個方面。言道衹是基礎，言道的最終目的是行道。李西月有志於在内丹修煉中證得大道。此外，李西月尊崇儒家的道德倫理思想，注重以行儒治世的方式踐行理想之道。如此一言一行，構成了李西月道論的兩個維度。

關鍵詞：李西月　言道　行道　丹道　儒家

作者簡介：劉嘉欣，女，1993 年，山東濰坊人，山東社會科學院宗教研究所助理研究員，主要從事道家道教研究。

在傳統道家哲學中，"道"既是先天地而存在的，又是無所不在的，既是宇宙萬物的本體，又是生成萬物的本原。"道"將人的生存狀態與天地自然的存在狀態關聯起來，使人的存在獲得意義與合理性。道論研究則是探析一個人對於世界、對於人的根本看法和根本觀點。李西月是清代内丹學西派的創始人，並以他對道的體知爲基礎建立西派内丹學。梳理並分析李西月的道論，不僅有助於我們理解李西月的内丹學體系，而且對於了解清代道教老學和三教關係也具有重要意義。李西月的道論有兩個面向：一是言道，一是行道。言道，即李西月對"道"直接或是間接的表述，具體表現爲對道之體與道之用的發微；行道，即李西月對他理想中的"道"的追求與踐行，具體表現爲對修丹成仙理想的追求、對儒家理學思想的借鑒及對道德倫理的尊崇。

一、道的言説

《道德經》云："道可道，非常道。名可名，非常名。"[1]通常被認爲是對"道"的内涵與"道"的表達方式二者關係的論述。李西月在對此句的注釋中表達了他的觀點：

> 道也者，内以治身，外以治世，日用常行之道也。道之費隱不可道，道之發見則可道。統發見於費隱之中，至廣至微，故道爲非常之道也。名在無極不可名，名在太極則可名。生太極於無極之内，能静能動，故名爲非常之名也。集補：人所共由則曰道，可道者，可述也，非常之道，斯爲大道也；欲著其狀則曰名，可名者，可擬也，非常之名，斯無定名也。[2]

由以上引文可以看出李西月對於道的基本認知。一是李西月將"道"劃分爲兩個層面："費隱"之道、"發見"之道。"費隱"意指"道"不可見、不可識的本體的一面，"發見"則意指"道"發用之後的體現。二是李西月認爲道的這兩種形式並非截然可分，而是動静相合、混而爲一的。道這一"體用無間"的特點，使它難以與衆人言説，但李西月畢竟找到了言説"道"的方式。作爲"無極"狀態之道是不可直接言説的，而作爲道的發用之"太極"狀態則可以言説。無論哪一種道，李西月認爲都可以用"擬"的方法以彰顯"天下所共由"之道。"擬"即比擬。這一方法與老子言説"道"的方式是相同的。[3]

（一）本體之道

本體之道是什麽？這一問題的確難以直接回答。在《注釋》第二十五章中，李西月通過分析"道"與"大"的字形構成，以解釋本體之道。其云：

> 道從首、辵，先天地而行生者也。因字强名，又得一大。大從一、人，先庶物而首出者也。[4]

這段話是對《道德經》"吾不知其名，字之曰道，强爲之名曰大"一句的解釋。在李

---

① 本文所引《道德經》原文，以熊鐵基、陳紅星主編《老子集成》第十卷（北京：宗教文化出版社，2011 年）李西月《道德經注釋》所使用原文爲準。

② 熊鐵基、陳紅星主編：《老子集成》第十卷，第 442 頁。

③ 何玉國認爲："老子'論'道，通過隱喻、象徵、疑似性詞語和'正言若反'的句式表達。"參見《老子"論"道之言説方式研究》，《南開學報》（哲學社會科學版）2019 年第 2 期。

④ 熊鐵基、陳紅星主編：《老子集成》第十卷，第 452 頁。

西月看來,"道"字由"首"與"辵"兩部分組成,"首"即是"先","辵"即是"行",因而"道"字本身即暗示著"先天地而行生者也"的意義。即道是在天地之先而存在的,同時又具有化生萬物的功用。李西月又强調,《道德經》以"大"字稱道,而"大"字由"一"與"人"組成,因而人則成爲道化生萬物之首。李西月從文字拆解的角度出發解讀"道"與"大"二字,以求揭示本體之道的性質與功用。

此外,李西月認爲本體之道是"清虚"的。《注釋》第二十五章中有一段話,可以很好地展現李西月對本體之道的論述:

> 鴻蒙始氣,混混無名。無名者,先天地而生者也。寂,清也;寥,虚也。獨立乎清虚之境,而不改變其真常,無非此混成而已。①

老子將此"先天地生"之"物""强名"爲"道",同時也認爲"虚"體現著道的特點("致虚極")。李西月繼承了道家的基本觀點,認爲道的本體"虚無之極"。如《注釋》第十六章云:"道,虚無之極也。"②"虚""無"二字是對静態之道的描述,"虚"意味著道涵容萬物,"無"則指道無形無聲無色無臭,"極"字則是指道的前兩種性質是無邊無界的。以此理解爲基礎,李西月又將"寂寥"釋爲"清虚"。以往衆多解《老》者都以"安静無聲"注釋"寂寥"③,李西月將"寂"字理解爲"清"。據《漢字源流字典》所記,"本義爲没有聲音……由寂静又引申指清冷"④。可見李西月的這一解法是有據可依的,衹是側重有所不同。

此外,李西月認爲"虚無"之中又存在一"真常",此"真常"即指"道"。早在宋元之際,李道純、鄧錡等人在注釋《道德經》時就以"真常"解道。⑤ 道"獨立而不改,周行而不殆",既存在於天地之先,也存在於天地化生之後。此處李西月藉用"真常"一詞,意在强調道雖然有虚無至極的特點,但仍然是恒常不變的"真"。不同於李道純以"虚静""中和"解讀"道",李西月關注的是本體之道"永恒不變""變動有則"的特點。此外,李西月與其他以"真常"立宗的解《老》者的不同之處,還在於雖然他多次以"真常"注釋本體之道,但没有將其視爲《道德經》的核心思想,其旨在説明本體之道的恒常存在。

---

① 熊鐵基、陳紅星主編:《老子集成》第十卷,第452頁。

② 熊鐵基、陳紅星主編:《老子集成》第十卷,第448頁。

③ 參見陳鼓應注譯:《老子今注今譯》,北京:商務印書館,2003年,第169～170頁。

④ 谷衍奎編:《漢字源流字典》,北京:語文出版社,2008年,第224頁。

⑤ 參見劉固盛:《鄧錡〈道德真經三解〉的詮釋特點》,趙衛東主編:《全真道研究》第七輯,濟南:齊魯書社,2018年,第124～126頁。

（二）發用之道

《道德經》所言之“道”，同時包括本體論與生成論兩個序列。對“本體之道”的討論是從本體論的視角，而對“發用之道”的闡發則是從生成論的視角。道生成發用的表現雖然豐富多樣，但在種種不同之中也存在著共通之理。這表明道在生成萬物的同時，萬物不僅各具特性，且在在處處也都體現著道的共性。

《道德經》將道的化生過程描述爲“道生一，一生二，二生三，三生萬物”。這一抽象性的描述給後世的解《老》者提供了廣闊的發揮空間。至於李西月，則以“無極”“太極”比擬道的發用過程。“無極而太極”最早由周敦頤提出，以之揭示道化生萬物的過程。李西月即是沿用周敦頤的思路以詮釋《道德經》“道生一”一句，其云：“道立三才之上，五行之先。太上論造化，故必以道爲始。大道無形，渾然無極，迨其静中生動，而一乃見焉。”①其中“三才”即指天、地、人，“五行”即指金、木、水、火、土。李西月的這段話意在説明道是先於三才、五行的存在，是萬物化生的根源。“無極”“太極”則表示道的兩種狀態，“無極”代表静態的本體之道，静極生動，即變爲“太極”。“太極”因其運動而能化生天地萬物。

《道德經》云：“人法地，地法天，天法道，道法自然。”人道以地道爲法，地道以天道爲法，天道則來於大道。從生成序列來看，“道”在發用之後，最能體現道之特性的是天之道。李西月對道的闡發主要包括兩部分内容：一是天道生生而不息，二是天道自然而無私。

第一，天道生生而不息。其《道德經注釋》第九章云：“天不言功名，而以生成卽遂爲功名。物育功成，時行名遂，天地於焉退移。藏身冬令，以畜陽生之德，人亦曷觀天道哉？”②這段話是對《道德經》“功成名遂身退，天之道”一句的注釋。歷代解《老》者對這句話的注解大多是從人進退之道的角度出發，即主張人不可過度地追求名與利，“天之道”也通常被解釋爲自然之理。③ 但李西月在此則强調“天道生成”的特點，認爲天之道以生成萬物爲己任却從不居功，即“天不言功名，而以生成卽遂爲功名”。此外，《注釋》第八十一章亦云：“天道以默運爲生成，故有利而無害。”④可見，天道生生而不息在李西月的思想體系中占有比較重要的位置。

第二，天道自然而無私。《注釋》第二十五章有言：“天在道内，故法道。道莫

① 熊鐵基、陳紅星主編：《老子集成》第十卷，第 459 頁。
② 熊鐵基、陳紅星主編：《老子集成》第十卷，第 445 頁。
③ 參見陳鼓應注譯：《老子今注今譯》，第 105～106 頁。
④ 熊鐵基、陳紅星主編：《老子集成》第十卷，第 474 頁。

妙於自然,故法自然。"[1]這是對《道德經》"天法道,道法自然"一句的注釋。既然道以自然爲法,天同樣也是以自然爲法,無私無欲。需要注意的是,李西月在《注釋》中多以"好""惡"等詞形容天,如"然天本好生不好殺也,皆人之自取其殺耳"[2],"天有好惡,默施刑德"[3]等等。天"主生成"與天"好生",兩者意義並不相同。"主生成"標示著天的根本性質中即蘊含著生成的傾向,而"好生"則意味著天有喜惡之分,體現著天具有人格化的特徵。那麽這種人格化的傾向究竟是否存在?詹劍峰在《老子其人其書及其道論》一書中指出,《道德經》一書因其時代的限制,在天的自然屬性和擬人屬性的區分上還存在著矛盾,這是老子自身的矛盾。[4] 但《道德經》中這一模糊的態度並没有傳遞給李西月。雖然他遵老子爲神仙,如《注釋・序》云"神仙以老子爲宗"[5],但他認爲天完全是自然之天,並無人格化的思想傾向。至於"天法道",是因爲"天在道内",即天亦是道化生的結果。而"道法自然",説明天亦以自然爲法,當然也並未人格化。至於李西月用"好""惡"等詞形容天之道,一方面是沿續《道德經》的傳統,另一方面他所謂的"好""惡"並非人情感上的好惡,而是對天道所具有特性的擬人化比喻,是李西月以"比擬"的方式言説道的重要表述。

二、修丹證道

李西月對"道體"與"道用"的論述,體現出他對於這個世界是什麽,以及如何構成的認識。但更根本的是,要在已有認知的基礎上實踐"道",這一以實踐證道的方式就是内丹之道。在内丹學理論中,行道即指人要通過修煉在身體内結成金丹,以此達到與先天大道一體的狀態,從而實現"天人合一"的理想。以下將從修丹選擇與成仙之途兩個方面説明李西月所主張的證道方式。

(一)修丹選擇

内丹修煉遵循的是"順則生人,逆以成丹"的原則。李西月在《注釋》第六章中描述了這一過程:

> 坎離交媾於其中;男女媾精之房,日月交光之所。聖人顛倒之,則爲生

---

① 熊鐵基、陳紅星主編:《老子集成》第十卷,第452頁。
② 熊鐵基、陳紅星主編:《老子集成》第十卷,第471頁。
③ 熊鐵基、陳紅星主編:《老子集成》第十卷,第472頁。
④ 詹劍峰:《老子其人其書及其道論》,武漢:華中師範大學出版社,2006年,第251~259頁。
⑤ 熊鐵基、陳紅星主編:《老子集成》第十卷,第439頁。

門;凡人順用之,則爲死户。地天交泰,不外乎此。故又稱爲天地根,言天地互藏之根也。[①]

這段話是對内丹學中"玄牝"的描述,在這小小的玄牝之門中,蘊藏著坎離交媾、顛倒人生的秘機。凡人不懂其中的逆用之法,因此順應由生到死的路徑發展下去,最終走向"死户"。相反,修煉内丹之人懂得其中"顛倒"之理,因此則通往"生門"。這其實體現了道教内丹修煉的根本原理——"順凡逆仙"。所謂"順凡"即順著道生萬物的路徑,人會沾染欲念而耗損"道"所賦予的先天精、氣、神,從而失去"長生久視"的機會。所謂"逆仙"則是指逆"道生萬物"的路徑修煉,通過"煉精化炁""煉炁化神""煉神還虚"三個階段最終實現與道合一。其理論邏輯爲:道可以生成萬物,而萬物亦可以復歸於道。這就在大道與人之間構築了一條雙向的貫通路徑。

在一順一逆兩種選擇中,李西月更希望人們選擇逆向的道路。他在《注釋》中言道:"順成人,榮事也;逆成仙,辱事也。然人當知成人之榮,而守成仙之辱。守辱之學,絶學也。"[②]在世俗人的觀念中,終其一生追逐人的欲求,成爲合於世俗價值的有功有名之人,就是一個人一生的榮耀;而修煉成仙却往往被看作一件不合常理的事,因此會受到世俗之人異樣的眼光。也正因如此,真正踐行大道之人,在世俗看來則是一件"辱事"。但李西月認爲"不笑不足以爲道",真正的大道往往是不能被大衆理解的。道教修煉之人應當理解常人順成的人生,但仍然要堅持作爲"守辱之學"的成仙選擇不能動摇。因爲,"守辱之學,絶學也"。如其《注釋》中言道:

絶學者,道全德備也。道德全備,何憂之有?以聖人視衆人,猶之唯甚直,而阿甚諛。善可愛而惡可惡,不知相去幾許也。聖人無憂,即無畏也。人之所畏者,畏其絶學之難也。豈可畏人之畏,而不求其絶學乎?故曰不可畏畏。[③]

所謂"絶學",即是達到"道全德備"的無憂無畏境界。衆人皆有喜怒愛惡等情感或偏好,與這種道全德備的狀態相差甚遠。人們對於"絶學"心存憂慮與畏懼,往往是因爲難以戰勝自身存在的這些問題,但既然認識到正確的路就在前方,又怎麽能因爲困難而不去實踐呢?李西月認爲,絶學之路一定要有人去走,道全德備

---

① 熊鐵基、陳紅星主編:《老子集成》第十卷,第444頁。
② 熊鐵基、陳紅星主編:《老子集成》第十卷,第453頁。
③ 熊鐵基、陳紅星主編:《老子集成》第十卷,第449～450頁。

的境界一定也可以達到。因此應當堅守逆向修丹之路。

既然確定了人生選擇,在修煉過程中還需要注意"先益後損"的修煉原則。李西月的這一觀點主要體現在對《道德經》第四十八章"爲學日益,爲道日損"一句的注釋中。其意原本是指兩種不同的進路,但李西月認爲,無論是求道還是爲學,都有增益與貶損的過程。對於學習而言,積累豐富的知識是必要的過程,當然也須運用由博反約、"損之又損"的方法掌握其中奧妙,所謂的"損"與"益"衹是先後的順序不同。對於求道而言,返樸歸真是其内在要求,但想要達到"損"的結果,中間必須經過一個"求益"的學習過程。在學習積累達到一定程度之後,再進行"損"的工夫。李西月對於"爲學""爲道"的觀點,與他作爲内丹學家的身份密切相關。修煉内丹的最終目的是得道成仙,而想要達到這一目標,就必須經歷學習丹道的過程,但學習的過程中同樣需要結合"清静"之法,修煉的結果即是"與道合一"。

(二)成仙之途

李西月主張,人應當選擇適合自己的方法修習内丹學。根據人所秉具三寶的不同,可以分爲天元丹法與人元丹法兩條修煉路徑。而按修煉所得的結果,又有三乘丹法的劃分。

李西月在《道竅談》中對修丹三寶有論述:"此修丹之妙物也。顧其最上者,元神、元氣與元精,真精、真氣與真神。元者何?先天也。真者何?亦先天也。先天之元,生於皇降,童子之天元是也。先天之真,成於大道,我輩之人元是也。"[①]精、氣、神三寶都是修煉丹法所必需的。無論是冠以"元"還是"真"都是指人修煉内丹最上等的、先天的藥物,它們的不同在於,"元"是指童子之天元,"真"則是指人元丹法中的先天藥物。人人皆稟先天之炁而生,童子先天的精、炁、神未漏而保有先天之元,而成人則精、炁、神受到損耗而墮入後天。而童子與成人由於所具有的三寶不同,因此有不同的修煉路徑。這兩條路徑具體表現爲對内丹修煉中"順成之道"與"逆成之道"的區分。如李西月在《道竅談》中云:"今而知上德清静,守其順成之道,而結仙胎,即天以全人也。並可知下德返還,修其逆成之道,而結聖胎,又盡人而合天也。"[②]其中所謂"上德"指的是童子先天未破之體,"童真上德,有緣遇師,即將天元之體,清静修持,可作無爲天仙"[③]。"下德"則是

① (清)李西月:《道竅談》,《藏外道書》第26册,成都:巴蜀書社,1994年,第616頁。
② (清)李西月:《道竅談》,《藏外道書》第26册,第617～618頁。
③ (清)李西月:《道竅談》,《藏外道書》第26册,第616頁。

“返還之道也，曰人元”[①]。可見，在李西月看來，在確定人生選擇上的順逆之後，還需要注意内丹修煉體系中順逆的不同。其中，“順法”爲天元清修之法，而“逆法”則是人元還丹之性命雙修之法。

因此，先天未失的童子應當修習天元丹法，袛需適當清修，再遇明師傳授修煉口訣即可修煉成仙。但這樣的人畢竟是少數，而如“我輩”的成年學道者則需要修習人元丹法，其過程應當先修煉“築基”“煉己”的功夫，待精滿氣足之後，再經過煉精、煉氣、煉神三個階段，最終達到“與道合一”的長生久視之境。

李西月更多地論述了人元丹法的修煉路徑。這一路徑的核心爲行“攝生”之法：

> 攝生乃還丹之道，返本之功，接命之術，成仙之訣。逆而回之乃爲攝，下而上之乃爲攝，外而内之乃爲攝，中有黄婆乃能攝。攝非易言者也。[②]

“攝生”即還丹，是返本還原的修煉功法，主要包括“逆而回之”“下而上之”“外而内之”三個方面。“逆而回之”即是指内丹修煉中的逆向之法。“下而上之”則是指腎水上升、心火下降，實現水火相交的過程。水與火在卦象上代表著坎卦與離卦，因此又稱爲坎離交媾。在這一過程結束後即可以復還於先天之乾坤，實現還丹之功，其理論基礎是道教中的“天人同構”思想。其以古代元氣理論爲依據，認爲天地是一個大宇宙，人體是一個小宇宙，天與人的内部結構是相同的，皆由氣構成。天與地能够長久存在的原因，就在於天氣下降地氣上升，二氣交感而生生不已。相應地，内丹學效法天地永恒存在的道理，形成了長生成仙的理論，將人身看作一個天地。以膈爲準，膈以上的心代表天，其以下的腎則代表地，而心屬火而腎屬水，人若想實現長生，就要使心火與腎水相交。最後，“外而内之”應當是指吸納人體外部真精進入體内，以輔助修煉。李西月常用“彼家”與“我家”一對詞描述這一過程，其云：“元精在我家，真精在彼家。其在我家者，絳宫渾然之氣，積久而生靈液者是也。其在彼家者，華池壯盛之氣……八月十五，金氣足而水潮生，正合二分真信。學人識得此精，一口吸來，霎時天仙有分，非凡物也。”[③]

李西月在區分兩條修煉路徑的基礎上，在注釋《無根樹》詞時又對“盡性之學”與“立命之學”加以區分，從而將修煉丹法的結果分爲三乘，即初乘、上乘與大乘。初乘丹法即指結丹的過程，也稱“玉液還丹”，結得内丹之後即修煉完成“盡

---

① (清)李西月：《道竅談》，《藏外道書》第 26 册，第 617 頁。

② 熊鐵基、陳紅星主編：《老子集成》第十卷，第 462 頁。

③ (清)李西月：《道竅談》，《藏外道書》第 26 册，第 617 頁。

性之學”。而“立命之學”就是指上乘丹法,這一過程又稱“小還丹”“七返還丹”,這一功法修煉成功後,即脱離後天而進入先天。最後是大乘丹法,又稱“九轉大還丹”“金液還丹”。這一過程結束後,纔可以達到“性命雙了”的狀態。[①] 可見,在李西月的内丹功法中,性命關係表現爲先修性而後修命,“了性”“了命”爲復歸先天狀態的最後兩道關卡。

由此,從内丹修煉的理想堅持,到修煉路徑、方法與結果的選擇,呈現出一條完整的理論到實踐的證道之途,成爲李西月内丹學的基本框架。

三、參儒踐道

李西月是道教西派内丹學的創立者,但他青年時期學儒的經歷無疑在他的人生中打下了深深的烙印,比如他尊奉儒家朱熹等理學家的理論,並將其引入内丹學。而在人生理想方面,也體現出對儒家修身治世的期待。

(一)理氣學説

李西月受到儒家思想的影響頗深,在其《道德經注釋》一書中既有用儒家經典解《老》的内容,亦有運用儒家思想解《老》的部分。[②] 此外,在解讀内丹學理論方面,李西月同樣運用了儒家的思想理論,其中主要是運用朱熹關於理氣關係的學説來表述内丹學中的性命關係。

李西月所撰《道竅談・神氣性命》一章具體論述了理氣性命的關係:

> 夫性者本乎天命,而命也本乎盡性。天以氣成物,而理亦賦焉。是由命以與人性,故曰天命之謂性也。人以理造物,而氣始生焉。是由性以立其命,故曰盡性以至命也。在天則理從氣出,在道則氣從理出。理從氣出者,以氣爲重焉。此氣乃絪緼化醇之氣,人得此氣而生身,然後理有所寄,故此氣爲可重也。氣從理出者,更以氣爲重焉。此氣乃元始真一之氣,陰受陽光,而鉛種鉛中,又見一陽生,故此氣愈可重也。[③]

朱熹用理氣關係來描述人的生成原理,認爲人的生成是理與氣相合的結果,如其云:“人之所以生,理與氣合而已。”[④]至於理氣二者之間的關係,則是理與氣同時

① 徐兆仁主編:《涵虚秘旨》,北京:中國人民大學出版社,1990 年,第 80 頁。

② 趙衛東、劉嘉欣:《李西月〈道德經注釋〉詮釋理論探析》,《宗教學研究》2019 年第 3 期。

③ (清)李西月:《道竅談》,《藏外道書》第 26 册,第 614～615 頁。

④ (宋)黎靖德編,王星賢點校:《朱子語類》第 1 册,北京:中華書局,1994 年,第 65 頁。

形成，但有邏輯上的先後，即邏輯上理在氣之先。天能够生成萬物，是因爲賦予萬物以“理”，理與氣相合而生成萬物。就性命關係而言，李西月用《中庸》“天命之謂性”一句來解讀人的生成原理，是認爲人的生命受之於天，而人之性則是隨命而定。因此，人生命的形成是邏輯上的命在性先。馮友蘭在論述朱熹的人性論時亦指出：“理與氣合而成爲具體的個人，此氣中之理，即所謂性也。”[①]由此可知，朱熹已經將理氣與性命並提，用以表述天生人成的化生過程。顯然，李西月不僅繼承了這種理氣性命的表述方式，也借鑒了理氣性命産生先後關係的理論。其認爲，“理”與“氣”的關係爲“人以理造物，而氣始生焉”；人以“理”造物，則“理”必定是先於物而存在的。可知李西月亦贊同“理”與“氣”是在事物形成時同步産生的，二者不可分離，但在邏輯上是“理在氣先”的。但李西月轉换了造物的主體，認爲若是以人爲主體要做一件事，則先有一個物之性在先，然後纔形成物之命，即性在命先，或氣在理先。

雖然朱熹與李西月的理氣論存在一致性，但仍需要注意儒家理氣與内丹學中的性命在内容上有根本不同的意義。朱熹理論中的“理”與“性”是全然至善的，其云：“理無不善，則氣胡爲有清濁之殊？”“二氣五行，始何嘗不正。”[②]可見，朱熹所謂理之善、氣之清濁正邪都具有道德價值意義，然而李西月所言内丹學中的性命理論是没有道德價值意義的。雖然他也主張“天命之謂性”，天賦予人之理與氣，但目的與朱熹不同。朱熹的理氣學説，主要是爲他的心性論體系服務，進而爲人性確立宇宙論的依據，也要保證能够發揮人的道德行爲的主體能動性。而李西月談理氣則是爲内丹修煉功法中的先後順序作論證。前文已述，李西月所主張的内丹學性命修煉功法，具體表現爲先“了性”後“了命”。既然李西月認同朱熹邏輯上“理在氣先”的主張，又認爲“理”與“性”相對應，“氣”與“命”相對應。根據先有命而後有性的人物生成理論，既然要實現逆向的修煉，則需要先修性而後修命，以此實現向“與道爲一”的復歸。而朱熹“理在氣先”的理論，在邏輯上論證了其先“了性”後“了命”這一修煉理論的合理性。

蓋建民考察金丹派南宗與朱熹理學的關係後指出，道教内丹學南宗一派的白玉蟾已經開始受到朱熹的影響，並且朱熹的理學思想本也有道教、佛教影響的成分。[③] 此處暫不討論二者之間具體的關係，但透過這一信息可以明確的是，既

① 馮友蘭：《中國哲學史》(下)，《三松堂全集》(第三版)第二卷，北京：中華書局，2014 年，第 783 頁。

② (宋)黎靖德編，王星賢點校：《朱子語類》第 1 册，第 68 頁。

③ 蓋建民：《白玉蟾金丹派南宗與朱熹理學關係新考》，《湖北大學學報》(哲學社會科學版)2016 年第 2 期。

然内丹學南宗一派中，理學與内丹學之間就已經存在千絲萬縷的聯繫，那麼李西月援引儒家理學思想以解釋内丹理論也具有一定的歷史依據。因此，一方面李西月可能是直接受到儒家理學思想的影響，另一方面可能是繼承内丹學南宗以來的傳統，認爲儒道本身具有一致性，也可能兩者兼具。具體情况究竟如何確實難以下判斷，但可以確定的是李西月受到了儒家理學思想的影響。

（二）儒家倫理

作爲道門人士，李西月最爲根本的信仰無疑是"道"。既然要"志於道"而行，治身與治世則是李西月踐行大道最爲基本的内容。

在李西月看來，修習内丹學是人們通過"治身"而達到踐行大道的重要途徑。其中"治身"雖然主要是指修習内丹學，但其言"治身"同時也包括儒家倫理道德等方面的内容。如李西月在《道德經注釋·自序》末尾表達了他爲經典作注的原因和目的，其云：

> 即或無用於天下，則爲好士庶，即是忠也；爲好子弟，即是孝也。忠孝兩全，天真發慧，以觀修身之道，必能智燭深微，其登峰造極，有如拾梯而已。[①]

李西月注釋《道德經》，最主要的目的是闡明丹法。但他同時指出，若此書的主旨未能惠及天下人，人們也應當能從中吸取忠與孝等儒家倫理思想以完善自我修養。這一定程度上反映出李西月的價值取向，即儒家倫理道德在他的思想中占有非常重要的地位。正如李西月在道情詩中曾言："請問名公，怎麼叫修仙修佛？須要把儒書參透，再同君説。"[②]可知無論是修仙還是修佛，學習儒家經典都排在第一位。李西月在此强調儒家經典的重要性，説明他不僅推崇儒家的道德價值觀念，也看到了儒家思想對於開啓人的智慧，以參透内丹理論乃至佛教修行都有極大助益。

此外，"治世"亦是李西月"志於道"的重要内容。事實上，李西月之所以著書，就是因著救世的理想。其師鄭樸山曾告訴他："大劫將至，子宜速修救世，更有祖師上真爲師。"[③]其大意爲：天下將有大的劫難，你要儘快修煉，不但要自救，更要救處在苦海中的衆生，那時候你將得到道行更高的真人祖師的指點。可見李西月的内丹修煉並不是爲滿足個人的修仙理想，更有一層濟世度人的責任感植根於他的内心中。此外，李西月弟子李道山所撰的《李涵虚真人小傳》中亦記載："密付本音，潛修數載，金丹成矣。三師復至，叮嚀速著書救世，奉三真之命，

---

① 熊鐵基、陳紅星主編：《老子集成》第十卷，第440頁。

② （清）李涵虚著，蔡哲聰點校：《李涵虚先生全集》，北京：宗教文化出版社，2013年，第80頁。

③ （清）李道山撰：《李涵虚真人小傳》，《藏外道書》第26册，第627頁。

著有《太上十三經注解》《大洞老仙經發明》。"[①]可見，修煉内丹與清代民間流傳的末劫思想亦有關聯。在這一話語體系中，内丹修煉則成爲治世救世的重要方式。而綜觀李西月的注本與著作，雖然主要是爲了闡明内丹學，但更要理解其闡明丹法的根本在於救度衆人。最後，李西月在《道德經注釋・自序》中直言："如欲有用於時，請以此經治世之法，參以儒書，必能堯舜其君、堯舜其民也。"[②]這一句更是鮮明地描繪出隱匿於李西月心中的治世理想。李西月認爲，自己的注書體現了治世的根本道理，假若有人能够發現他的著作，在與儒書相參閲的基礎上，必然能在國家中建立起清明之道。

蓋建民《白玉蟾金丹派南宗與朱熹理學關係新考》一文指出："從道教之道與儒家之道本質上來分析，南宗認爲二者是相通合一的。"[③]我們認爲，不僅是南宗注意到了道教之道與儒家之道的相通性，内丹學西派亦肯定這種相通性。正因如此，李西月纔能將儒道相融合，以儒學與丹道相結合的方式踐行理想之道。

結語

《道德經》云："天之道，損有餘而補不足，人之道，損不足以奉有餘。孰能有餘以奉天下？唯有道者。"正如其言，天道的根本在於使世界的秩序達到生生不息、和諧永恒的狀態。人性則往往追逐欲念而與天道相反而行。因此，唯有心存"志於道"理想的人，纔既能够獨善其身，又能够濟世度人。李西月終其一生以著書、講學的方式言道、傳道，又以融合儒道治身、治世的方式行道踐道，體現出他畢生求道的理想追求。

（責任編輯：趙衛東）

① （清）李道山撰：《李涵虚真人小傳》，《藏外道書》第 26 册，第 627 頁。

② 熊鐵基、陳紅星主編：《老子集成》第十卷，第 440 頁。

③ 蓋建民：《白玉蟾金丹派南宗與朱熹理學關係新考》，《湖北大學學報》（哲學社會科學版）2016 年第 2 期。

宫觀、人口與組織:民國武漢全真教研究

□王　闖

摘要:民國時期政府先後多次組織全國範圍的寺廟登記活動,這些數據爲我們瞭解民國道教生存發展的詳細情況提供了可能。本文利用湖北省檔案館所藏1947年武漢市寺廟登記檔案,指出全真龍門派在民國武漢道教界占據絶對主導地位,並分析了宫觀人口數量、性别、年齡、籍貫、出家原因、健康狀況、俗家狀況等各類歷史信息。從整體上看,民國武漢全真教面臨較大生存困境,但是不少道門領袖勇於承擔歷史責任,冀以組織革新的方式實現道教的轉型發展,其中尤以1946年湖北省道教會的成立最爲引人注目。民國时期是20世紀道教轉型發展的歷史起點,值得學界深入探討。

關鍵詞:寺廟登記　全真教　道教會　民國道教

作者簡介:王闖,男,歷史學博士,華中師範大學道家道教研究中心副教授。

最近十幾年來,隨著碑刻、方志、文集等一批新史料的發現和整理,學界對全真教歷史的研究日趨深入。學者們的目光從金元全真教的鼎盛期,開始轉向過去不受重視的帝制晚期,明、清、民國全真教在各地的傳承發展史也日漸清晰。就民國全真教的研究而言,近些年來新成果可謂層出不窮。北京白雲觀、瀋陽太清宫、武漢長春觀、南陽玄妙觀、杭州福星觀等著名全真宫觀,受到了學界的充分重視,學者們圍繞教派傳承、傳戒歷史、高道活動、社會服務等問題展開了深入探討。① 不過,現有研究遠不足以反映全真教在民國時期的全部歷史,各地還有很多全真教的歷史檔案留待發現和解讀。

武漢位於素有"九省通衢"之稱的湖北,地理位置優越,各種宗教勢力均在此蓬勃發展。全真教傳入武漢的時間較早,據《湖北道教史》的研究,從至元五年(1268)

① 可參見付海晏、梅莉、汪桂平、尹志華、劉迅、高萬桑等學者的研究。

開始，伴隨著蒙古大軍攻陷襄陽、武昌等地，全真教也傳入武漢並迅速發展。① 在民國時期，武漢全真教有著名的四大叢林，分别是武昌的長春觀、武當宫，漢陽的玄妙觀，漢口的大道觀。② 可以説，近代武漢是全真教的重要活動中心，然而學界對此的研究却不多，僅梅莉教授曾指出長春觀在時任監院侯永德的艱苦努力下有過短暫的振興③，相關研究仍有繼續深入的必要。本文擬利用湖北省檔案館所藏民國武漢全真教檔案，試圖從廟觀、人口等量化統計數據出發，分析全真教在20世紀40年代武漢的生存狀況，並揭示其在自身組織再造上的艱辛嘗試，以期豐富民國全真教史的研究。

一、民國武漢市的寺廟登記

近年來，學界利用碑刻中相關人名法號等信息，勾勒出全真教在地方上的傳承法脈。然而，此類資料畢竟較爲簡單，還不足以使我們瞭解到該宫觀諸如人口數量、年齡、籍貫、出家原因、教育背景、身體狀況等更爲詳細的情況。民國以後，北京政府、南京政府組織過多次全國範圍的寺廟登記和調查，這些原始的檔案數據，爲我們瞭解除法號傳承外更爲翔實的宫觀人口信息提供了可能。④

學界現有研究表明，國民政府出於控制漢傳佛教及道教寺廟財産以推進廟産興學之目的，先後組織過多次全國範圍的寺廟登記活動。⑤ 1913年，北京政府内務部制定各省寺院調查表，要求各地遵照報送，但效果並不理想。⑥ 1928年10月2日，南京政府内政部公布《寺廟登記條例》，“其中關於寺廟之人口、不動産及

---

① 參見劉固盛、梅莉、胡軍等：《湖北道教史》，武漢：華中師範大學出版社，2018年，第206頁。

② 武漢地方志編纂委員會主編：《武漢市志・社會志》，武漢：武漢大學出版社，1997年，第219頁。

③ 梅莉教授的研究有《民國〈湖北省長春觀乙丑壇登真籙〉探研》，《世界宗教研究》2011年第2期；《變動時代背景下的全真道與地方社會：侯永德與民國二三十年代的長春觀》，《華中師範大學學報》（人文社會科學版）2012年第5期。梅莉老師是我碩士、博士學位論文的答辯委員，才華横溢，温文爾雅，待人和善。2019年初我回華師工作，在熊先生那裏聽聞梅老師身體不好。當年6月劉仲宇老師蒞臨講學，在午宴上與梅老師見了一面，飯後送她回辦公室，一路上聊了很多關於武當山研究的事情，本想著以後還會有更多機會向她請益，不想竟是永别。在寫作此文的時候，我想起2014年7月與劉固盛、梅莉兩位老師一起去山東棲霞參加趙衛東老師主辦的全真道學術會議，往事歷歷在目。如今再次來山東參加全真道學術會議，而梅老師不幸離世已逾一載，學生謹以拙文表達對她的深切懷念。

④ 學術界已有學者認識到民國時期寺廟登記數據的重要性，可參見付海晏：《中國近代宗教社會史的量化研究——以構建寺廟登記表資料庫爲中心的討論》，《社會科學研究》2018年第1期。

⑤ 參見陳金龍：《南京國民政府時期的政教關係：以佛教爲中心的考察》，北京：中國社會科學出版社，2011年。

⑥ 《内務部爲調查寺院及其財産致各省長都統咨》（1913年10月），《中華民國史檔案資料彙編》第三輯，南京：江蘇古籍出版社，1991年，第693頁。

法物等項，决定舉辦登記"，但是地方上的執行力度依然不够，有"十二省迄未填送到部，其他各省，亦多未齊備"。[①] 1936 年 1 月 4 日，南京政府内政部頒布《寺廟登記規則》，再次要求對寺廟人口、財産、法物等情况進行登記。[②]

1.1930 年前後武漢市的多次寺廟登記

國民政府這幾次自上而下要求的寺廟登記，儘管在全國遭遇不少挫折，但湖北省及武漢市基本上是予以支持並有實際行動的。1913 年的那次登記，暫未見相關史料。1928 年的登記活動，武漢市執行較好，就現有史料來看，先後做過多次。據 1930 年出版的《漢口市建設概况》記載：

> 查本市之寺觀廟宇，於前武漢市政委員會時，由前社會局派員調查一次，然系概括的，而非具體的，且遺漏之處，亦復不少。兹經本局制就調查表，内容分職分、法名、性别、教别、出家若干年及原因、備考六欄，派科員李達泉專司其事，親赴本市管轄地段，切實調查。除類似寺觀廟宇，或無僧道居住者免查外，計全市共有寺觀八十三所，男性僧道十六歲以上，三百六十一人，女性僧道，十六歲以上，一百七十一人，十六歲以下之男女僧道，二十二人。正擬匯齊呈報，適奉市府轉内政部咨，禁止未成年男女剃度，飭調查辦理等因。[③]

材料中的"武漢市政委員會"成立於 1927 年 4 月 16 日，是當時國民政府合併武昌、漢口、漢陽三鎮而來，並於 1929 年撤銷，此後三鎮再次恢復獨立建制。按其所言，在 1927～1929 年，武漢市政委員會曾經對三鎮寺觀廟宇情况有過簡單的調查。1928 年 10 月《寺廟登記條例》頒布後，漢口市政府社會局有所回應，制定了表格，詳細調查寺觀人口的職分、法名、性别、教别、出家年數及原因。這次寺廟調查究竟發生在什麽具體的時間呢？據上述材料所言，在社會局準備將調查資料彙集上報的時候，收到了内政部關於禁止未成年剃度的咨文。查國民政府訓令禁止未成年剃度一事發生在 1930 年 3 月 24 日[④]，故武漢市的調查行爲應該發生在此日期之前。可惜的是，相關具體調查資料並没有流傳下來。另外，此次針對武漢三鎮的寺廟調查結果，無論是寺觀數量還是僧道人數，與下文將要引用的其他登記數據相比，都顯得較少。筆者推測可能與登記執行不到位有關係，這導致很多寺觀未能納入統計。

---

① 内政年鑑編纂委員會編：《内政年鑑・禮俗篇》，上海：商務印書館，1936 年，第(F)122 頁。

② 《内政公報》1936 年第 9 卷第 2 期，第 185～186 頁。

③ 漢口市政府編：《漢口市建設概况》第五篇"社會"，1930 年第 1 期。

④ 《訓令第 1159 號(十九年三月二十四日)：令各省、市政府爲飭查禁各寺廟剃度幼年人爲僧道由》，《行政院公報》1930 年第 137 期。

在前述寺廟調查剛結束不久,漢口市開始進行第二次人口大清查,藉此機會,該市公安局又進行了一次寺廟登記。據 1931 年《新漢口:漢市市政公報》所載:"本市自十八年起,當遵照登記條例舉辦寺廟登記,並按年清查一次。於去年第二次户口大清查時,又曾由公安局擬具寺廟調查表,詳加調查。"[①]此次人口清查於 1930 年"六月三十日起至七月十三日止"[②],寺廟登記的事項非常詳細,涉及寺廟名稱、建立時代、公建或私建、住持姓名、執事僧道人數、本廟僧道人數、寄居僧道人數,不動産(本廟、附屬)、法物件數(佛像、禮器、經典、其他)等項,這份調查表基本貫徹了 1928 年《寺廟登記條例》對人口、財産、法物進行登記的要求。調查結果以《漢口市一百十八處寺廟一覽》《漢陽市九十一處寺廟一覽》的形式公布在 1931 年第 2 卷第 9 期《新漢口:漢市市政公報》上。這份難得的調查資料對我們瞭解 20 世紀 30 年代武漢佛道教諸如人數、財産、法物等情況大有裨益,但就本文的研究而言,依然存在不少"問題"。由於表格僅記載各寺廟的僧道總數而未有詳細法名,故我們判斷其教派屬性時面臨不少困難。此外,不少名稱爲"某某觀"的寺廟,其住持姓名却登記爲類似佛教僧人的名號,這使我們難以準確分辨佛道教情況。不過像漢口大道觀、漢陽玄妙觀這些著名的全真叢林,其情況則可據之而得,當時大道觀有執事 30 餘人、道士 50 餘人,玄妙觀則有執事 8 人、道士 32 人。

2.1936 年武漢市的寺廟登記

儘管武漢市對 1928 年的《寺廟登記條例》落實較好,但從全國範圍内看,執行率並不高,因此南京政府又於 1936 年 1 月 4 日頒布《寺廟登記規則》,重新要求對漢傳佛教、道教寺廟進行登記。湖北省行動極爲迅速,於當年 1 月 29 日即發布訓令要求各縣市限期辦理,文曰:

> ……除將十七年十月二日公布之《寺廟登記條例》於二十五年一月四日廢止,同日將《寺廟登記規則》公布並分行外,相應檢同該項規則及其表證執照式樣咨請查照飭屬一體遵照如期辦竣爲荷,等由,計檢送《寺廟登記規則》及其表證執照式樣五份。准此,除分令漢口市政府暨各縣縣長遵限辦竣,賫表呈報外,合行令仰該廳知照。此令。中華民國二十五年一月二九日。主席楊永泰。[③]

---

① 《新漢口:漢市市政公報》1931 年第 2 卷第 9 期。
② 《漢口市公安局舉行市區户口大清查之布告》,《湖北省政府公報》1930 年第 100 期。
③ 《湖北省寺廟登記規則及表證執照式樣》,1936 年,湖北省檔案館藏檔案 LS003-001-0969。

寺廟登記時所需要的"表證執照式樣"指的是《寺廟登記表》《寺廟概況登記表》《寺廟人口登記表》《寺廟財産登記表》《寺廟法物登記表》《寺廟登記證》《寺廟變動登記表》《寺廟變動登記執照》《寺廟無變動聲明書》等九份表格①,内容巨細靡遺,由内政部依規製作並下發各省。

在湖北省的要求下,漢口市政府於當年7月8日將該市寺廟登記表計156册呈報省政府,呈文曰:"案查前奉鈞府二十五年一月二十九日省民三字第九四一二號訓令略開:内政部二十五年一月四日第四號咨請舉辦寺廟總登記一案,仰遵照於本年六月底以前,依限辦竣,賫表呈報,等因,計檢發《寺廟登記規則》及其表證執照式樣一份,奉此,當以本市情形特殊,如由本府直接辦理,事實上諸多窒礙,遵即轉令漢口市公安局遵辦具報在案。兹據該局呈賫寺廟登記表前來,理合檢同原表,備文呈報鈞府鑒核!附漢口市寺廟登記表一份,計一百五十六册。"②不過可惜的是,我們尚未在檔案中找到這156册登記表,因此1936年武漢市的寺廟登記情況就不得而知了。

3.1947年武漢市的寺廟登記

按照1936年《寺廟登記規則》的要求,"寺廟登記之舉辦,分總登記及變動登記二種。總登記每十年舉行一次,變動登記每年舉行一次"③。1937年7月全面抗戰爆發,1938年10月武漢淪陷,寺廟登記工作也隨之陷入停頓。抗戰勝利以後,1946年底湖北省民政廳要求漢口、武昌警察局調查轄區内庵廟僧道情況。此次調查上距1936年的那次調查已滿十年,是落實《寺廟登記規則》每十年舉行一次總登記,還是出於其他原因,目前尚不清楚。

1946年12月31日,湖北省政府發布訓令:"查武漢三鎮庵廟林立,所有僧道尼姑人數本府亟待明瞭,兹制發庵廟僧道(尼姑)調查表式仰即遵照,剋日查填呈府備核爲要,此令。"④要求漢口、武昌警察局迅速查填,經兩地調查匯總,當時武漢三鎮僧道人數情況如下:

漢口方面:共872名,内有病的42名。又872名當中,20歲以下的有50名。21歲到40歲的有258名,41歲以上的有564名。

---

① 表格式樣可參見《湖北省寺廟登記規則及表證執照式樣》,1936年,湖北省檔案館藏檔案LS003-001-0969;《湖北省政府公報》1936年第172期。

② 《湖北省寺廟登記規則及表證執照式樣》,1936年,湖北省檔案館藏檔案LS003-001-0969。

③ 《内政公報》1936年第9卷第2期,第185頁。

④ 《湖北省政府關於查填庵廟僧道(尼姑)調查表的訓令》,1946年12月31日,湖北省檔案館藏檔案LS003-001-0969。

武昌、漢陽方面:共 814 名,内有病的 22 名。又 814 名當中,20 歲以下的有 54 名,21 歲到 40 歲的有 240 名,41 歲以上的有 520 名。[①]

與 1936 年相比,此次調查不涉及寺廟的財産和法物,但是對人員基本情况的掌握要更詳盡。該表需填報的事項有庵廟别、所在街名、僧道法名、在俗姓名、性别、年齡、籍貫、出家原因、俗家家庭情况、有無廢疾。依據這些史料,我們得以知曉哪些宫觀屬於全真教,並可進一步分析全真教在此時的發展狀况。

二、20 世紀 40 年代武漢全真教的宫觀與人口

1947 年武漢市的寺廟調查表,詳細填寫了各廟觀人員的法名,其填寫規則:佛教人士均省略"釋"姓,僅填兩字法號,道教人士則保留姓氏。據此,我們可以分辨出這些寺觀究竟屬於佛教還是道教,再據道教人士的姓名法號,可以判斷該道觀屬於教内何派。現將該調查表中屬道教的信息迻録如下:

表 1　　1947 年漢口市警察局轄内道觀情况[②]

庵廟别	所在街名	僧道法名	在俗姓名	年齡	籍貫	出家原因	俗家家庭情況	有無廢疾	性别
自修觀	漢中路 99 號	劉至煉	劉望貞	63	孝感	命運不好	無		女
		張宗妙	清英	33	漢川	命運不好	母親胞弟二個		女
		郭誠心		18	漢口	父母雙亡			女
清閒觀	哈家巷 14 號	袁至祥	袁傳芳	46	漢陽	守節	父母弟妹		女
		李至亮	如意	46	漢陽	幼年多病	母弟		女
		劉理勝		31	漢陽	幼年多病	父弟姐		女

① 《漢口市警察局關於檢送庵廟僧道(尼姑)調查表的代電》,1947 年 1 月,湖北省檔案館藏檔案 LS003-001-0257(1)。

② 本表據《漢口市警察局關於檢送庵廟僧道(尼姑)調查表的代電》中所附《漢口市警察局轄内庵廟僧道(尼姑)調查表》轉製,1947 年 1 月,湖北省檔案館藏檔案 LS003-001-0257(1)。

續表

庵廟别	所在街名	僧道法名	在俗姓名	年齡	籍貫	出家原因	俗家家庭情况	有無廢疾	性别
宗王廟	漢正街 204 號	鄒理謙	素珍	50	鍾祥	幼年多病	無		女
		賀理清		80	鍾祥	幼年多病	無		已死
金臺觀	安定巷 65 號	魯信德	魯順	35	黄陂	看破紅塵	貧苦		女
		李家修	李桂枝	55	漢陽	爲無兒女	貧苦		女
		馮從發	馮麽	33	黄陂	看破紅塵	貧苦		女
福壽觀	福壽觀 3 號	蕭理聖		65	漢口	自願	略優		女
		張理萬		65	漢口	三歲時瞎目出家	略優	瞎子	女
		周中和		30	漢川	因家嚴係道教，九歲出家	略優		女
		李蕭氏		32	漢陽	因喪偶而出家	略優		女
		蕭周氏		60	漢陽	同上	略優		女
		劉蕭氏		65	漢陽	同上	略優		女
		劉陳氏		60	衡山	同上	略優		女
朝修觀	朝修巷 3 號	石至願	熊石氏	46	漢口	同上	略優		女
		黄理賢		44	漢口	因未婚夫死纔出家	略優		女
		龔津如		34	漢口	因病出家	貧苦		女
修真觀	朝修巷 4 號	江至順		70	漢川	九歲時自願出家	貧苦		女
		楊理舟		46	湖南	幼時出家	貧苦		女
		鄧崇文	陳鄧氏	35	漢川	喪偶而出家	貧苦		女
		黄崇義		38	漢川	自願出家	貧苦		女

續表

庵廟別	所在街名	僧道法名	在俗姓名	年齡	籍貫	出家原因	俗家家庭情况	有無廢疾	性別
		郭誠發		15	漢川	自願出家	貧苦		女
		潘崇慧	張潘氏	37	黄陂	喪偶後纔出家	貧苦		女
		唐宗英		35	漢川	自願出家	貧苦		女
		楊玉清		40	新化	自願出家	貧苦		女
		劉穩漢		42	新化	自願出家	貧苦		女
		鄧成佑		30	漢川	自願出家	貧苦		女
		胡成蓮	魏胡氏	59	漢口	喪偶後自願出家	貧苦		女
清華觀	謝家六巷2號	王治義	王志中	36	武昌	喪偶出家	貧苦		女
		張禮儀		14	黄陂	多病	貧苦		女
大道觀	利濟路173號	裴至德	裴松樵	46	四川	修真	忘却		男
		魏至棠	魏鶴峰	49	湖北	煉性	無産		男
		何理一	何榮溥	39	湖北	環境困難	無産	有	男
		吴榮福	吴世成	35	安徽	傷軍	商	有	男
		鄭明智	鄭親如	46	直隸	修行	無産	有	男
		張信相	張三九	46	湖北	貧苦	無産		男
		廉宏瑞	廉庭藩	47	河南	因病	不知		男
		黄演乘	黄祥生	54	河南	修真	蕭條		男
		馬妙德	馬樹林	43	河南	厭塵	無産		男
		蔣雲峰	蔣寧志	56	湖南	厭世	無産		男

續表

庵廟別	所在街名	僧道法名	在俗姓名	年齡	籍貫	出家原因	俗家家庭情況	有無廢疾	性別
		羅教松	羅教松	60	湖北	修真	無家		男
		袁理清	袁其有	38	湖北	修行	無産		男
		張世鼇	張世鼇	61	湖北	修真	無産		男
		黄清泉	黄宗勝	31	湖北	有病	無産		男
		胡忠信	胡春山	41	湖北	病疾	平常		男
		楊理雲	楊戰彪	51	四川	軍人退伍	平常		男
		洪高源	洪克鑫	23	河南	修行	平常		男
		董嗣孝	董華樹	15	河南	孤獨	平常		男
		謝高煊	謝學銀	24	湖北	幼年出家	不知		男
		喻明珠	喻其才	35	河南	被迫	無産		男
		胡明權	胡權平	31	河南	被迫	無産	有	男
		閔世勳	閔良德	35	河南	貧寒	無産		男
		戴榮壽	戴松華	32	河南	幼年出家	無産	有	男
		柴永勳	柴焕章	54	河南	信仰宗教	無産		男
		刀至清	刀凌雲	48	山東	信仰宗教	無産		男
		楊高静	楊道行	59	湖北	貧窮	無産		男
		廖慶珍	廖明道	51	湖北	學道	無産		男
		王高宏	王隆生	62	湖北	修行	無産	有	男
		鄭中禮	鄭榮昌	48	直隸	軍界退伍	商	有	男

續表

庵廟別	所在街名	僧道法名	在俗姓名	年齡	籍貫	出家原因	俗家家庭情况	有無廢疾	性別
		彭明德	彭自洪	70	湖北	修身	無産		男
		黄復亮	黄天寶	40	河南	吃素	平常		男
		楊太吉	楊永明	65	陝西	病災	家景不良	有	男
		劉誠法	劉福建	65	湖北	貧寒	無		男
		張清心	張安熙	26	湖北	有病	家景平常		男
		韋圓真	韋圓真	61	河南	有病	蕭條		男
普渡寺	十八棟巷3號	崔至亮	崔至亮	62	樊城	年幼出家	小康		女
		張永明	張永明	59	漢陽	年幼出家	小康		女
		劉理義	劉理義	38	黄陂	年幼出家	小康		女
		劉宗清	劉宗清	76	黄陂	年幼出家	小康		女
		鄧修福	鄧修福	60	黄陂	年幼出家	小康		女
老觀音庵	三署街29號	王道圓	王官圓	51	湖南	幼小因病	貧苦		女
		王明德		35	漢口	幼小因病	貧苦		女
		王明心		29	漢口	幼小因病	貧苦		女
		尹志貞		14	漢口	幼小因病	貧苦		女
自静庵	新火巷12號	裴明善	謝裴氏	70	漢口	節婦	無家		女
		劉志年	傅劉氏	38	漢口	節婦	無家		女
		葉至元	楊葉氏	40	漢陽	節婦	無家		女

續表

庵廟别	所在街名	僧道法名	在俗姓名	年齡	籍貫	出家原因	俗家家庭情况	有無廢疾	性别
太皇宫	紫竹二巷 3 號	易玉林	無	66	漢陽	身體不健	貧苦	肺病	男
		易李氏	無	56	黄陂	因求懺悔	貧苦		女
		陳劉氏	無	59	黄陂	因求懺悔	貧苦		女
		汪余氏	無	68	沙市	因求懺悔	貧苦		女
		肖艾氏	無	38	沔陽	因求懺悔	貧苦		女
仙妙觀	楚寶後街 14 號	朱宗仙	朱宗仙	56	黄安	童年出家	孤獨		女
		劉誠聖	劉誠聖	32	黄安	童年出家	孤獨		女
		李心普	李心普	26	黄安	童年出家	孤獨		女
		余心海	余心海	19	黄安	兩歲出家因無褓養	孤獨		女

表 2　　1947 年湖北省會警察局轄内道觀情况①

庵廟别	所在街名	僧道法名	在俗姓名	年齡	籍貫	出家原因	俗家家庭情况	有無廢疾	性别
宗静道院	大觀山 1 號	方宗静	方連昌	35	武昌	孤	貧		女
		劉誠明	張劉氏	32	武昌	孤	貧		女
老天符廟	陳家院	艾至清	艾廉泉	71	武昌	孤寡	無		女
		艾貞華		52	武昌	貧困	窮		女

① 本表據《湖北省會警察局關於檢送轄區庵廟僧道(尼姑)調查表的呈》中所附《湖北省會警察局轄内庵廟僧道和尚(尼姑)調查表》轉製,1947 年 4 月 8 日,湖北省檔案館藏檔案 LS003-001-0257(2)。

續表

庵廟别	所在街名	僧道法名	在俗姓名	年齡	籍貫	出家原因	俗家家庭情況	有無廢疾	性别
南嶽廟	津水閘4號	張明祥	張大姑	84	武昌				女
		黄至誠	黄小道	65	武昌				女
		黄誠林	黄小毛	32	武昌				女
		何宗茂	何清姑	47	沔陽				女
		任信亮	任大姑	23	黄岡				女
		任信果	任小姑	19	黄岡				女
古永齡寺	上局街44號	高祠元	高鴻元	31	黄陂				男
		王崇元	王承德	60	武昌				男
		姚高修	姚高修	60	黄陂				男
			李余氏	59	黄陂				女
三皇殿	張江陵路100號	張禮興	張元英	62	沔陽				女
		李宗義	李四姑	58	沔陽				女
		劉誠静	劉先貞	36	沔陽				女
		釋立元	周孫氏	46	武昌				女
九宫第一宫	明倫街54號	季至安	季小貞	51	沔陽				女
		何理純	何福英	46	沔陽				女
		楊宗卿	黄楊氏	39	武昌				女
古卧佛庵	卧佛庵	張宗會	張大姑	40	武昌				女
		吴成松	吴如志	29	武昌				女

續表

庵廟别	所在街名	僧道法名	在俗姓名	年齡	籍貫	出家原因	俗家家庭情況	有無廢疾	性别
古岩陀寺	岩陀寺9號	陳教清	陳大姑	71	武昌				女
		魏至敬	吴魏氏	43	武昌				女
		翁臣有	翁大姑	48	武昌				女
太平庵	石慶堰	陶明啓		48	黄陂	自願	赤貧		女
		周志寬		20	黄陂	自願	赤貧		女
長春觀	武珞路	陳明崑		53	長沙	看破紅塵	年深月遠不知所以		男
		粟至仁		60	桃源	學道挽世	同上		男
		水合一		56	武昌	視破世界	不知情況		男
		韓高超		39	武昌	爲病	六親俱無		男
		趙崇松		33	芷江	幼失雙親	貧		男
		金至柔		57	寶慶	信仰道教	不知近況		男
		劉永輝		65	漢川	□出樊籠	不知近況		男
		鍾至平		27	長沙	父母早逝	不知近況		男
		于崇寬		57	杞縣	視透世事	多年無信		男
		江白雲		39	北平	修道闡教	信息久失		男
		周崇興		67	漢中	修身	孤		男
		柳高慧		27	漢陽	幼失怙恃	家中零落		男
		張嗣華		83	沔陽	看破紅塵	家中零落		男
		沈信臣		35	南通	亂世獨善	不明近況		男

續表

庵廟別	所在街名	僧道法名	在俗姓名	年齡	籍貫	出家原因	俗家家庭情況	有無廢疾	性別
長春觀	武珞路	蕭萬秋		31	監利	環境所迫	家成灰燼		男
		李宗性		49	黄岡	崇仰道教	六親俱無		男
		汪來合		61	麻城	視破世界	年深不知		男
		李誠心		44	漢中	懺悔罪愆	年深不知		男
		孫理元		56	黄岡	因病	家道平常		男
		鄒至柔		59	監利	崇仰宗教	小康		男
		晁至祥		46	羅都	曾供軍受傷退伍	弟兄五人先後陣亡		男
		王崇道		43	黄陂	幼年出家	不知	耳聾	男
		陳明修		67	江都	看破紅塵	家中凋零		男
		李誠中		30	南鄭	崇仰宗教	可過		男
		曾誠懿		29	漢壽	崇仰宗教	可過		男
		李教顯		45	上蔡	性善清静	不知		男
		曾理先		47	□縣	爲病	音信不通		男
		徐理賢		47	黄陂	爲病	音信不通	目疾	男
		李圓成		48	眉州	視透紅塵	不知近況		男
		劉高福		83	沔陽	視透紅塵	不知近況		男
		黄圓志		41	孝感	苦修苦煉	不知近況	瞽目	男
		蕭永峰		37	綿竹	曾服兵役因病退伍	家景凋零		男
		王智明		38	大興	因病	貧		男

續表

庵廟别	所在街名	僧道法名	在俗姓名	年齡	籍貫	出家原因	俗家家庭情况	有無廢疾	性别
長春觀	武珞路	鄭誠義		53	城武	素信宗教	父母早亡		男
		王至棠		46	天水	因病	貧		男
		蘇慶玉		40	武昌	素志信教	貧		男
		韓宗林		28	留壩	爲父母求懺悔	不知		男
		宋永壽		50	金縣	信奉宗教	不知		男
		姚宗慶		43	均縣	信奉宗教	不知		男
火官廟	長湖堤街 13 號	王修貞		68	武昌	志願	無依		女
		王志清		48	武昌	志願	家有兄弟		女
		張清安		33	黄陂	丈夫去世	無依		女
白廟	周家大灣	胡明慧		77	武昌	素仰修真	歷年失落		女
		陳至廣		67	武昌	以道觀念	□□□□		女
		唐理法		29	武昌	生活艱難	六親□□		女
三清宫	武珞路	王圓初		66	湘陰	志願	貧		女
		王明志		48	武昌	志願	貧		女
		曹圓妙		60	湘陰	志願	貧		女
老關廟	老關廟街 4 號	龔清修		80	漢陽	志願	失偶		女
		項至發		60	武昌	志願	失偶		女
三清宫	武昌路 57 號	石圓文		53	鄂城	志願	失偶		女

續表

庵廟別	所在街名	僧道法名	在俗姓名	年齡	籍貫	出家原因	俗家家庭情況	有無廢疾	性別
五聖宫	忠孝門104號	陳義慧		68	武昌	志願	貧		女
		陳聖承		65	武昌	志願	貧		女
		劉選清		34	武昌	志願	貧		女
清修處	涵三宫22號	張理樣		70	武昌	中年出家	貧		女
清修觀	棋盤街18號	張宗林		62	嘉魚	自幼出家	貧		女
		李冬生		16	武昌	自幼出家	貧		女
雙柏廟	雙柏廟前街17號	張宗雲		70	武昌	中年出家	貧		女
華延庵	巡道嶺10號	周宗裕		56	嘉魚	中年出家	貧		女
		汪容安		65	嘉魚	中年出家	貧		男
		雷宗妙		51	黄陂	中年出家	貧		女
		周誠升		24	嘉魚	幼年出家	貧		女
應元宫	孝子巷20號	鄧元仙		63	漢陽	中年修行	貧		女
		桂明壽		48	武昌	中年修行	貧		女
清修處	水口關帝廟4號	明宗仁		62	武昌	中年修行	貧		女
		萬宗廉		55	武昌	中年修行	貧		女
		蕭成來		43	漢川	中年修行	貧		女
		楊成兆		43	武昌	幼年出家	貧		女
		鄭成宏		39	武昌	幼年出家	貧		女
		張信芳		25	武昌	幼年出家	貧		女

續表

庵廟別	所在街名	僧道法名	在俗姓名	年齡	籍貫	出家原因	俗家家庭情況	有無廢疾	性別
雷祖殿	朱家巷6號	王應成		51	黃陂	中年修行	貧		女
		王明福		72	黃陂	中年修行	貧		女
關帝廟	履坦巷10號	魏誠安		32	武昌	孤	貧		女
		陳明道		60	武昌	孤	貧		女
		孫清修		36	武昌	孤	貧		女
		陳李氏		67	武昌	孤	貧		女
吕祖閣	黃鶴樓12號	王崇復	慶陽	66	蘄春	志願	貧		男
		陳高鴻	美樹	33	蘄春	志願	貧		男
		程高輔	國忠	72	麻城	志願	貧		男
		涂崇胡	寶光	39	蘄春	看破紅塵	貧		男
		李家興	松筠	52	蘄春	看破紅塵	貧		男
		甘宗賓	少雲	52	黃陂	看破紅塵	貧		男
永貞庵	東城壕	王永德	王積善	77	沔陽	孤	貧		女
		王園蓮	王裕先	49	黃陂	孤	貧		女
		周明亮	周静貞	37	黃陂	孤	貧		女
		王至練	王墨香	19	武昌	因夫虐待	貧		女
五顯行宫	八鋪正街7號	李松		62	武昌				女
清静庵	丁公廟下街60號	喻永正		50	武昌				女
		韓教雲		76	武昌				女

續表

庵廟別	所在街名	僧道法名	在俗姓名	年齡	籍貫	出家原因	俗家家庭情況	有無廢疾	性别
朝陽庵	玉皇閣前街 13 號	覃明新		42	荆門				女
玉皇閣廟	玉皇閣前街 37 號	胡永瑶		69	武昌				女
		彭元慶		49	武昌				女
		胡元福		59	武昌				女
		梁明玉		18	武昌				女
下馬廟	吴家村	魏樂浩		42	武昌	孤	貧		男
地姆觀	余家頭	朱明方	朱明仙	51	黄陂	自幼出家	貧		女
祖師廟	余家頭	戴普善	戴運	72	荆門	因夫去世出家	貧		女
純陽觀	武豐堤	鄞静城	鄞海	75	河南	幼年出家	貧		男
		桂自炎	桂了頭	45	武昌	因夫去世出家	貧		女
青蓮觀	北城巷特 1 號	杜永忠	杜全姑	45	沔陽	祖傳吃素	小康		女
		殷元祥	殷常清	44	沔陽	自幼吃素	貧		女
		楊明洪	楊佛蓮	20	黄陂	因眼出家	貧		女
古洪廟	板子橋 9 號	廖明洪	廖長清	60	蒲圻	誠心虔修	貧		男
		龔清修		80	漢陽	誠心虔修	貧		男
		丁至和		40	孝感	誠心虔修	貧		男
		熊理興		13	鄂城	無依	貧		男
財神廟	腰路正街	冀知五	冀金榜	61	河南	因病	貧		男

續表

庵廟别	所在街名	僧道法名	在俗姓名	年齡	籍貫	出家原因	俗家家庭情况	有無廢疾	性别
青净觀	兩湖後街	蕭昌德	蕭僬貞	55	漢陽	因病	貧		女
		王昌五	王成柱	41	沔陽	無依	貧		女

以上表2中湖北省會警察局轄武昌、漢陽兩地,故合兩表可知武漢三鎮1947年前後道教生存發展的基本信息。兹將有關情况分述如下:

第一,佛道勢力的對比。總計上述表格,漢口共有道教廟觀14處,人口90人;武昌、漢陽共有道廟38處,人口137人;三鎮道廟總數52處,道士總數227人。上節曾引過此次調查所得佛道教全部人口數,漢口872人,武昌、漢陽814人,總計1686人,兩相比較,可見道教的勢力與佛教相比有較大差距。

第二,道派情况。我們分析表格中所載姓名法號,發現絶大多數廟觀道人都是按全真龍門派的字譜取名,這説明龍門派在此時武漢道教中占據了絶對主導地位。之所以出現這樣的道派格局,筆者推測可能與1925年長春觀的開壇傳戒有關,此次傳戒活動無疑提升了全真教和龍門派在當地的影響力。另外筆者發現,部分道廟道人的法號,雖然依據龍門派字譜而來,但是個别字的寫法有異。如,表1修真觀部分道人法號明顯按"至理宗誠信"排輩,但是"宗"被寫成"崇";表1清華觀兩位道人名爲王治義、張禮儀,極可能是龍門派"至""理"兩輩;表1仙妙觀四位道人法號也是按"至理宗誠信"排輩,但是"信"寫成了"心";表2玉皇閣廟四位道人法號按"合教永圓明"排輩,但是"圓"寫成了"元",同樣的情况也發生在青蓮觀。這些誤字大多是同音字或音近字,我們該如何去理解這些不同的寫法呢?筆者初步推斷,這些廟觀的道人可能並不知曉全真龍門派字譜詩的含義,對全真教義也未必熟悉,衹是依記誦的讀音來排輩,故寫出同音字或音近字。這也反映出全真教在地方上的傳承是比較複雜的,派譜對部分道人來説,可能衹是分辨道士與俗衆身份的工具而已。

要指出的是,前文提及近代武漢有所謂全真四大叢林,而在1947年的調查表中,衹見大道觀和長春觀,不見玄妙觀和武當宫的信息。關於玄妙觀,《武漢市志·社會志》認爲其"在清末至20世紀40年代大部分已改爲别用,武漢解放之初,其住持人相繼去世,後繼無人"①。不過同書所載《1951年武漢市道教宫觀一

① 武漢地方志編纂委員會主編:《武漢市志·社會志》,第219頁。

覽表》中記載玄妙觀有道人 12 位,住持李崇欽[①],男,67 歲,四川人。[②] 因此,1947 年的登記表中可能是漏登了玄妙觀。關於武當宫,《武漢市志・社會志》認爲其“在 1931 年以後就已衰落”[③],這個判斷應該没有問題。據筆者在有關檔案所見,1933 年“湖北財政廳爲擴大建築範圍起見,將財政廳毗連之武當宫劃爲辦公處所,另將武當宫地址遷移三佛閣關岳廟内”[④],武當宫舊有殿宇被徵收挪用,其衰落自不可避免。1947 年寺廟調查時,該宫可能已不復存在了。

從表格來看,道人數量超過 10 位的衹有大道觀、長春觀和修真觀三家,其餘道觀均爲 3～5 人不等,甚至不少衹有 1 個人。其中大道觀有道士 35 人,長春觀有道士 39 人,雖相較 1930 年寺廟登記時有些許減少,但仍要比其他道觀顯得人多勢衆,這一方面證明了大道觀和長春觀在武漢道教界的地位,另一方面也顯示此時武漢道教内部發展極爲不均衡。

第三,有關道人性别、年齡、籍貫、出家原因的綜合分析。

性别。男性 92 人,女性 135 人,坤道人數要多於乾道,這應該與抗戰時期大量男性參軍致使其總人口數減少有關。此外,特别需要指出的是,在這 92 名乾道中,大道觀占 35 人,長春觀占 39 人,其餘 50 處道觀基本都是坤道。兩大著名全真叢林均爲乾道,而其他規模較小的廟觀多爲坤道。

年齡。0～18 歲道人有 8 位,19～60 歲道人有 166 位,60 歲以上道人有 53 位,這説明青壯年道人數量較多。

籍貫。以武漢三鎮及周邊黄陂、漢川等地爲主。不過人口較多的大道觀和長春觀,因其爲十方叢林,故道人中多有來自外地如湖南、河南、河北、甘肅、江蘇、陝西、北京等。

---

① 1936 年出版的《長春觀志》載有李崇欽的小傳,文曰:“李崇欽者,川北南江人也。出家陝西太白山,有異資,卓犖不群。文武廟中,請回復興修,崇欽偕武誠德簽名上書國民政府,蒙批允。性嗜學,每日書卷不離手。二十五年,鄂垣修環城馬路,鏟礙道墳塋,白骨累累。崇欽同蔣、李二寮友躬親撿拾骼胔,以爲叢林衆道友倡。天暑臭氣薰蒸,襲入肺腑,二李染病月餘始愈,其慈惠公益誠有如此者。”參見李理安:《長春觀志》,《三洞拾遺》第 16 册,合肥:黄山書社,2005 年,第 568 頁。另外據曾任湖北省道教協會副會長、武漢市道教協會秘書長的黄宗勝道人記述:“1943 年臘月,侯監院(筆者按:侯永德)病於漢口顯安巷何松橋家……隨之,崇欽被安排到漢陽玄妙觀去當總理,1946 年,李被道衆推選爲監院。……1964 年,崇欽又回到長春觀,與道衆一起開辦診所,直至‘文革’期間被遣回老籍仙逝。”見氏著《記漢陽玄妙觀監院李崇欽》,《漢陽文史資料》第 2 輯,1988 年,第 183～184 頁。

② 武漢地方志編纂委員會主編:《武漢市志・社會志》,第 222 頁。按該書所言,《1951 年武漢市道教宫觀一覽表》是根據該年社團登記結果而製成。

③ 武漢地方志編纂委員會主編:《武漢市志・社會志》,第 219 頁。

④ 《行政院秘書處爲朱興茂等呈爲湖北財廳將武昌三佛閣關岳廟改爲武當宫一事的便函》,1933 年 7 月 22 日,湖北省檔案館藏檔案 LS001-005-0405。

出家原因。227名道人中,有30位未填寫出家原因。其餘197位中,因病出家者有26位,因失去親人(父母、丈夫、孩子等)出家者有44位,因看破紅塵、修道求真出家者有51位。其他還有不少道人填寫的出家原因如自幼出家、中年出家、自願出家等等,較爲含糊,看不出具體的原因,但是結合其俗家情況分析,其中大多數估計也是與家庭經濟條件不行、人生變故等個人生活原因有關。總體而言,因個人生活機遇不佳而出家者占大多數,因對道教有信仰而出家者較少。這反映出民國後期因連年的戰亂,道教成爲很多生活困難者的最後避難所。特別需要指出的是,在大道觀和長春觀中,很多道人填寫的出家原因却都是看破紅塵、修真煉性、信仰道教等因素,這説明十方叢林中的道人很多是在對道教教理教義有一定理解的基礎上而出家的,其宗教素質要高於一般廟觀。

綜合以上的論述,我們可以對20世紀40年代武漢全真教的發展狀況有一個較爲清晰的認識。整體而言,全真龍門派在武漢道教界占據了絶對主導地位,不過道觀間的發展極爲不均衡。傳統的四大叢林衹有長春觀和大道觀仍在勉强維繫,這兩座十方叢林在歷經多年戰亂的民國後期,依然維持了一定的規模,實屬不易。兩座道觀的道人均爲乾道,其籍貫來源較爲廣泛,道人宗教素質較高。而叢林之外的其他道觀,道人數量較少,以坤道爲主,這些道人可能並不知曉道教的基本教理,她們大多是因爲生活困難無依靠而選擇進入道教避難。從這些分析來看,儘管在20世紀40年代全真教是武漢道教的主流道派,但是其發展已頹勢盡顯,困難重重。

三、民國武漢全真教主導的道教組織建設

民國時期,戰亂連年,國家亦出臺相關法律措施要求佛道教寺廟以廟産興辦公益慈善事業,整體大環境日趨惡劣,教内人才匱乏,使得佛道教的生存發展面臨很大難題。各地的佛道教徒紛紛采取措施,以回應時代的挑戰,其中效法基督宗教成立教會以加强自身組織建設,成爲此時佛道教的共同選擇。

(一)民國初年及20世紀30年代武漢全真道士建立道教會的嘗試

早在民國初年,長春觀的道士就組織了湖北省的道教會。1912年7月15日,北京白雲觀住持陳明霦聯合全國18個宮觀共同發起成立中央道教會,這是道教在近代試圖建立統一教會組織的嘗試,"湖北武昌府長春觀徐教廣"就是

發起人之一[①]。按照當時的規劃，"先在北京設中央道教總會，以次推行，於各行省設總分會，各城鎮鄉設分會，内力彌滿，再事擴張於歐非美澳"[②]。徐教廣便成爲湖北道教會的會長，史載："民國成立初年，北京開道教會，以白雲觀方丈陳明霦爲正會長，以奉天太清宫方丈葛月潭爲副會長，以教廣爲湖北道教會會長。"[③]

徐教廣是民國初年長春觀的監院，其生平事略按史志所載："乃奉天督標左營守備，僅先記名之游擊也。籍山東泰安府肥城，戎行之子弟，少通詩書，以父職而校古北口提督署傅振邦麾下後馬左二統領。入奉天勦賊屢立戰功，而哨長，而哨官，至管帶營官。因勦匪，兵擾於民，經左寶貴奉令而撤職委褫。由是忽萌隱退之念，賣馬售刀，投奉化縣無量宫而棄屣塵俗，已旋又剳委不就，親朋勸之，不再起。遂道冠雲遊天下，爲孤雲野鶴之行，來武昌長春觀掛衲訪友。未多日，前任監院汪宗德羽化，衆議舉廣繼之，不得辭，以隨衆願。教廣有奉天寮友，時爲武昌協統，知其避世，訴於制軍，勸其再就，廣不肯。其清風亮節，雖文武官僚，莫不欽崇之也。於叢林功績頗多，其最著者，洪山後墓塋二十畝、千子岡墓塋五畝、道林園五十畝租賦，請兩湖總督憲諭武昌縣豁免。"[④]徐教廣乃行伍出身，後隱退出家入道，在擔任長春觀監院期間，對叢林發展居功至偉，是近代長春觀發展史上的重要人物。上文所載 1947 年武昌僧道調查表中，長春觀一欄已不見徐教廣之名，想必其此時已經離世。

出於種種原因，前述湖北道教會可能並未有效運作，1934 年武漢全真道士尹永慎又主導成立了湖北全省道教會。據其自言：

> 本省道衆前在黨部指導之下，發起組織湖北全省道教會，經於二十二年一月間呈請備案，奉中國國民黨湖北省執行委員會二十二年四月十一日第一五八八號指令核准，復經遵照文化團體組織法規擬具章程，呈奉中國國民黨湖北省執行委員會二十三年七月十一日指令第五〇三三號核准，並先後呈准派員監選公推尹永慎爲會長，刊用圖記，推廣各縣鎮分支會在案，迨至日寇侵踞武漢，永慎即追隨政府西遷，而道教會亦因之分散。[⑤]

1934 年湖北全省道教會經合法程式批准成立，尹永慎當選會長，並往各縣推廣成

---

① 《道教會宣言書》，《道教會布告》，《藏外道書》第 24 册，成都：巴蜀書社，1994 年，第 478 頁。

② 《道教會宣言書》，《道教會布告》，《藏外道書》第 24 册，第 474 頁。

③ 李理安：《長春觀志》，《三洞拾遺》第 16 册，第 544 頁。

④ 李理安：《長春觀志》，《三洞拾遺》第 16 册，第 544 頁。

⑤ 《湖北全省道教會會長尹永慎關於懇請恢復湖北全省道教會的呈》，1946 年 1 月 28 日，湖北省檔案館藏檔案 LS006-002-0190-004。

立分會。關於尹永慎其人,據地方史志記載:"尹永慎(1890～1969),俗名獻恒,新府尹家灣人。1911 年投軍,被編在湖北新軍工兵第八營。參加過辛亥革命,後離隊到漢陽武當宫爲道士。1943 年轉木蘭山土主宫、帝王宫爲當家。木蘭山,在土地革命時期,是鄂豫皖革命根據地之一,山上進步僧道,素與紅軍有交往。抗日戰争時期,又是新四軍第五師的活動地,尹經常設法爲新四軍代購醫藥、紙張、布匹等軍需物資。尹虔心悟道,年高望重,深爲道衆推崇。1946 年 6 月湖北省道教協會在漢口利濟路大道觀舉行成立大會,推舉尹爲會長,仍住木蘭山。'文化大革命'之際,木蘭山寺廟被封,神象被毁,道衆被驅逐,尹被'造反派'遣送回家,所藏辛亥革命首義紀念章以及道教協會會員證均被没收。1969 年 5 月 25 日,病殁家中。"[①]

按《湖北全省道教會章程》的規定:該會組織架構爲"會長一人,總務部、組織部、宣傳部、編輯部主任各一人,傳道主任一人,主講員無定額,秘書主任一人,文牘書記隨時審查録用,會計、庶務各一人,亦隨時委派","每星期日由主講員講演《道德》《南華》等經以牖知識,參合總理遺著,藉資砥礪觀摩,增長聞見"。其中值得注意的是宣傳、編輯、傳道等部門的設立,表明道教會有向社會主動宣教傳道的打算,這對道教來説無疑是一次重大革新。《章程》還對會員的言行舉止做出具體要求:"凡會員須常束身自愛,敬慎威儀,期造成社會上完全人格,其有蕩檢逾閑者,傳道主任暨主講員有直接加以勸告之權,如不聽從,加以警告並將該員按事輕重分别記過,記過三次,宣告除名。"其中尤爲值得注意者,"有違背三民主義之言論或行動者","拒絶入會","會員不得於三民主義及法律範圍外爲政治之活動","總理誕辰,本會須遵照政府定章,放假休息,敬謹紀念"。[②] 這些規定説明道教會在積極適應民國 30 年代國民黨統治的新政治環境。

湖北全省道教會是武漢全真道士發起的旨在加强道教組織建設的一次努力,遺憾的是,後因全面抗戰爆發、武漢淪陷、省府西遷,成立未久的湖北全省道教會便宣告解散,湖北省道衆建立統一組織的願望又一次落空。

(二)1946 年湖北省道教會的成立與運行

1.湖北全省道教會整理委員會

抗戰勝利後,尹永慎隨省府回歸武漢並聯合省會及周邊二十餘處寺觀住持

---

① 湖北省大悟縣地方志編纂委員會編:《大悟縣志》,武漢:湖北科學技術出版社,1996 年,第 754～755 頁。

② 《湖北全省道教會會長尹永慎關於懇請恢復湖北全省道教會的呈》,1946 年 1 月 28 日,湖北省檔案館藏檔案 LS006-002-0190-004。

申請恢復道教會運行："兹者抗戰勝利，日寇投降，永慎亦自重慶湍歸，深感建國伊始，正發揚道德之時，有恢復會務之必要，藉盡擁護之誠，不忝全民之責，除分呈省縣黨部並由永慎親賫文證詣呈核驗外，理合抄附原章呈請鑒核令準備案，不勝感德之至。"[①]湖北省社會處擬同意尹永慎的申請，處理意見如下：

查行政院二十三年十月三十日第六〇〇號訓令解釋："道教會應屬宗教團體依法得許可組織，惟懸牌爲業，類似巫覡之道士，不得利用團體提倡迷信，應於章程中明白規定，如遇有提倡迷信之活動，則應依法嚴於取締。"兹據湖北全省道教會會長尹永慎呈請恢復道教會組織請鑒核備案等情，並附湖北省黨部廿三年對該會備案有關指令二件，經查該會實際情形，原有負責人現多死亡或星散，該會會長尹永慎稱經於上年十二月邀請省會附近二十餘縣之各寺觀道教當家(即道長)商定，呈請恢復道教會等語，擬予照準，並擬指派尹永慎、王崇復、劉理忠、陳明崑、孫理元、裴致德、宋信銀等七人爲該會整理委員，指定尹永慎、王崇復、劉理忠三人爲常務委員，提由民□小組會議決定後再行由處派員指導，並指令整理。[②]

湖北省社會處同意尹永慎恢復湖北全省道教會的申請，決定先期成立湖北全省道教會整理委員會，協助復會工作，並指派社會處"視導秦智榮爲該會整理指導員，尹永慎、王崇復、劉理忠、陳明崑、孫理元、裴致德、宋信銀等爲該會整理委員，並指令尹永慎、王崇復、劉理忠等兼常務委員"[③]。這七位道士委員的基本情況如下：

表 3　湖北道教會復會籌備人姓名册[④]

姓名	年齡	籍貫	現住廟名	職務
尹永慎	56	禮山	黄陂木蘭山土主宫住持	道教
王崇復	66	蘄春	黄鶴樓吕祖閣住持	仝
劉理忠	50	黄岡	黄陂木蘭山斗姆宫住持	仝

① 《湖北全省道教會會長尹永慎關於懇請恢復湖北全省道教會的呈》，1946 年 1 月 28 日，湖北省檔案館藏檔案 LS006-002-0190-004。

② 《湖北省社會處關於尹永慎等恢復湖北全省道教會處理意見的便簽》，1946 年 2 月 15 日，湖北省檔案館藏檔案 LS006-002-0190-001。

③ 《湖北省社會處關於尹永慎等恢復湖北全省道教會的批示》，1946 年 3 月 23 日，湖北省檔案館藏檔案 LS006-002-0190-001。

④ 《湖北省道教會復會籌備人姓名册》，1946 年，湖北省檔案館藏檔案 LS006-002-0190-002。

續表

姓名	年齡	籍貫	現住廟名	職務
陳明崑	51	湖南	武昌長春觀住持	仝
孫理元	50	黄岡	武昌武當宫住持	仝
裴致德	50	四川	漢口大道觀住持	仝
宋信銀	60	四川	漢口永清街佑聖觀住持	仝

七人均爲武漢地區的全真道士,能獲聘爲整理委員,其在教内的地位可見一斑。尹永慎的生平,前文已有介紹。其他可考者如下:

王崇復,黄鶴樓内吕祖閣住持,1925 年在長春觀受戒。據梅莉教授的研究,"1925 年武昌長春觀傳戒時留存的《湖北省長春觀乙丑壇登真籙》記載有來自'武昌府武昌縣黄鶴樓'的龍門派道士王崇復,時年 36 歲,黄州府蘄春縣人,祖師爲萬誠安,度師爲徐信德"[①]。

陳明崑,長春觀住持,據 1936 年《長春觀志》記載:"陳明崑者,平江人也。先世有善行,爲鄉閭望,生平不治家産,覺世羈絆,莫若悟道修真,遂出家長沙斗母閣。後遊奉天太清宫受戒,葛方丈月潭器之,奈南北易地,語言歧異,乃趨裝南行。至鄂垣長春觀,由寮房而知客,性明敏豁達大度,凡應對酬酢諸端,萬變繁賾,不爽毫釐,惠臨者咸欣欣色喜。侯永德廣結善緣,明崑治賓客之功居多。"[②]從記載來看,陳明崑於瀋陽太清宫受戒,後來到武昌長春觀,因其善於交際和處理各類事務,深得時任方丈侯永德器重。

裴致德,"致"當爲"至",檔案中同音誤寫(以下稱其为裴至德)。其生平事跡可考者不多,據當代地方史志所載:"武漢淪陷時期,僞市政府擴建利濟路,大道觀部分觀址讓做路基。殿宇拆毁後,由武昌長春觀監院侯永德發起募化,並派知客裴至德重建,大道觀始得恢復,裴即留下來任住持。"[③]裴至德曾在長春觀做過知客,後被侯永德派去重建大道觀,並任大道觀住持。另外,按黄宗勝道人的回憶,裴至德在侯永德 1943 年去世後,接替做了長春觀監院。"1943 年臘月,侯監院病於漢口顯安巷何松橋家,李(崇欽)與裴至德、吴榮福侍奉於床邊,嗣後,送去

① 梅莉:《黄鶴樓與道教》,熊鐵基、黄健榮主編:《第三届全真道與老莊學國際學術研討會論文集》上册,武漢:華中師範大學出版社,2017 年,第 374 頁。

② 李理安:《長春觀志》,《三洞拾遺》第 16 册,第 567～568 頁。

③ 武漢地方志編纂委員會主编:《武漢市志·社會志》,第 226 頁。

天主堂醫院，12點鐘侯監院仙逝，其與同仁公葬於長春觀内。隨之，裴至德繼任監院。”[①]不過上述1946年形成的《湖北道教會復會籌備人姓名册》中，裴至德又是大道觀監院，可能其做長春觀監院的時間並不長。

2.《湖北省道教會宣言書》

在獲准恢復道教會之後，該會核心領導人員發布了一份《湖北省道教會宣言書》，公開闡明了道教對國家、社會的重要引導作用。現將其要點分析如下，以窺見彼時道教領袖對道教教理教義的新思考。

首先，《宣言書》回顧了道教產生的歷史及其思想特點，旨在點出道教思想學説於國家社會大有裨益，絶非虚無寂滅、不問世事之學。其言道：

> 粤稽三代以上，道在君相，三代以下，道在師儒；故攬君權、攝相位者，莫不資道以陶鎔萬匯，而萬品亦樂於施化。初無道教之名稱，自黄帝訪於崆峒，膝行叩求至道，廣成子示以慎内閉外，多知爲敗，於是露道之端倪。我老子生於苦縣，明太皡之教，述遂古之風，在賴鄉曲仁里，設堂傳教，闡明真諦，道教之名，實肇於此。間嘗紬繹其遺篇，具備内聖外王之道，絶非山林文學可比擬。以言治國，則若烹小鮮；以言治兵，則善戰不怒；無事以取天下，檢欲以葆其真。由是觀之，道教之於國家，不可謂無裨益。[②]

在道教會看來，“道”在中國的歷史進程中，始終是治理國家的重要思想資源。老子之學，實乃内聖外王之道，可以治身，可以治國，可以治兵。儒家學説中的很多思想都是據此而得以發揮：

> 聖經賢傳，根據道德而發揮者，亦層見不尠。如孔子曰：“無爲而治者，其舜也與?”此即闡明老子無爲而無不爲之義。孟子曰“養心莫善於寡欲”，又曰“萬物皆備於我矣”，此即老子所謂“人能常清静，天地悉皆歸”之義。故道儒實相符合，毫無支離。在儒教教人，“親親仁民，仁民愛物”，斯爲忠恕之政治；在道教度世，積功累德，超凡入聖，斯爲慈悲之感應。是道也，儒也，均納民物於正軌者也。至若“寬以濟猛，猛以濟寬”之政治，猶不逮生而不有，爲而不恃，順其自然之善矣。

① 黄宗勝：《記漢陽玄妙觀監院李崇欽》，《漢陽文史資料》第2輯，1988年，第183頁。

② 本節引文均出自《湖北省道教會宣言書》，1946年，湖北省檔案館藏檔案LS006-002-0190-006。爲避免重複，以下不再單獨出注。

在他們看來,孔子、孟子的諸多思想,都受道家之影響,無爲而無不爲、清静寡欲等,是儒道兩家的共同主張。儒道思想高度符合,它們的主要特點就是積極入世,引導國家社會走上正軌。據此觀之,宗教實有彌補一般政治之不足的作用:

> 是以政治顧慮不及之點,而實有利賴宗教以彌縫之。按諸歐西各國,政治宗教,相輔而行,效果倍蓰於我。良以宗教團體,潛移默化之力量,誠超軼國政法律之易於深入人心。揆其原因,宗教之單純,因果昭然,報施不爽,極淺顯,不繁複,是以人心易覺悟耳。時下崇尚法治,固屬甚善,然千百條文,尤非一般人士所可驟然研究,故誤觸刑章者有之,怙惡不悛者仍有之,雖有法律制裁於既犯之後,不如潛移默化於未犯之先。我宗教職在感化,誘其信仰,説明因果,止其貪嗔,化戾氣爲祥和,臻德性於至善。

法律是以外在的强硬手段禁止人爲惡,而宗教則以信仰、因果等學説感化人心,勸人向善,將爲善的種子深植人心。法治和宗教,一外一内,相互配合,則良政可期。

其次,《宣言書》列舉了全真教史上對國家民族做出巨大貢獻的人物事跡,以實例進一步説明道教的社會功能。其言道:

> 有元一代,仙才備出。我邱祖長春,應運而生,流衍宗派,元始祖成吉思汗,三聘出山,一言止殺,乾坤底定,兆庶咸若。當時宫觀廣建,有如棋布星羅;參謁頻繁,真是雲□霧集,教門宏闡,古所未聞。溯我長春祖師,畢生修持,大都本諸無爲而無不爲之旨,完全犧牲個人幸福,謀取群倫利益。觀磻西六年,龍門七載,渡人何止萬千?是以至德之所載,即至道之所凝,乃能位證天仙,永垂玄範。即親承祖師衣鉢者,有趙道堅宗師等十八人,皆同時而超舉焉。此均載在史乘,信而有征。

全真教祖師丘處機萬里西行,一言止殺,《宣言書》認爲,這是長春祖師在犧牲個人幸福以謀取社會群體利益,也即道教社會功能的重要體現。度己與度人並不矛盾,度人萬千,自身亦可位證天仙。由此觀之,道教不僅在思想學説上主張入世度世,還很好地實踐了這個主張,對中國的歷史進程產生了重大影響。

最後,《宣言書》還反思了近代以來道教衰微的事實,表達了振興道教、輔翼政治的願望。其言道:

> 洎乎晚近,道風凌替,怪像百出,潛修至道者,固不乏人,倚教騙化者,實繁有徒,遂致爲世所詬病。吾人觀玄風之式微,慮天演之裁汰,亟思從而整理,共圖挽救,方不負我祖師垂教之苦衷。竊幸先總理手創信教自由,闡揚大同平等之學説,是國家已畀予宗教之保障,而吾教信徒,應如何堅定其信仰,淬勵其精神,本後身身先,推己及人之旨,冀稍輔助於政治,方不負國家維護之至意。抗戰以還,各地道教會,大都瓦解,現值國土重光,百廢待興。於是糾集同道,暨贊助各大居士等,呈准省黨部、省政府,及各機關,准予恢復。當兹整理之初,爰集我同人於一堂,共宣利濟經言,研討黄老精英。俾我道宗堪與日月同光,且趨六合而上,庶使四千六百餘年之古文化,得以繼續輝煌於寰區,則豈僅吾玄門弟子之功德,抑亦世界人士之福音。

《宣言書》認爲,近代以來,道教衰微,教内出現了很多不良風氣,致使道教被扣上封建迷信的帽子,爲人所詬病。1912 年以來,國家提倡信教自由,抗戰勝利後,百廢待興。道教應該抓住這個歷史機遇,積極整頓,重鑄輝煌,而成立道教會以進行組織上的變革,顯然是重要途徑之一。

綜觀《宣言書》全文,我們可以看到,在 20 世紀 40 年代的武漢,以全真教爲主的道教界,一方面有很强的危機意識和緊迫感,他們對道教在近代以來的衰微局面及未來發展深感不安,積極謀求應對之策;另一方面,他們對道教的教理教義有新的思考,特别是將道教所具有的社會功能予以表彰,宣導道教應當服務於國家社會,將宗教的發展與國家社會的建設緊密結合起來。

3.湖北省道教會成立經過及領導層情況

在一切準備妥當後,整理委員會決定於 1946 年 6 月 29 日在漢口大道觀舉行湖北省道教會成立大會,並呈請省社會處派員前往指導。“竊本會奉令整理,業經就緒,謹定於本年六月二十九日(星期六)上午九時在漢口利濟路玉皇閣大道觀舉行成立大會,理合呈請鈞處鑒核派員,届時蒞臨指導爲禱。”[①]

成立當天,中國國民黨湖北省黨部主任委員方某某、郭代表、省政府社會處戴科長、省民政廳丁代表作爲主管機關領導參加大會,並做指導發言。之所以會有國民黨省黨部領導前來,與當時的宗教團體管理方式有很大關係。據史料所載:“國民政府奠都南京,各宗教團體之組織,又日漸增多……直至現在宗教團體

① 《湖北省道教會整理委員會關於定於 1946 年 6 月 29 日舉行成立大會懇請派員蒞臨指導的呈》,1946 年 6 月 25 日,湖北省檔案館藏檔案 LS006-002-0190-005。

之組織，尚無單行法規可資准據，概系准用中央黨部頒行之《文化團體組織大綱》，暨《施行細則》，以及《修正人民團體組織方案》等法規，間有疑義發生，亦均由内政部商同中央黨部民衆運動指導委員會予以解決。”[①]雖然民國時期各類宗教團體層出不窮，但是南京政府始終没有制定針對宗教團體的相應法律，而是依中國國民黨中央黨部制定的《文化團體組織大綱施行細則》及《修正人民團體組織方案》等予以管理。根據以上兩份法規，宗教團體的成立，“須呈請當地高級黨部核准，並呈報主管官署備案”[②]。

幾位主管官員的講話，其主旨大致相同，即將道教的教義與三民主義、新生活運動等當時的主流政治話語相結合，期望道教藉此次成立統一組織的機會，積極融入社會、服務社會。省黨部郭代表説：“兄弟辦黨多年，覺得三民主義與道是不可分的，總理本人雖然是天主教徒，他一方面研究各國的歷史政治，一方面却很根據中國固有的道德著了三民主義，目的是救國救世的。……他一生淡泊寧静，與老子的學説一樣，可見得他得力於老子的地方。……蔣主席是總理的信徒，也可説是中國道學的繼承者，他提倡新生活，標明禮義廉恥，也是這個道理。”民政廳丁代表説：“道教雖然是一種宗教，可是不能合現社會脱節，要打入現社會，協助社會建設，在這種人欲横流的社會，正需要道教來勸化世人，我們的最高領袖早已有見及此，提倡新生活，也就是老子説的去奢去泰。”[③]

除以上主管機關領導外，“到會者：長官三十四員，來賓一百一十一名，外籍來賓二名，會員二百零三名。結果選裴志[至]德爲會長，尹永慎、陳明崑爲副會長，孫理元、宋信銀、孫崇崑、李崇欽、胡法章、謝宗信、詹至慧、劉理宗、姜永升、劉春圃、邱嗣萬、余崇普等爲理事，王崇復、姜宗善、袁誠貴、王陽仙、吴元升、王宗定、李教長等爲監事”[④]。此次湖北省道教會主要領導人員履歷如下：

---

① 内政年鑑編纂委員會編：《内政年鑑・禮俗篇》，第(F)133頁。

② 中國第二歷史檔案館編：《中華民國史檔案資料彙編》第5輯第1編“文化”，南京：江蘇古籍出版社，1994年，第728頁。

③ 《湖北省道教會關於彙報開成立大會情形的呈》，1946年7月5日，湖北省檔案館藏檔案LS006-002-0190-008。

④ 《湖北省道教會關於彙報開成立大會情形的呈》，1946年7月5日，湖北省檔案館藏檔案LS006-002-0190-008。

表 4　湖北省道教會職員履歷[1]

職別	姓名	性別	年齡	籍貫	學歷	職業	備考
會長	裴志德	男	52	四川	私塾十年	宗教	漢口大道觀住持
副會長	尹永慎	仝	52	黄陂	私塾六年	仝	住武昌武當宫
	陳明崑	仝	56	湖南	私塾八年	仝	武昌長春觀住持
理事	孫理元	仝	50	黄岡	私塾五年	仝	住長春觀
	宋信銀	仝	60	四川	私塾四年	仝	漢口佑聖觀住持
	孫崇崑	仝	45	漢川	私塾六年	仝	漢陽新安堡
	李崇欽	仝	53	四川	仝	仝	漢陽玄妙觀住持
	胡法章	仝	38	湖北	私塾七年	仝	漢口岳王廟
	謝宗信	仝	38	黄陂	私塾七年	仝	漢口硚口國瑞庵
	詹至慧	仝	48	黄陂	仝	仝	孝感鳳凰臺
	劉理宗	仝	56	黄陂	仝	仝	黄陂木蘭山
	姜永升	仝	52	四川	仝	仝	蔡甸貓子山
	劉春圃	仝	43	黄岡	仝	仝	蔡甸水府廟
	邱嗣萬	仝	28	沔陽	私塾九年	仝	漢口大道觀
	余崇普	仝	37	麻城	私塾七年	仝	黄安高峰山
監事	王崇復	仝	60	蘄州	仝	仝	武昌黄鶴樓住持
	姜宗善	仝	58	黄陂	仝	仝	武昌武當宫住持
	袁誠貴	仝	60	江蘇	仝	仝	漢口赫胥宫
	王陽仙	仝	69	漢口	仝	仝	銅貨公所
	吴元升	仝	60	河南	仝	仝	漢口自静堂
	王宗定	仝	41	黄陂	私塾八年	仝	孝感靈音堂
	李教長	仝	32	河南	仝	仝	武昌長春觀
以上職員計共 22 名							

需要指出的是，湖北省道教會領導層是由推舉而不是選舉産生。被省社會處派來指導工作的秦智榮在大會上解釋説："道教會和其他人民團體不同，選舉方法，也不能和别的一樣。昨天整委會開了一個會，大家主張用推選的方法，先

① 《湖北省道教會關於彙報開成立大會情形的呈》，1946 年 7 月 5 日，湖北省檔案館藏檔案 LS006-002-0190-008。

決定誰負什麽責任,把所有的職務都分配就緒,拿到大會去一通過就可以。"[①]不知是何緣故,最終大家推舉大道觀住持裴至德擔任會長,而此前爲復會奔走的尹永慎衹擔任了副會長。從這份領導名單我們可以看出,湖北省道教會主要是由武漢三鎮及周邊地區全真道士主導,他們都是一時之選,其中不少人在新中國成立後,還成長爲道門領袖。如此次當選理事的謝宗信,在新中國成立後擔任中國道教協會常務副會長、北京白雲觀二十三代方丈,爲新中國道教事業的發展做出了卓越貢獻。

本次大會還通過了《湖北省道教會章程》,一方面,對會務運轉有一般性規定:"本會會址設於武昌長春觀","本會會員分下列二種:道教徒、道教信士","會員代表大會以各縣會員選舉代表組織,代表任期三年","會員代表大會每年開會一次,由理事會召集之"。另一方面,仔細研讀其相關文字,我們發現此前《湖北省道教會宣言書》中所宣示的道教要服務社會的基本精神,得到了《章程》的肯定和落實。如將服務社會列爲辦會宗旨之一:"本會以團結全省道教徒、整理教規、發揚老子道德、提倡和平、補助國家社會爲宗旨。"而 1936 年《湖北全省道教會章程》僅規定"本會以昌明道德、振興玄風爲宗旨",不涉及道教的社會參與。《章程》規定的道教會業務有"講習三民主義""舉辦公益慈善等福利事業"[②],1936 年的《章程》則根本没有提及這些内容。我們將 1936 年與 1946 年的兩份《章程》作比較,能看出此時道教界對未來發展的新思考。

4.湖北省道教會的實際運作

湖北省道教會成立的時候,正值國共内戰,外在的社會環境並不太平,然而該會還是在困境中積極開展活動,主要有以下兩個方面的表現。

一方面,在湖北各縣成立道教分會。按《湖北省道教會章程》的規定,"本會於全省各縣市設立分會稱爲湖北省道教會某某縣市分會,於全省各鄉鎮設立支會稱爲湖北省道教會某某縣市某某鄉鎮支會"[③],道教會計劃在湖北各縣、各鄉鎮成立分會。

這個規定在地方上引起不小的反響,孝感縣的道人們迅速行動,籌備成立該縣道教會。1946 年 7 月 19 日,孝感縣道教會籌備員魯占諄上書縣長,呈報籌備道教會情形,懇請縣政府批准。其言道:"當兹籌備之初,在道教會尚未正式成立

① 《湖北省道教會關於彙報開成立大會情形的呈》,1946 年 7 月 5 日,湖北省檔案館藏檔案 LS006-002-0190-008。

② 《湖北省道教會章程》,1946 年 6 月,湖北省檔案館藏檔案 LS006-002-0190-009。

③ 《湖北省道教會章程》,1946 年 6 月,湖北省檔案館藏檔案 LS006-002-0190-009。

以前，自當不遺餘力以期達到全民力量集中，意志集中，通力合作，團結一致，完成地方自治，民主政治早日實現。關於今後業務之進度，工作之實施，仰祈剴切指示，俾使遵維，理合將籌備情形呈請鈞座鑒核，伏乞俯予備案指令祇遵。”因無前例可循，孝感縣不敢擅做主張，便於當年8月8日電詢省政府社會處：“查人民團體組織法規定宗教團體如中華基督教協建會、中國佛教會，並無道教會組織規定，所請籌備成立，未便擅准。惟此種組織，亦屬社會團體範圍，是否應屬宗教團體之列，抑或另有規定，謹電督核示遵。”[①]省社會處給予了肯定答復，同意各縣市成立道教分會：“查湖北省道教會業經呈准組織成立並由本處頒發立案證書暨圖記有案。該縣魯占諄呈請組織道教分會一節應照準組織。”[②]並將《湖北省道教會章程》抄發給各縣市以資查照。

除了地方上主動要求成立分會外，湖北省道教會也在積極謀劃於各縣市成立分會。1946年10月10日，在湖北省道教會剛成立不久，會長裴至德便上書省府社會處，希望於各縣市成立分會，懇請社會處予以幫助。呈文曰：

> 竊本會成立以來，數月於兹，經本會理監事聯席會議决議，整飭清規，督導功行，宜以調查各縣市觀廟道衆爲初步工作，紀録在卷。兹以觀廟在武漢者，可由本會監督指導，惟在偏遠之區，鞭長莫及，自不得不成立分會，以資臂助而速效率。但各縣市無案可稽，阻止横生，即由本會咨請，亦難徵求憑信。長此稽延時日，實礙會務進行。擬懇鈞處通令所屬各縣市扶植本會成立各縣市分會，輔導福國利民服務社會之宗教，並隨時隨地保育會務。[③]

湖北省社會處給出了積極的答復，同意電令各縣市成立分會：“查該會各縣市分會業經本處於本年九月二十六日以鄂社二字第五五二九號抄發該會章程，分電各縣市，准予組織有案。”[④]此後不少縣市的道教分會都陸續得以成立。

另一方面，幫助各地道教維護廟産權益。民國時期，因《監督寺廟條例》要求佛道教寺廟主動以廟産興辦公益慈善事業，故廟産興學運動時有發生，且往往溢出法律邊界，給佛道教生存發展帶來很大困擾。湖北省道教會成立後，便積極以

① 《孝感縣政府關於請鑒核道教會籌備員魯占諄等呈請成立道教會是否合法的代電》，1946年8月8日，湖北省檔案館藏檔案LS006-002-0139-002。

② 《湖北省社會處關於抄發湖北省道教會章程的代電》，1946年9月28日，湖北省檔案館藏檔案LS006-002-0139-001。

③ 《湖北省道教會關於懇請令各縣市政府扶植道教分會成立的呈》，1946年10月10日，湖北省檔案館藏檔案LS006-002-0190-014。

④ 《湖北省社會處關於請各縣市政府等扶植道教分會成立的指令》，1946年11月20日，湖北省檔案館藏檔案LS006-002-0190-013。

協會名義,一面請求政府明令保護廟産,一面替廟産被占道觀討回廟産。

1946年10月10日,鑒於湖北各地非法强占廟産之事時有發生,會長裴至德上書湖北省政府主席,請求省府明令各縣市政府保護宫觀廟産,其言道:

> 竊查道教爲我國固有之國教,亦世界宗教之一,數千年來,以宗教闡揚民族道德,轉移社會風氣,維護國本,教化人民,裨益國家社會,良非淺鮮。故我歷代聖哲先賢,均以宗教信仰,乃人民自由,對於宗教財産,立法保護,古跡文物,明令保存。惟近查偏遠縣份,非法摧毁觀廟,强奪宗教産權,驅逐道衆情事,時有所聞。除分呈社會處,並通飭所屬會員,對於各住持之宫觀庵廟古跡文物財産,嚴加守護,及協助當地政府,興辦教育慈善公益事業,以發揚建設地方造福人群之教旨外,理合電請鑒核,擬懇賞准明令各縣市政府,保護各地宫觀廟産,尊重古跡文物,嚴禁非法摧毁强占,以維宗教,並懇批示祇遵。[①]

湖北省政府主席很快予以批示:"查寺廟財産,早經本府通令各縣市准予保護矣,仰即知照!"[②]算是認可了道教會的請求。保護寺廟財産也確實是湖北省政府一貫主張,不過始終存在一個政令難以下達、疏於執行的問題,這些保護廟産的政令往往都是一紙空文,基本起不到作用。

除了一般性地請求省政府下令保護廟産外,湖北省道教會還時常介入具體的廟産糾紛中,積極幫助地方宫觀維護權益。1947年,九宫山發生廟産糾紛,該山住持王崇道通過湖北省道教會,將呈文轉達給省政府,請求依法處理。按其所言:"九宫山爲吾鄂之名勝……不料前連年敵僞猖獗,大肆摧殘,所有巍峨宏大之觀宇房屋,盡成焦土。衲等不忍坐視,分途募化,重修殿宇,鉅工告竣,焕然一新。近有在家道士李壽山,强行鳩占,視爲己有。"王崇道將此事反應給湖北省道教會,該會派人前往調查,認爲"查屬實情,理合備文轉請鑒核,賞准轉飭通山縣政府轉令李壽山搬還以維宗教"[③],於是將王崇道的呈文轉給了湖北省政府主席。其他類似事件在檔案中還有不少,這裏便不一一列舉了。

---

① 《湖北省道教會的代電》,1946年10月10日,湖北省檔案館藏檔案LS003-001-0983-008。

② 《湖北省政府關於保護宫觀廟産的批》,1946年11月4日,湖北省檔案館藏檔案LS003-001-0983-008。

③ 《湖北省道教會請令道士李壽山遷讓所占九宫山寺宇的代電》,1947年12月4日,湖北省檔案館藏檔案LS003-001-1007-001。

結語

民國時期是中國宗教轉型發展至爲重要的階段。在這 38 年裏，一方面社會動蕩不安、戰争連年，缺乏穩定的外部環境；另一方面國家出臺了一系列宗教法規，對傳統佛道教的生存發展提出了較爲嚴苛的新要求。對中國宗教來説，這些結構性困境既是挑戰，也是機遇。就本文所探討的民國武漢而言，全真教雖然是主流教派，但亦面臨著諸如人員數量較少、道人宗教素質較低等問題。在此困境中，一批教門領袖勇於承擔歷史責任，積極思考教理教義的新方向，艱辛探索道教組織的新形態。這些塵封在檔案中的過往事實，應當視爲道教在 20 世紀轉型發展的歷史起點，值得學界深入探討。

（責任編輯：秦國帥）

道教史上兩位馬自然行實考辨及其作品輯佚

——兼論南宗譜系的構建問題

□趙宇翔

摘要:道教史上有兩位馬自然,一位是唐代的馬湘,字自然;一位是五代宋初的内丹學家馬自然。北宋文獻裏的馬湘(字自然)是聲名顯著的道士,頗攻文學,作品收録於《全唐詩》;南宋初年,内丹學興起之後,開始流傳内丹修士馬自然的叙事文本。白玉蟾建構南宗譜系之後,内丹修士馬自然一躍而成爲南宗祖師之一,聲望逐漸超過馬湘。此後,兩位馬自然的形象、作品在元代之後的文獻裏出現混淆的現象。因此,用文獻梳理的方法對二人的行實、作品進行考辨,並對他們的作品輯佚,於修正《全唐詩》《道藏》等文獻中的舛誤不無小補。

關鍵詞:馬湘　馬自然　行實考辨　南宗譜系

作者簡介:趙宇翔,男,1986 年生,河南淮陽人。蘭州大學歷史文化學院博士,遵義醫科大學人文社科學院副教授,研究方向爲道教内丹學、道教文獻學。曾在《中國社會科學報》《中國道教》《中國教育學刊》等刊物發表論文若干。

《中華道教大辭典》關於馬自然有三個詞條:馬自然、馬自然金丹口訣、馬自然醉墮溪。[①] 細繹其文,這三位馬自然所指並非同一人。第一、二兩位所指是宋代的内丹南宗祖師馬自然,第三個涉及的則是唐代的道教修行者馬湘(字自然)。《道藏提要》云:"唐道士馬湘字自然,與宋馬自然爲二人,《仙鑑》分别有傳。"[②]然而涉及二人的載籍頗多,易生淆亂,以至於有時分不清二者爲誰,難免張冠李戴。更令人束手的是,有些文獻中引用馬自然詩文,却不知真正出自誰手。筆者試圖披尋文獻,釐定二者身份,並力求將他們的作品輯佚補漏。

---

① 胡孚琛主編:《中華道教大辭典》,北京:中國社會科學出版社,1995 年,第 113、376、1052 頁。

② 任繼愈主編:《道藏提要》(修訂版),北京:中國社會科學出版社,1995 年,第 912 頁。

一、唐代的道士馬湘

胡應麟《少室山房筆叢》卷二八《玉壺遐覽》云："神仙家名號相類者，最易混淆。"[①]胡氏列舉了載籍所見名號混淆的神仙若干，其中"馬自然"條云："二馬自然，一馬湘，字自然；一姓馬，名自然。（見《太平廣記》及《仙鑑》等）"[②]第一個馬湘，字自然，是唐代著名的道士。沈知言《通玄秘術序》云：

> 知言丱角之年，棲心於道。昔太和初於霅苕之上，遇道士馬自然，示余秘訣，兼玄通如意丸，五解之法。知言顧慚幽陋，罔測玄機。時於其間人寰，採補延生，往往得其一二。[③]

這是關於唐代道士馬自然的最早記録之一。其中給出的信息有三點：一是馬自然在太和(827～835)初年已經是知名道士，二是馬自然傳有秘訣，三是馬自然務於外丹、采補、尸解等傳統道教功法。但是聊聊數語，没有介紹馬自然的生平事跡，也没提到他的字號問題。

稍後的杜光庭《神仙感遇傳》卷五"朱含貞傳"云：

> 朱含貞者，晋陵道士也。居龍興觀之東軒，素以清貧而精奉香火，孜孜焉未嘗少怠。大中丙子歲，道士馬自然，落魄江浙間，率以杯酒娱逸爲事。然時人異之，疑其有道者也。每詣含貞，必以爲請，含貞常力以奉之。居歲餘，謂含貞曰："我久遊江浙，今將北行，嵩洛鎮華，皆神仙之府，餐和味道，道士不可不遊也。子有修勵之志，而寡香膏之資，有憫物之心，而無拯救之效，亦可歎也。"因以三符授之曰："可以給終身之衣食。增無涯之陰功，第以玉篆救之，雖千妖百疾，靡不愈也。初以一符攻之，未致效者，即發其二，大效不過於三也。多恤貧病，少務金帛，功充德全，道不遠矣。"因命版題二十字

---

① （明）胡應麟：《少室山房筆叢》，《景印文淵閣四庫全書》第886册，臺灣：臺灣商務印書館，1986年，第471頁。

② （明）胡應麟：《少室山房筆叢》，《景印文淵閣四庫全書》第886册，第473～474頁。按，元苗善時《純陽帝君神化妙通紀》提出"三馬自然"的説法，可惜未有進一步説明。宋黄休復的《益州名畫録》及闕名的《宣和畫譜》繪有馬自然像，位在嚴君平之後、葛玄之前，清代王毓賢《繪事備考》、孫岳頒《御定佩文齋書畫譜》繼承了這一順序，顯然是把馬自然視作漢代古仙，但由於没有文字足以證明漢代還有馬自然，因此筆者對"三馬自然"的説法姑且存疑。本文采用胡應麟"二馬自然"的説法。苗書載《道藏》第5册，北京：文物出版社、上海：上海書店、天津：天津古籍出版社，1988年，第723頁。

③ （唐）沈知言：《通玄秘術》，《道藏》第19册，第356頁。

詩於其廡下曰:"世有無窮事,生知遂曰(百)春。問程方外路,直是上清人。"署其名曰"山客馬自然書"。書畢,别去,不復見矣。後數年,傳云馬君白日昇天,含貞自是符術大效,姑蘇、餘杭、金陵、淮海,東西南北千餘里,飛書寄信,請其救者,不知紀極。①

此傳名爲朱含貞傳,毋寧説是朱含貞、馬自然合傳,也是馬自然最早的傳記之一。傳中叙述的馬自然生活於唐宣宗年間,大中丙子歲即大中十年(856),則馬自然的活躍時間在劉海蟾之前。另外,此傳給出了三個信息:一是他活躍在江浙間;二是他的行事作風屬於唐前道教修行者,少有内丹學痕跡;三是他最終的成就是白日飛昇。但是也没有説他原名馬湘,字自然。

宋初陳纂《葆光録》云:

馬自然,貌醜,皻鼻、秃鬢、大口。飲酒石餘,醉卧即以拳入口。人有疾病告之,折薪草呵而與食,無不差者。嘗吟曰:"昔日曾隨魏伯陽,無端醉卧紫金牀,東君謂我多情賴,罰向人間作酒狂。"後往梓州上升。②

這裏又描寫了馬自然的容貌。但依然未説他叫馬湘。《太平廣記》卷三三引《續仙傳》云:

馬湘,字自然,杭州鹽官人也。世爲縣小吏,而湘獨好經史,攻文學,治道術,遍遊天下。後歸江南,而嘗醉於湖州,墜霅溪,經日方出,衣不沾濕……狀若風狂,路人多隨看之。又時復以拳入鼻,及出拳,鼻如故。……會唐宰相馬植謫官,量移常州……乃邀相見延禮,甚異之。……又南行,時方春,見一家好菘菜,求之不能得……湘畫一白鷺,以水噀之,飛入菜畦中啄菜。……回永康縣東天寶觀駐泊,觀有大枯松,湘指之曰:"此松已三千餘年,即化爲石。"自後松果化爲石。……或人有疾告者,湘無藥,但以竹拄杖打痛處,腹内及身上百病,以竹杖指之,口吹杖頭如雷鳴,便愈。……乃棺斂。其夕,棺輷然有聲,一家驚異。乃窀穸於園中,時大中十年也。明年,東川奏劍州梓桐縣道士馬自然白日上昇,湘於東川謂人曰:"我鹽官人也。"敕浙西道杭州覆視之,發塚視棺,乃一竹枝而已。③

---

① (唐)杜光庭:《神仙感遇傳》卷五,《道藏》第 10 册,第 905 頁。

② (宋)陳纂:《葆光録》卷一,埭川顧氏家塾本。

③ (南唐)沈汾:《續仙傳》,(宋)李昉:《太平廣記》,《景印文淵閣四庫全書》第 1043 册,第 173～175 頁。

此篇叙事框架與《神仙感遇傳》基本一致，衹是叙事内容更爲豐富，約 1500 字。其中多了“馬湘，字自然”這一關鍵信息，並明確他羽化於大中十年。此外，本傳突出記載了馬湘的神跡神通，比如畫鷺啄菜、指松化石、吹杖祛疾、死後化竹等，成爲後世廣爲稱引的故事文本。《雲笈七籤》卷一一三“馬自然傳”基本采用了這篇傳記。除了《太平廣記》《雲笈七籤》這兩部北宋初的類書，南宋末潛説友的《咸淳臨安志》則開啓了方志文獻叙述馬湘故事的先河，此後《大明一統志》《蜀中廣記》《浙江通志》《嘉慶重修一統志》[1]等皆多處記載馬湘故事。又，宋杜綰的《雲林石譜》講述了馬湘指松化石的故事[2]，潘自牧的《記纂淵海》講述了馬自然畫鷺啄菜的故事，等等。由此可以看出，宋代所見關於馬自然的文獻資料，所説大多是唐代的馬湘。宋末元初趙道一編《歷世真仙體道通鑑》卷三六也立有“馬湘傳”，在開頭多了一個下石井到西川的故事，其餘内容與《續仙傳》基本無二。總體而言，唐代的馬自然是一個擅於煉丹的道教煉士，諳符籙，神跡頗多，性嗜酒，而且擅長文學。

二、五代宋初内丹宗師馬自然

内丹學史上著名的宗師馬自然，在南宗譜系上具有一定的地位，雖然目前公認的南宗譜系是張伯端—石泰—薛道光—陳楠—白玉蟾，但是歷史上也有不少把馬自然列入譜系的説法。尤其是《金丹四百字》的序中提到張伯端委託馬自然將之傳給白玉蟾一事，由此使馬自然在南宗的傳法譜系上占據了一席之地。[3] 與馬湘相比，這位馬自然的相關記載較少，也更爲神秘。

最早提到内丹修士馬自然的文獻是兩宋之際曾慥的《集仙傳》：

> 鍾離權，字雲房，不知何許人也。唐末入終南山。
>
> 吕喦，字洞賓，又字希聖，九江人也。曾授真簽於正陽子。
>
> 應靖，不知何許人，唐僖宗時爲封令。
>
> 屈突無爲，字無不爲，世不知其牒，但云五代時得道人。
>
> 張鼇，不知何許人也。唐末得道。
>
> 賀元，不知何許人，仕五代時，至晋爲水部。

---

① 《蜀中廣記》爲明人曹學佺纂，《浙江通志》爲清人嵇曾筠纂。

② （唐）杜綰：《雲林石譜》，《景印文淵閣四庫全書》第 844 册，第 596 頁。

③ 關於南宗定義及譜系問題可參閲蓋建民《道教金丹派南宗考論・導論》（北京：社會科學文獻出版社，2013 年），關於《金丹四百字》的授受及著者問題見該書第二章《南宗典籍文獻史料釐定與輯存》。

馬自然,不知何許人也。

……

張用成,字叔平,天台人也。一名百(伯)端,熙寧二年遇異人。[①]

此處把馬自然放在鍾、吕之後,應爲唐末五代人,與中唐的馬湘顯非同一人。馬湘是浙江鹽官人,《神仙感遇傳》《續仙傳》《太平廣記》《雲笈七籤》皆有記載,以曾慥之博學多識是不會不知道的,此處却云"不知何許人也",則他所記"馬自然"應該不是中唐馬湘(字自然)。也就是説曾慥在記録時,流傳著另一個馬自然的叙事文本。曾慥還把張伯端遠遠地排在馬自然後面,説明此時張伯端尚未達到南宗祖師的地位,南宗譜系的建構還没正式開始。又,他的《道樞・坎離篇》云:

馬自然所閲方外士其數千百矣,其説不過咽津行氣、存想胎息、周天火候而已。行年六十有四遇海蟾子,於是灑然而悟平日所聞皆非也。[②]

這裏給出了另外兩個信息:(1)馬自然是劉海蟾的弟子,(2)馬自然 64 歲得道。這兩點成爲馬自然最具辨識度的叙事文本,但對於馬自然遇師得道的具體過程,曾慥語焉不詳。看來在兩宋之際流傳的内丹修士馬自然的事跡還不多,曾慥還没有看到成熟的馬自然修道的文本。

署名張伯端的《金丹四百字序》末尾有云:"今因馬自然去,講此數語,汝其味之。"[③]白玉蟾在《謝張紫陽書》裏對此做了呼應:"昨到武夷見馬自然,口述諄諭,出示寶翰,凡四百言。字字藥石,仰認愛育,甘露灑心,毛骨豁然。"[④]宋末元初的俞琰從詩詞風格的角度認爲《四百字》是白玉蟾託名張伯端所作,明人王世貞也懷疑這是白玉蟾的託喻之詞,他在《書金丹四百字後》中説張伯端的精藴祇有《悟真篇》,而《四百字》多禪語,恐非張氏所作。並考證云:

序尾有"因馬自然去,講此數語,汝其味之",尋又讀《白紫清集》有《謝紫陽書》,謂"昨到武夷見馬自然,口述諄諭,出示寶翰,凡四百言。字字藥石,甘露洗心,毛骨灑然"。又固以知紫陽之所授者紫清也,豈紫陽以薛氏之注誤天下,而指抉身中之秘救正之耶?將無紫清所得泥丸授受之微,或獨悟之見,懼其説之不信,從而托紫陽以神之也?馬自然,古仙也,不爲紫陽使者。

① (宋)曾慥:《集仙傳》,(明)陶宗儀:《説郛》卷五八下,《景印文淵閣四庫全書》第 879 册,第196 頁。
② (宋)曾慥:《道樞》卷七,《道藏》第 20 册,第 646～647 頁。
③ 《修真十書・雜著・指玄篇》,《道藏》第 4 册,第 621 頁。
④ 《修真十書・雜著・指玄篇》,《道藏》第 4 册,第 625 頁。

曰馬,陽象也。曰自然,取不矯飾義也。疑亦紫清所托諭也。①

目前學界研究基本認爲《四百字》是白玉蟾所作,那麽馬自然傳書一事也是白玉蟾杜撰的了,至於白玉蟾選擇用"古仙馬自然"來傳書的原因,王世貞以爲是"馬,陽象也。曰自然,取不矯飾義也"。蓋建民則認爲"道教内部常常用天書降授或夢中先師託付的形式進行丹法傳授","以示丹法傳授的神秘與正宗,此乃道門慣常使用的手法"。② 無論如何,馬自然可能是白玉蟾在建構南宗譜系時藉用的一位内丹學前輩,衹是這位前輩應該不是王世貞認爲的"古仙"馬自然,而是比張伯端稍早的馬自然。雖然難以斷定白玉蟾所託古的馬自然究竟是不是曾慥所説的那位,但可以明確的是,此馬自然行蹤神秘,生平不詳,直至宋末元初,纔被道士們積累演繹、踵事增華,有了一個大致清晰的面貌。李簡易《玉谿子丹經指要》云:

劉海蟾真人授馬自然真人《金丹訣》曰:"曾遇真人親口訣,剖腹開腸爲君説。劈破蓮花未折心,湧出赤龍身上血。奔流直達太一宫,鼎見壺中真日月。"③

與《道樞》相比,這裏把劉海蟾傳給馬自然的丹訣記録了下來。俞琰《周易參同契發揮》云:

或曰:吕純陽五十歲而始聞道,馬自然、劉朗然皆得道於六十四歲之後。何也?④

尹志平《清和真人北遊語録》所記基本一致:

馬自然者,早年知道,苦行勤修,至六十四歲尚未有成。⑤

這兩處記録雖未超出《道樞》範疇,但説明馬自然在宋末元初已經是聲名顯赫的内丹宗師了。趙道一編修的《歷世真仙體道通鑑》對馬自然的傳記進行了總結:

馬自然,不知何許人也。少習修真煉氣之方。年六十有四,至建昌酒壚,見四道人,衣百結,而儀觀甚偉。有童在傍,自然問其氏名。答曰:"鍾離

① (明)王世貞:《弇州續稿》卷一五八,《景印文淵閣四庫全書》第 1284 册,第 294～295 頁。
② 蓋建民:《道教金丹派南宗考論》(上),第 230 頁。
③ (宋)李簡易:《玉谿子丹經指要》,《道藏》第 4 册,第 414 頁。
④ (元)俞琰:《周易參同契發揮》卷八,《道藏》第 20 册,第 249 頁。
⑤ (元)段志堅編:《清和真人北遊語録》卷四,《道藏》第 33 册,第 173 頁。

先生、吕先生、劉海蟾、陳七子也。"自然大驚,僕僕往拜之。鍾離真人曰:"汝骨氣異凡曹,吾數十年求可教者,莫爾及也。"俄與吕、陳二公偕去,曰:"爾有師矣。"獨海蟾留,乃爲自然演金丹之秘,曰……自然聞其言而師之,遂得道。後遊廬山,酣寢石上,踰六旬,蕘者過,始驚寤之。俄去,入閣皂山,登紫房,訪清虚。時復往來市道上,著蓑裳,冠箬笠,持大鐵杓化錢市酒,醉則徜徉山澤間。其後不知所終。[1]

至此,内丹宗師馬自然的形象纔基本定型:師承於劉海蟾,與張伯端時代接近,六十四歲得道,性嗜酒,持大鐵杓化錢沽酒,等等。趙道一把馬自然傳排列於張伯端後,大概是對馬自然代傳書信的文本誤讀導致的,但無論如何,他開了把馬自然正式列入南宗譜系的先河。朱權《天皇至道太清玉册》云:"南派自漢始,鹿堂、趙昇、華陽、李亞、鍾離權、吕岩、劉海蟾、張紫陽、冲昭王、馬自然、石杏林、薛道光、陳泥丸、白玉蟾等始之。"[2]把馬自然放在張伯端後,這一排法可能由張伯端托馬自然傳書白玉蟾的掌故而來。民國劉咸炘、今人蓋建民等也認可這一排序。[3] 但事實上,馬自然猶在張伯端之前,洪應明《消摇墟經》把馬自然排在陳摶之後、張伯端之前[4],應該是比較接近原始的説法。但無論把馬自然排在張伯端之前還是其後,他的地位都在升高。馬自然從内丹修士一躍而成爲内丹宗師,這一形象的轉變,應是白玉蟾及其後學對南宗譜系逐漸建構的結果。自此,内丹宗師馬自然在道教史上的聲名駸駸乎超於馬湘之上,而馬湘則成爲地方史志文獻所鍾愛的叙事對象了。

三、混淆難辨的史料

經以上對比可以發現,唐代道士馬湘的傳記更翔實,他的特點是以外丹符籙爲主,多神跡,好文學,最終白日飛昇;五代宋初的馬自然則是一位内丹修士,除了師承劉海蟾、64 歲得道之外,很少有可以辨識的特點。但他們兩個擁有一些共同特徵:性嗜酒、好雲游,由於史籍也多稱馬湘爲馬自然,所以在某些文本中難免會出現不辨淄澠的現象,以至於在面對這些史料時令人不能確定爲誰。比如明

① (元)趙道一編修:《歷世真仙體道通鑑》,《道藏》第 5 册,第 384 頁。

② (明)朱權:《天皇至道太清玉册》,《道藏》第 36 册,第 366 頁。

③ 劉咸炘:《道教征略》,上海:上海科學技術出版社,2013 年,第 76 頁;蓋建民:《道教金丹派南宗考論》(上),第 231 頁。

④ (明)洪應明:《消摇墟經》,《道藏》第 35 册,第 368 頁。

人勞鉞《成化湖州府志》云：

> 馬自然每賒酒于白塔巷酒肆，一日沉湎，謂主人曰："吾今得仙矣，所逋酒價，焉敢輕償?"遂出囊中藥，化賣酒鐵器並爲紫金，即乘雲而去。其橋遂名望仙。①

吴興(湖州)是馬湘活動的地區，其乘雲飛去也與馬湘白日飛昇相合，但是某些細節記載却與五代宋初文獻裏的頗有乖謬。《太平廣記》記載馬湘飛昇於川東梓桐縣，此處却說是浙江吴興，此其一；《太平廣記》没有記載馬湘隨身帶藥，他給人看病也衹是用竹杖吹氣敲打，此處却是囊中有藥，此其二。勞鉞的説法源自何處不得而知，但他是九江人，内丹修士馬自然遇見劉海蟾在建昌酒爐，二地同屬江西，有没有可能是勞鉞把馬自然的故事安插於馬湘頭上了呢？因此，此處的馬自然不能確定是唐代的還是五代宋初的，姑存疑。

又，宋韓淲《澗泉日記》云：

> 水府觀在利涉門外桐木園，神仙馬自然得道于此。②

"桐木園，神仙馬自然"的説法與馬湘及内丹宗師馬自然皆不合，因其記録太簡，所以也難以判斷此馬自然究竟爲誰。

此外還有因混淆馬湘、馬自然而導致張冠李戴者，比如清人嵇曾筠《浙江通志》卷二四五"經籍"云："《金丹口訣》一卷(《道藏目録》，馬自然著)。"③《道藏目録》所載《馬自然金丹口訣》是内丹學著作，應是五代宋初馬自然著，這裏顯然把馬自然誤認爲浙江鹽官的馬湘(字自然)了。

四、馬湘、馬自然作品輯佚辯正

1.馬湘作品

馬湘"好經史，攻文學"，在唐詩史上占有一席之地。《全唐詩》收録馬湘詩歌五首：

---

① (明)勞鉞:《成化湖州府志》,《日本藏罕見中國地方志叢刊》,北京:書目文獻出版社,1991 年,第 185 頁。

② (宋)韓淲:《澗泉日記》,《景印文淵閣四庫全書》第 864 册,第 794 頁。

③ (清)嵇曾筠:《浙江通志》,《景印文淵閣四庫全書》第 525 册,第 588 頁。

登杭州秦望山

太乙初分何處尋，空留曆數變人心。
九天日月移朝暮，萬里山川换古今。
風動水光吞遠嶠，雨添嵐氣没高林。
秦皇謾作驅山計，滄海茫茫轉更深。

題龍興觀壁

世有無窮事，生知遂百春。
問程方外路，宜是上清人。

又詩一首

昔日曾隨魏伯陽，無端醉卧紫金牀。
東君謂我多情賴，罰向人間作酒狂。

又詩二首

省悟前非一息間，更抛閒事棄塵寰。
徒誇美酒如瓊液，休戀嬌娥似玉顔。
含笑謾教情面厚，多愁還使鬢毛斑。
雲中幸有堪歸路，無限青山是我山。
何用燒丹學駐顔，鬧非城市静非山。
時人若覓長生藥，對景無心是大還。[①]

第一首胡應麟《少室山房筆叢》卷二九收録，譽爲“句格峥嶸，尚有大曆前意景”，“古今羽客第一首也”。[②] 第二首即《神仙感遇傳》所録者。第三首亦見胡應麟《少室山房筆叢》卷二九。第四首與馬湘生平相合，馬湘出身富貴之家，因此“美酒”“嬌娥”云云應是寫實。最後一首與前面四首描述的内容不同，屬於内丹玄理，與張伯端“須知大隱居廛市，何必深山守静孤”[③]的境界類似。尤其是“何用燒丹學駐顔”一句，明顯菲薄外丹，與馬湘的行實不符。曾慥《類説》卷五一引此詩[④]，曾慥既然知道馬湘、馬自然之别，却依然視此詩爲馬自然詩。因此，竊疑此詩應是五代宋初馬自然所作。然南宋初編纂的《錦繡萬花谷》已將二詩誤視爲“馬自然”所作[⑤]，《全唐詩》可能是承襲了《錦繡萬花谷》。

---

① (清)彭定求等編:《全唐詩》卷八六一，第 24 册，北京:中華書局，1980 年，第 9726～9727 頁。
② (明)胡應麟:《少室山房筆叢》，《景印文淵閣四庫全書》第 886 册，第 484 頁。
③ (宋)張伯端撰，王沐淺解:《悟真篇淺解》，北京:中華書局，1990 年，第 8 頁。
④ (宋)曾慥:《類説》，《景印文淵閣四庫全書》第 873 册，第 888 頁。
⑤ 闕名:《錦繡萬花谷》，《景印文淵閣四庫全書》第 924 册，第 723 頁。

《馬自然歌訣》云：

汞生水銀死，鉛因靈牙是。出世爲還丹，迷人不能委。汞與水銀别，迷人用之拙。若了此真源，可以凡俗隔。（張玄德《丹論訣旨心鑑》引[①]，張君房《雲笈七籤》卷六十六亦收録[②]）

此訣講述外丹，沈知言曾受馬湘口訣，則知馬湘也有外丹口訣傳世，不知是否即此首。况且《雲笈七籤》所收"馬自然傳"即是馬湘傳，張君房在同一書中兩次提到馬自然，如非同一人，張氏自應做出區分。另據上文考證，内丹宗師馬自然的事跡在曾慥時始見流傳，《雲笈七籤》編纂時恐尚不知有此人。故可知此詩訣應是馬湘的作品。

2.馬自然作品

馬自然完整的作品有《金丹口訣》，收録於《正統道藏》太平部交字號涵芬樓影印本第796册：

玉液還丹人人有，有人會得身長久。逢人莫説百般能，不遇明師難下手。道人拜了千千個，只説行功并咽唾。按摩導引及休糧，朝朝每日空打坐。不知火候真消息，夜夜起來空費力。摇觔擺骨至三更，使得渾身汗如水。三十年來海上遊，直至如今無地頭。訪師求道尋妙訣，也只一個真氣修。又憂生，又憂死，我共他人都如此。六十四年都大休，吾遇海蟾爲弟子。向我耳邊説一句，似飲菩提與甘露。玄微妙訣無多言，只在眼前人不顧。内有金丹十六兩，送在西南坤地上。誰知此物是還丹，只在泥丸宫裏養。還丹還丹從此識，本在人身休外覓。夜飲任著不嫌粗，飲食盛飡無所益。記説下手如中丑，大笑交君不合口。元來盡是這些兒，往往教人天下走。莫非身外悟，息念合精神。元神若不散，至寶自長生。二親須配玉爐煙，造化無差合自然。修士三同皈一室，須憑雲雨共三田。血是南邊沙中水，水洋精散水底鉛。此個大羅天上法，教他相知是神仙。大道玄玄遇者希，達人未肯説天機。恐君不信玄妙法，試看園中杜接梨。杜木接爲胎就梨，一般根性换靈基。眼前放著三條路，人人都有上天梯。壓沙求油是等閑，鑽水取火也不難。火裹生蓮全小事，正法慈尊得遇難。九轉還丹第一功，得訣脱殻出凡籠。是人都道你收得，光生身體面回童。九轉收得自家知，裏明外暗合天

---

① （唐）張玄德：《丹論訣旨心鑑》，《道藏》第19册，第342頁。

② （宋）張君房：《雲笈七籤》卷六六，《道藏》第22册，第461頁。

機。上下如同金世界，混合陰陽徑不迷。不戴簪冠不剃頭，俗中隱道放白牛。庵口自有長生路，何與逍遥白玉樓。道釋本是俗根由，强戴簪冠强剃頭。人人出來妝外像，個個不望裏搜求。鉛汞鼎中居，燒成無價珠。都來兩個字，了盡萬般書。有紅有白有緣對，衆人不肯明分付。人人不認本根源，個個迷踪失來路。來時不省去時迷，枉到人間走一回。放著人間去採寶，合本合利都撇了。識得一，萬事畢。使得二，去處是。認得三，不索參。認得人，跳出塵。收得赤金方，採得菩提子。運得崑崙風，長壽無生死。九轉還丹不計年，仙師出示世人傳。對天曾發弘誓願，跳出凡籠便是仙。①

另有佚詩二首：

馬自然詩曰：不刻時中分子午，無爻卦内别乾坤。（蕭廷芝《修真十書・金丹大成集》引②，《養生秘録》引③）

馬自然金石誥

大海東頭紅日輪，青山幾度碾爲塵。百年三萬六千日，一日死生多少人。九轉靈丹非五金，若無神授恐難尋。欲知母子真仙訣，鍊藥先須學鍊心。何必燒丹學駐顔，鬧非朝市静非山。時人欲覓長生藥，對境無心是大還。速養丹田速養神，好將陰德濟生民。此身不向今生度，更向何生度此身。欲得長生調伏心，莫觀往事與來今。但向静中神氣合，何愁不到大仙林。（玄全子《諸真内丹集要》引④）

此詩風格淺顯，與《金丹口訣》相類，"大海東頭紅日輪"與《金丹口訣》"三十年來海上遊"一句呼應，如不能證明其爲僞作，則列之馬自然名下是比較合適的。其中"何必燒丹學駐顔，鬧非朝市静非山。時人欲覓長生藥，對境無心是大還"兩聯在此處渾然一體，被《錦繡萬花谷》《全唐詩》誤收録於馬湘詩。

小結

唐代的馬湘（字自然）是一位古仙，出身富貴，好經史，攻文學，一生神跡頗多，晚唐五代以來即在江浙一代流傳著不少關於他的民間傳説。而在南宋初，道

① 《道藏》第 25 册，第 806～807 頁。
② （宋）蕭廷芝：《修真十書・金丹大成集》，《道藏》第 4 册，第 653 頁。
③ 闕名：《養生秘録》，《道藏》第 10 册，第 726 頁。
④ （元）玄全子：《諸真内丹集要》卷上，《道藏》第 32 册，第 459 頁。

教内丹學派興盛時,也開始流傳著另一位馬自然的叙事文本,他與鍾、吕、劉海蟾生活在同一時代,傳承了劉海蟾的丹法。曾慥最早提到了“不知何許人也”的馬自然,而且將他排在鍾吕之後,且遠在張伯端之前,説明馬自然是内丹學興盛、南宗譜系構建之前即已出現的人物。稍晚於曾慥的白玉蟾在建構南宗譜系時,創造了馬自然代張伯端授書的故事,於是馬自然順理成章地成爲南宗譜系人物之一。但是白玉蟾並没有説張伯端傳法給馬自然,馬自然衹是代傳書信而已。從時間上算,馬自然應是張的前輩。即便曾慥説馬自然得法於劉海蟾,那他也是張的同輩前修,南宗譜系把馬自然排在張伯端後,這應該是趙道一等人誤讀代傳書信的故事文本所致。但無論如何,内丹宗師馬自然的聲名日顯,在道教史上的地位已經超過唐代的馬湘(字自然)了。於是一些文獻中兩個馬自然迭互歧出,作品也張冠李戴,雖有學者指出唐宋兩個馬自然,但具體的區分辨别工作仍需進一步深入,筆者不揣譾陋,考辨如上,以就正於方家。

(責任編輯:張琰)